Pedram Shojai
Die Kunst, die Zeit anzuhalten

PEDRAM SHOJAI

# DIE KUNST,
# DIE ZEIT ANZUHALTEN

## 100 ACHTSAMKEITSÜBUNGEN
## GEGEN STRESS

Aus dem Amerikanischen
von Antje Korsmeier

Die Originalausgabe erschien 2017 unter dem Titel
*The Art of Stopping Time:*
*Praktical Mindfulness for Busy People*
im Verlag Rodale Books, ein Imprint von
Penguin Random House, New York.

Ullstein leben ist ein Verlag der Ullstein Buchverlage GmbH

ISBN 978-3-96366-005-4

Übersetzung: Antje Korsmeier
Lektorat: Gudrun Jänisch
Umschlaggestaltung: zero-media.net, München
Gesetzt aus der Minion
Satz: Keller & Keller GbR
Druck und Bindearbeiten:
GGP Media GmbH, Pößneck
Printed in Germany

*Für meine wunderbare Familie –*
*Elmira, Sol und Sophia.*
*Mein größter Wunsch ist es,*
*die Zeit anzuhalten und mit Euch*
*zusammenzusein.*

# Inhalt

# Einleitung

Dieses Buch handelt von dem verrückten Leben, das wir führen, in dem die Zeit stets knapp ist.

Jeder von uns ringt um Zeit, aber irgendwie scheint sie von Jahr zu Jahr weniger zu werden. Wir sind zu müde, um nachzudenken, zu aufgedreht, um uns zu konzentrieren, und weniger effizient, als wir es gern wären. Wir haben ein schlechtes Gewissen, weil wir nicht genug Zeit mit unseren Lieben verbringen.

Unsere Wahrnehmung dieses Zeitmangels hängt mit dem Stress zusammen, der heutzutage allgegenwärtig ist. Dadurch haben wir das Gefühl, uns stünde das Wasser bis zum Hals, was natürlich nicht dazu beiträgt, dass wir besser mit der Zeit klarkommen. Wir leben in einer Kultur, die keinen Plan mehr hat und über den Zeitmangel vollkommen *außer sich* ist.

Diese Sorge um die Zeit ist durchaus berechtigt. Zeit ist die Währung unseres Lebens. Wir haben eine gewisse Anzahl an Herzschlägen, durch die wir das Leben kosten und wirklich schmecken können. Die Zeit, die wir mit unseren Familien, den uns Nahestehenden, unseren Haustieren und Hobbys verbringen, ist kostbar, und wir halten sie hoch. Auch tauschen wir unsere Zeit gegen Geld ein. Mit diesem Geld können wir uns ein Dach über dem Kopf, Essen, Ferien und die Weiterbildung unserer Kinder leisten. Natürlich können wir unser Geld auch verschwenden, und dann ist es so, als hätten wir die Zeit nie gehabt.

Wenn wir nicht gut auf unsere Zeit Acht geben, werden wir krank. Dann wünschen wir, wir könnten die Uhr ein wenig zurückdrehen, um die Dinge wieder in Ordnung zu bringen. Zeit ist alles, was wir haben, sie ist das Kostbarste, was uns im Leben geschenkt wird. Wenn sie zur Neige geht, tja, dann ist das Spiel aus. Wir können *zurückblicken*, aber wir können uns das Leben nicht mehr zurückholen.

Wenn wir nicht positiv mit dem Fluss der Zeit verbunden sind, geht uns der Sinn abhanden. Wir laufen ziellos umher, vergeuden unsere Zeit, und später packt uns die Reue. Wir verlieren uns so sehr in der Zeit, dass wir noch nicht einmal innehalten können, um nach vorn zu blicken und die Auswirkungen der Entscheidungen, die wir heute treffen, zu überdenken.

Das geschieht nicht nur auf persönlicher, sondern auch auf gesellschaftlicher Ebene: Unsere größten politischen und umweltpolitischen Probleme ergeben sich alle aus unserem persönlichen Verhältnis zur Zeit, welches durcheinandergeraten ist. Uns gelingt es einfach nicht, einen Gang herunterzuschalten. Wir können nicht aufhören zu konsumieren und die Umwelt zu verschmutzen.

Uns allen ist bewusst, dass wir nach mehr Zeit hungern, doch was tun wir konkret, um etwas zu ändern? Herzlich wenig. Genau hier setzt dieses Buch an.

Es will helfen, unser Verhältnis zur Zeit zu heilen. Indem wir mit der Zeit wieder ins Lot kommen und unsere Mitte wiederfinden, können wir die Verantwortung für unsere Verpflichtungen übernehmen und neu bestimmen, wo und mit wem wir unsere kostbare Zeit verbringen. In einer Welt, in der uns in einem endlosen Strom an Informationen und Möglichkeiten alles zur Verfügung steht, liegt es an uns, die Zufahrtswege zu kontrollieren und die Herrschaft über unsere Zeit zu erlangen. Unsere Energie, unser Geld und unsere Zeit sind auf Weisen miteinander verbunden, die uns oftmals nicht bewusst sind. Das Buch macht uns dies auf einfache, leicht verständliche Art deutlich. Ich habe Tausenden von Menschen zu mehr Zeit und Frieden verholfen, indem sie Urban Monks wurden.

Mein Ziel ist es, Sie zu dem zu führen, was ich *Zeitwohlstand* nenne. Das bedeutet, dass Sie die Zeit haben, das zu erreichen, was Sie sich im Leben wünschen, ohne dass Sie sich beengt, gestresst, überlastet oder gehetzt fühlen. Zeitwohlstand bringt uns Frieden, bessere Entscheidungen, mehr Gesundheit und mehr Zeit für die Familie. Zudem richten wir unsere Prioritäten neu aus, sodass wir wieder Erfüllung und Sinn empfinden. Wenn es Ihnen gelingt, Ihr Verhältnis zur Zeit zu regulieren und zu Zeitwohlstand zu kommen, wird Ihr Stresspegel sinken. Sie werden mehr Energie haben, mehr Erfüllung finden und insgesamt mehr erreichen.

Und wie erreichen wir Zeitwohlstand? Wir lernen, *die Zeit anzuhalten*. In diesem Buch werde ich Ihnen uralte spirituelle Praktiken und nützliche Lebenskompetenzen zeigen. Diese werden helfen, die Zeit anzuhalten. Wir werden uns mit unserer inneren Weisheit verbinden, unseren Terminkalender in den Griff bekommen und zeitliche Verpflichtungen sinnvoll eingrenzen. Betrachten Sie es als eine Praxis des achtsamen Zeitmanagements.

Das Herz dieses Buchs ist eine Praxis, genannt 100-Tage-Gong, durch die ich Sie führe. Basierend auf einer alten chinesischen Praxis ist ein Gong eine gewisse Zeitspanne, die Sie festsetzen und in der Sie jeden Tag eine bestimmte

Aufgabe ausführen. Sie wählen eine Praxis (oder eine Reihe von Praktiken), machen Sie zu Ihrem Gong und führen Sie jeden Tag für die festgesetzte Dauer gewissenhaft aus, und zwar ohne Ausnahmen. Das steigert nicht nur die Entschlusskraft, sondern zwingt uns zudem, wirklich aufzuwachen und auf unsere Gewohnheiten zu achten. Wir wissen, dass unsere alltäglichen Minigewohnheiten zu unserem jetzigen Leben geführt haben. Wenn wir kleine, einfache und doch signifikante Veränderungen über eine längere Zeit hinweg vornehmen, kommen wir weiter. Hier eine kleine Veränderung, dort eine andere, und allmählich entfaltet sich das Leben auf ganz wundervolle Art und Weise. Ein Gong ist eine effektive Methode, die uns nicht nur hilft, Konzentration und Entschlossenheit zu kultivieren, sondern auch dafür sorgt, dass wir regelmäßig üben. Ein Gong ist ein passionierter Akt der Selbstliebe, der Sie aus Ihrer täglichen Trance reißt und Ihrem Bewusstsein das Licht des Gewahrseins schenkt. Je mehr wir üben, desto mehr wachen wir auf und desto besser geht es uns.

Es dauert mindestens 90 Tage, bis sich eine bestimmte gute Angewohnheit in Ihrem Nervensystem eingeprägt hat. Daher bin ich zu der Auffassung gelangt, dass der 100-Tage-Gong die geeignete Länge fürs Üben ist. Sie können sich das Ganze als ein 100 Tage währendes Ritual vorstellen, das uns neue Gewohnheiten einträufelt. Jeder von uns ist auf Rituale angewiesen, die ihn aus der heutigen apathischen Lebensweise herausreißen und auf eine tiefere persönliche Ebene führen, wo wahre Veränderungen passieren können. Anstatt einem vielbeschäftigten Menschen, der kurz vor dem Zusammenbruch steht, zu sagen, er solle seinem bereits chaotischen Leben *noch eine weitere Sache* aufladen, werden wir uns einer Sache widmen, die Sie ohnehin tun, und etwas anderes an ihre Stelle setzen, sodass Sie jeden Tag mehr Zeit und Energie freisetzen können. Wir lassen uns also auf den Gong ein, entspannen uns ein wenig und ändern eine aktuelle Angewohnheit leicht ab, indem wir eine bessere Alternative finden. Das tun wir jeden Tag und entwickeln allmählich bessere Verhaltensmuster.

Einige Praktiken werden Sie weiter durchführen, andere nicht. Das ist völlig in Ordnung. Entscheidend ist, dass Sie sich durch diese Vorgehensweise langsam und sachte mehr Zeit, Energie und Begeisterung erschließen. Einige Verbesserungen werden Sie beibehalten, oder Sie kommen zu einem späteren Zeitpunkt auf andere zurück. Doch wenn Sie einmal über 100 Tage hinweg Ihr eigenes Leben abschreiten, wird sich Ihr Verhältnis zur Zeit, zu Energie, Geld, anderen Menschen und zum Leben an sich auf grundlegende Art und Weise ändern.

Jeden Tag stellt ein kurzes Kapitel eine schnelle Lektion und eine Handlungsanleitung vor. Das ist alles. Einige Lektionen konzentrieren sich auf bestimmte Aktivitäten, für die Ihnen bislang die Zeit gefehlt hat. Andere beschäftigen sich mit allgemeinen Möglichkeiten, mehr Zeit zu gewinnen, unabhängig davon, was Sie mit der Zeit anstellen. Einige werden Ihnen leichtfallen, andere werden Sie möglicherweise in Ihrem Innersten erschüttern. 100 Tage lang wird das Leben anders sein. *Sie* werden anders sein, und Ihr Verhältnis zur Zeit (und somit zum Leben) wird sich grundlegend zum Positiven wenden.

Idealerweise lesen Sie dieses Buch in den nächsten 100 Tagen von vorne bis hinten durch (richtig – das heißt, Sie fangen sofort damit an!) und machen jeden Tag die angegebene Übung. Im Laufe der Zeit werden Sie merken, dass Sie sich bestimmte Dinge zu eigen gemacht haben. Möglicherweise kommt Ihnen an einem Tag eine wichtige Erkenntnis, und Sie ändern die Art und Weise, wie Sie eine bestimmte Sache tun, von Grund auf. Dann wieder gibt es Tage, an denen Sie die Praxis absolvieren, ohne einen echten Bezug dazu zu haben. Das ist okay. Machen Sie einfach Tag für Tag weiter und schauen Sie, welche Gewohnheiten Sie sich aneignen. Machen Sie sich Notizen in dieses Buch. Schreiben Sie täglich Dinge hinein und unterstreichen einige Stellen. Diese Arbeit ist *Ihr* Prozess. Es ist Ihre innere Weisheit, die Sie sich auf dieser Reise erschließen. Dokumentieren Sie dies.

Wenn Sie Ihre ersten 100 Tage hinter sich haben, rate ich Ihnen, dieses Buch jeden Tag nach dem Zufallsprinzip zu nutzen. Nennen wir es Gong-Roulette. Tragen Sie das Buch mit sich herum, schlagen Sie einfach irgendein Kapitel auf und machen Sie diese Praxis an dem Tag zu Ihrem Gong. Sie haben sich mit der Praxis schon mindestens einmal während des ersten Durchlaufs beschäftigt, und nun haben Sie die Gelegenheit, nochmals darauf zurückzukommen. Sie sind nie die gleiche Person, wenn Sie ein Kapitel ein zweites Mal lesen; deshalb werden Sie unterwegs viel über Ihre Reise als Mensch auf diesem Planeten lernen.

Los geht's, leben Sie Ihr Leben, üben Sie es. Machen wir uns an die Arbeit. Wir werden 100 Tage zusammen verbringen – ab heute!

# TAG 1

## Gestalten Sie Ihren Lebensgarten

Heute betrachten wir das Leben durch den Filter einer Metapher aus der Natur. Stellen Sie sich vor, dass Ihr Leben ein Garten ist. Ihnen steht begrenzt Wasser zur Verfügung, und Sie müssen jeder Pflanze genug Platz lassen, damit sie gedeihen kann. Einige sind vielleicht größer und für Sie wichtiger als andere. Andere gefallen Ihnen vielleicht noch nicht einmal, aber Sie müssen sie behalten.

Überlegen Sie, was Ihnen wichtig ist. Wodurch würde der Garten zu Ihrem Lebensgarten werden? Durch die Familie? Karriere? Gesundheit? Beziehungen? Musik? Was ist in Ihrem Leben wichtig?

Schreiben Sie diese Punkte auf und stellen Sie sich vor, es wären Pflanzen. Überlegen Sie, wie viel Energie das nachhaltige Wachstum einer jeden Pflanze erfordert. Stellen Sie sich Ihre Energie als Wasser vor, das Sie brauchen, um jede Pflanze zu nähren und heranzuziehen. Die Währung dafür sind Zeit, Mühe, Willenskraft und Aufmerksamkeit. Wenn Sie jede Pflanze angemessen nähren wollten, was wäre erforderlich?

Einige benötigen möglicherweise deutlich mehr Zeit und Energie als andere. Das müssen Sie berücksichtigen. Neue Autos kosten Geld. Wenn Sie eins kaufen wollen, müssen Sie entweder mehr verdienen (was mehr Wasser in der beruflichen Ecke bedeutet) oder Sie müssen Mittel von Ihrer Familie beziehungsweise von anderer Stelle abziehen.

Werfen Sie einen ehrlichen und ungeschminkten Blick auf die Dinge, von denen Sie sagen, sie seien Ihnen wichtig, und schauen Sie dann, wie viel Wasser (also Zeit, Energie, Aufmerksamkeit, Geld, Konzentration) Ihnen zur Verfügung steht, um dafür zu sorgen, dass diese Pflanzen glücklich und gesund sind. Schaffen Sie es, bestimmte Pflanzen trotzdem am Leben zu halten, während Sie Ihr Wasser vorübergehend auf andere verteilen?

Entwickeln Sie realistische Vorstellungen im Hinblick auf die Frage, wie viele Pflanzen Sie gießen und pflegen müssen. Sie haben Platz für fünf bis zehn Pflanzen, mehr nicht. Schützen Sie sich vor weiteren neuen Pflanzen, die möglicherweise in Ihren Garten drängen. Reißen Sie jene heraus, die den Pflanzen, die Ihnen am wichtigsten sind, wertvolle Ressourcen entziehen. Prüfen Sie derartiges Unkraut. Das erfordert Konzentration und Engagement, aber es ist von entscheidender Bedeutung. Indem Sie zu etwas Neuem Ja sagen, sagen Sie zu den Pflanzen, die Sie bereits haben, de facto Nein. Und mit einem Mal stellen Sie fest, dass Sie den neuen Pflanzen Wasser geben und sich weniger um die Pflanzen kümmern, die Sie in Ihrem Leben für wichtig hielten. Kommt Ihnen das jetzt irgendwie bekannt vor?

Diese Praxis wird Ihnen helfen, achtsamer zu werden. Es ist wichtig, sich einen Lebensgarten einzurichten, der hilfreich bei der Entscheidung ist, ob neue Pflanzen Wurzeln schlagen können. Fällt etwas in den Bereich einer bereits vorhandenen Pflanze? Wenn ja, wie viel Wasser wird es den anderen wegnehmen? Können Sie sich eine solche Umschichtung leisten? Ist es eine vollkommen neue Pflanze? Woher holen Sie sich das Wasser, um ihr Raum zu geben? Ist das wirklich der beste Einsatz Ihrer Ressourcen? Seien Sie ehrlich.

Qigong bedeutet Energiearbeit (Qi = Energie und Gong = Arbeit). Gemeint ist die Kultivierung der eigenen Energie durch eine yogische Praxis. Der Begriff »Gong« meint hier unsere eigentliche Praxis.

Im Laufe der Zeit werden Sie durch Qigong und Meditation mehr Energie, persönliche Kraft und Klarheit gewinnen. Dadurch haben Sie mehr Wasser zur Verfügung, sei es für vorhandene Pflanzen oder für Neuzugänge. Vorerst gehen wir jedoch davon aus, dass Ihr Wasservorrat (Ihre Energie, Zeit und Konzentration) auf das momentane Maß beschränkt ist. Wenn wir dies berücksichtigen, wie müssen Sie Ihr Wasser verteilen, damit jede Pflanze gedeiht? Machen Sie sich bewusst, wohin das Wasser gehen soll, und prüfen Sie anschließend, ob das tatsächlich passiert. Wenn nicht, nehmen Sie entsprechende Änderungen vor.

Mithilfe der Lebensgarten-Metapher können Sie ehrlich feststellen, wie viel Zeit und Energie Ihnen zur Verfügung stehen, um sich auf Dinge einzulassen. Auf diese Weise gehen Sie nicht zu viele Verpflichtungen ein. Gleichzeitig vermeiden Sie den Stress und das Bedauern, die sich einstellen, wenn man etwas nicht schafft.

Wenn wir unsere Ziele und unsere Pläne aufeinander abstimmen, gelangen wir durch Konzentration und Willenskraft zum Erfolg.

# TAG 2

## Zeit für Dankbarkeit

Heute halten wir inne und nehmen uns etwas Zeit, um dankbar zu sein für alles, was wir haben. Dankbarkeit ist ein gutes Heilmittel, und die Zeit, die wir auf sie verwenden, lohnt sich immer. Wir bauen Stress ab, positive Energie auf und gewinnen einen großartigen Blick auf das Leben.

Wann waren Sie das letzte Mal dankbar? Sind Sie von Natur aus dankbar, oder ist es etwas, woran Sie sich hin und wieder erinnern müssen? Dankbarkeit zu üben ist gesund. So gewinnen wir einen optimistischen und hoffnungsfrohen Blick auf die Welt. Menschen, die Dankbarkeit kultivieren, sind durchweg glücklicher – das belegen zahlreiche Studien.

Menschen, die deprimiert oder in einer Sackgasse stecken, neigen zu einem Phänomen, das als »Stacking« bezeichnet wird. Wenn uns zum Beispiel etwas Negatives zustößt, wir diesen einzelnen Vorfall mit weiteren »negativen« vereinzelten Vorfällen verknüpfen und so eine pessimistische Haltung bilden.

Angenommen, Sie stoßen sich unangenehm am Zeh und lassen Ihr Handy fallen. Menschen, die stacken, denken dann: »Immer passiert mir so etwas, ich habe ein solches Pech. Ich erinnere mich genau, wie ich während des Studiums einmal gestolpert bin und mir das furchtbar peinlich war«, und so weiter und so fort. Andere Beispiele:

Sie erhalten eine Rechnung, die Ihnen Ihre gesamte finanzielle Misere vor Augen führt. Etwas Unerhebliches wie die Niederlage Ihrer Lieblingsmannschaft erinnert Sie an Ihre persönliche Leidensgeschichte, der zufolge Sie den falschen Partner geheiratet haben.

Das ergibt keinen Sinn, aber wir neigen nun mal zu solchem Verhalten. Es ist eine Abwärtsspirale, durch die wir bei allem und jedem denken: »Mein Leben nervt.« Das tut uns natürlich gar nicht gut. Außerdem ist es auch für andere Menschen weniger lustig, mit uns zusammen zu sein.

Dankbarkeit ist ein wunderbares Gegenmittel für diese Neigung. Heute wollen wir sie praktizieren. Nehmen Sie sich ein Blatt Papier oder Ihr Handy und listen Sie alle Dinge auf, für die Sie dankbar sind. Zum Beispiel Ihre Kinder, Ihre Katze, das, was Sie erreicht haben, die Wolken am Himmel oder ein vor Kurzem köstliches Essen. Schreiben Sie einfach alles auf.

Machen Sie das mindestens zehn Minuten lang und halten Sie nicht inne. Selbst wenn etwas idiotisch klingt, schreiben Sie es auf und lassen Sie Ihre Liste immer länger werden. Bei einigen Dingen dauert es vielleicht ein paar Sekunden, bis sie Ihnen einfallen. Das ist völlig in Ordnung. Allein das Erinnern hat einen enormen therapeutischen und spirituellen Wert.

Sobald Sie mit Ihrer Liste fertig sind, halten Sie inne und fragen Sie sich, wie Sie sich fühlen. Wie haben Sie sich gefühlt, bevor Sie mit der Liste anfingen, und wie fühlen Sie sich jetzt? Gibt es einen Unterschied? Nehmen Sie ihn wahr.

Tragen Sie die Liste den Tag über mit sich herum. Holen Sie sie mehrmals hervor und lesen Sie sie kurz durch. Wenn Ihnen ein Punkt ins Auge sticht, halten Sie inne und lassen

Sie diese Dankbarkeit Ihr Herz ausfüllen. Verweilen Sie beim *Gefühl* der Dankbarkeit für den jeweiligen Aspekt. Rekeln Sie sich in seinem Sonnenschein und lassen Sie sich ganz davon erfüllen.

Gehen Sie am Ende des Tages nochmals an den Anfang zurück: Erinnern Sie sich, wie es Ihnen heute Morgen ging, und schauen Sie, wie es Ihnen jetzt geht. Spüren Sie irgendeinen Unterschied? Wahrscheinlich gibt es tatsächlich einen, der zwar fein, aber definitiv vorhanden ist. Wenn Ihnen das gefällt, behalten Sie die Liste auch morgen bei sich und fügen Sie ihr weitere Dinge hinzu. Erweitern Sie die Liste, sobald Ihnen etwas einfällt. So kann sie wachsen und alles verzeichnen, wofür Sie dankbar sind. Je öfter Sie das tun, desto mehr wird es Ihnen helfen. Mit der Zeit wird diese Praxis Ihr Leben von Grund auf verwandeln und Ihre Haltung gegenüber allen Dingen verändern. Sie beseitigt Spannungen und ermöglicht uns, in einem gesünderen, zeitlosen Raum zu leben.

# TAG 3

## Natur erleben

Die heutige Lektion ist einfach: Gehen Sie raus und lernen Sie von der ultimativen Lehrerin. Die Natur ist unser Wegweiser, wenn es um Rhythmen und Zyklen geht. Sie wirkt durch das vollkommene Kommen und Gehen einander ausgleichender Prinzipien. Hitze und Kälte harmonieren mit Licht und Dunkel. Wachstum und Verfall vollziehen sich innerhalb der Zyklen des Jahres, genau wie Geburt und Tod. Die Natur birgt alle Weisheit, die wir brauchen, und zwar direkt vor unserer Nase.

Wir haben bloß vergessen hinzuschauen.

Gehen Sie heute ins Freie und verbringen Sie etwas Zeit in Stille in der Natur. Selbst wenn für Sie bloß ein öffentlicher Park oder eine Rasenfläche infrage kommen, bin ich mir sicher, dass Sie irgendeinen Flecken Natur finden, wenn Sie Ausschau halten. Gehen Sie dorthin.

Setzen Sie sich an einen bequemen Platz und atmen Sie tief in Ihren unteren Bauch. Entspannen Sie sich während des Atmens und lassen Sie sich auf die Geräusche um Sie herum ein. Spüren Sie, wie der Wind über Ihr Gesicht streicht. Vielleicht ziehen Sie Ihre Schuhe aus und graben Ihre Zehen ein wenig in die Erde ein. Wenn Sie den Luxus haben, vollkommen eintauchen zu können, buddeln Sie Ihren Körper am Strand ein. Durchbrechen Sie die Mauer und erlauben Sie der erhabenen Natur, Sie zu berühren und Ihre Sinne ganz zu umfangen.

Bäume können mehrere Hundert Jahre alt werden, doch die Steine unter Ihren Füßen gibt es seit Jahrmillionen. Woher kommen sie? Waren sie vor Urzeiten Teil eines riesigen Felsens? Wie sind sie hierher gelangt?

Betrachten Sie nun den Schmutz unter Ihren Füßen. Vor langer Zeit entwickelten sich pilzartige Elemente, die das Gestein zersetzten und kleine Partikel erzeugt haben. Mit dem Aufkommen von Bakterien, Protozoen, Fadenwürmern und vielen anderen Lebensformen wurde aus diesen Partikeln allmählich Erde. Dadurch konnten bestimmte Lebewesen anorganische Stoffe für das Pflanzenreich aufbereiten. Es fing an zu sprießen und verbreitete sich über den Planeten. Die Pflanzen passten sich dahingehend an, dass sie Licht aufnahmen und aus den Sonnenstrahlen Energie herstellten, wobei sie die Energie in Kohlenhydratverbindungen speicherten. Daraus wurde wiederum die Nahrung bestimmter Tierarten – und wenn wir im Schnelldurchlauf mehrere Millionen Jahre vorspulen, landen wir bei Ihnen.

Die winzigen Lebensformen unter Ihren Füßen setzten eine ganze Kaskade von Prozessen in Gang, die schließlich dazu führten, dass Sie hier sind und über die Pflanzen das Sonnenlicht aufnehmen. Wenn Sie Fleisch essen, fangen Sie das Sonnenlicht ein, das die Tiere über die Pflanzen, die sie fressen, in sich aufnehmen.

Das Leben – es umgibt Sie überall. Sie atmen es jetzt ein, während Sie dies lesen. Millionen von Bakterien und Viren sind gerade in Ihre Lungen eingedrungen und bevölkern Ihre Haut. Sie helfen Ihnen bei der Interaktion mit der Natur, die Sie umgibt. Sie sind nützlich bei der Abwehr von Eindringlingen. Sie sind ein Teil des Ökosystems Ihres

Körpers, der wiederum ein Teil des Ökosystems von unserem Planeten ist. All dies geschieht, während Sie Ihren täglichen Verrichtungen nachgehen. Es gibt Abermillionen Lebensformen, und diese scheren sich nicht im Geringsten um Ihre Rechnungen oder Minidramen.

Gehen Sie nach draußen, nehmen Sie Platz inmitten der Symphonie der Natur und machen Sie sich bewusst, wie verrückt die Größenverhältnisse sind. Einerseits bilden Sie selbst ein Lebens-Universum mit vielen Organismen, die in Ihnen oder auf Ihrer Haut leben und zusammen ein Ökosystem bilden. Andererseits sind Sie nur ein winziger Flecken auf einem vereinzelten Planeten am Rande einer Galaxie, die Lichtjahre von der nächsten entfernt ist.

So gesehen ist das alles schon ziemlich erstaunlich, und Sie sitzen in der Mitte von all dem. Sie sind ein Kristallisationspunkt, an dem die Unendlichkeit an einem Ort in Zeit und Raum zusammenfällt. Wie kann man das überhaupt begreifen? Die einzige Möglichkeit ist, Ihr Herz zu öffnen und sich dem Wunder hinzugeben, zu dem es einlädt. Auf diese Weise nehmen wir uns selbst nicht so ernst. Es hilft uns, über die großen Fragen nachzudenken und relativiert unseren Standpunkt im großen Ganzen.

Sie haben nur eine kurze Zeit als der Mensch, der Sie zu sein glauben. Was werden Sie damit tun?

# TAG 4

## Zeit für E-Mails

E-Mails sind zu einem festen Bestandteil unseres Lebens geworden. Es ist ein leistungsfähiges Kommunikationsmittel, das sich in Unternehmen auf der ganzen Welt schnell als neuer Standard durchgesetzt hat. E-Mails sind super. Man kann sehr effizient Dokumente, Bilder oder Videos anhängen. Man schickt anderen Menschen, was sie brauchen, und wendet sich dann wieder seinem eigenen Leben zu.

Wo also liegt das Problem? In der Menge. Wir sind zu Sklaven jener Erfindungen geworden, die geschaffen wurden, um das Leben leichter zu machen. Mittlerweile ertrinken wir in E-Mails. Jedes Geschäft, jeder Autohändler, jeder App-Anbieter und jeder Vitaminverkäufer schickt einem fast täglich Mails. Spam ist zu einem riesigen Problem geworden, mit dem sich alle herumschlagen, und es scheint nicht zu verschwinden.

Heute befassen wir uns damit. Es ergibt überhaupt keinen Sinn, jedes Mal die E-Mails zu checken, wenn Ihr Telefon oder Ihr Computer ein Geräusch von sich gibt. Das lenkt Sie von dem ab, womit Sie gerade beschäftigt sind, und sorgt dafür, dass Sie fortwährend unkonzentriert sind. Andere Leute wollen vielleicht, dass Sie sich bestimmte Dinge ansehen, aber wenn Sie dem nachgeben, werden Sie Ihren Tag nicht effizient bewältigen. De facto verlieren Sie jedes Mal, wenn Sie den Blick abwenden, an

Schwung und Klarheit bei der Sache, mit der Sie gerade beschäftigt waren.

Deshalb wollen wir gewisse Zeitblöcke einrichten, in denen Sie sich Ihren E-Mails zuwenden. Je nachdem, wie viel Sie zu bewältigen haben, nehmen Sie sich dafür 30 bis 60 Minuten am späten Vormittag und setzen einen weiteren Block für den späten Nachmittag an. Das ist die Zeit, in der Sie sich Ihren E-Mails widmen. Der Trick dabei ist, das Programm zu öffnen, die Sachen zu erledigen und es wieder zu schließen. Eine Möglichkeit dabei ist, am Vormittag alle Nachrichten durchzugehen und die Dinge zu erledigen, auf die man innerhalb der ersten fünf Minuten reagieren kann; die wichtigen E-Mails, auf die Sie noch einmal zurückkommen müssen, zu markieren, und alles andere als Spam zu klassifizieren oder zu löschen. Später am Tag haben Sie noch einen zweiten Block, dann können Sie sich, falls nötig, um die längeren Nachrichten kümmern.

Sie brauchen also einen guten Spamfilter, damit Ihnen der unnötige Kram noch nicht einmal unter die Augen kommt. Dafür gibt es eine Reihe geeigneter Möglichkeiten, und Sie müssen eine finden, die Ihren speziellen Bedürfnissen entspricht. Gewöhnen Sie sich an, ungewollte Nachrichten als Spam zu markieren. Dadurch lernt die Software, was sie Ihnen nicht senden soll, und somit wird Ihr Posteingang nicht zugemüllt. Wenn Sie den Spam losgeworden sind, wenden Sie sich den wichtigen Nachrichten zu, die Ihre Zeit wirklich wert sind. Versuchen Sie auch, sich aus langen Mailkonversationen auszuklinken, da die Ihnen nur Zeit stehlen.

Das Geheimnis bei den Zeitblöcken für die Mailbearbeitung liegt darin, dass Sie die Zeiten in Ihren Terminkalender eintragen, sie klar definieren (damit sie nicht immer hin- und herspringen müssen) und die Sachen tatsächlich abarbeiten. Auf diese Weise schwirren Ihnen die Nachrichten nicht noch weiter im Kopf herum und belästigen Sie. Außerdem gibt es keine ungelesenen oder halb-beantworteten E-Mails mehr. Eine positive Folge ist erhöhte Konzentration bei den Tätigkeiten, mit denen Sie gerade beschäftigt sind. Wenn Sie ein Dokument bearbeiten, bleiben Sie dabei. Eine Tabellenkalkulation? Wunderbar, bringen Sie die Aufgabe zu Ende. Autofahren? Tja, währenddessen sollten Sie sowieso die Finger vom Telefon lassen.

Ziel ist es, den Überblick bei der Arbeit zu behalten und sich zu einer festgesetzten Zeit um die E-Mails zu kümmern. Organisieren Sie Ihren Tag so, dass Sie die E-Mails stoßweise bearbeiten. Nehmen Sie sich das für heute vor. Versuchen Sie es morgen wieder zu tun und auch am folgenden Tag. Nach einigen Wochen werden Sie merken, dass sich das Durcheinander auflöst und Ihr Leben sich verbessert. Bleiben Sie dabei, achten Sie wirklich darauf, dass Sie sich hierin treu bleiben. Etwas Disziplin macht sich bezahlt. Vielleicht gibt es Leute, die Widerstand leisten. Das ist in Ordnung. Liefern Sie alles ab, was von Ihnen verlangt wird, und machen Sie Ihre Arbeit. Effizienz ist das Entscheidende. Sobald die Menschen lernen, mit Ihrem neuen Rhythmus zurechtzukommen, werden Produktivität und Vernunft in Ihrem Umfeld deutlich zunehmen. Das Wesentliche ist: Sie werden bei Ihrer Arbeit besser werden, weil Sie sich den Tag nach Ihren Bedürfnissen einteilen und insgesamt mehr Zeit gewinnen.

# TAG 5

## Ruhepausen einlegen

M anchmal muss man Vollgas geben, manchmal kann man sich ausruhen. Kluge Menschen wissen, wo sie stehen, und können ihr Tempo entsprechend anpassen. Jeder von uns hat Fristen und kennt Phasen im Leben, in denen die Zeit knapp und verdichtet ist. Wenn wir wissen, wie wir uns während solcher Phasen schützen, können sie voller Energie, Begeisterung und Schwung sein. Doch wir können nicht allzu lange im Turbogang bleiben. Wenn wir nicht lernen, wieder herunterzuschalten, laufen wir Gefahr, uns zu verheizen und auszubrennen. So funktioniert nun einmal unser Wirtschaftssystem – eine ständige Tretmühle. Wenn es Ihnen gelingt, sich aus diesem Hamsterrad zu befreien, ist das besser und gesünder für Sie.

Falls Sie aber in einem solchen Modus feststecken, ist es sinnvoll, das Auf und Ab dieser Rhythmen zu verstehen und Ihre eigene Geschwindigkeit individuell anzupassen. Das bedeutet zu wissen, wann man das Tempo kräftig drosseln sollte. Möglicherweise müssen Sie weiterhin bestimmte Dinge tun. In dieser Lektion geht es darum, dass Sie lernen, die Momente zu erkennen, in denen Sie wirklich ans Limit gehen müssen, und die Momente, in denen Sie Ihren Fuß ganz bewusst vom Gas nehmen können – und dies auch tun sollten.

Heute wollen wir die größeren Zyklen Ihres geschäftigen Lebens in den Blick nehmen. Sind Sie gerade in einer

»Ranklotzen und das Ziel erreichen«-Phase, oder befinden Sie sich momentan zwischen zwei Fristen? Müssen Sie im Augenblick wirklich alles geben, oder können Sie den Fuß etwas vom Gas nehmen und wieder auftanken? Nur Sie können das entscheiden.

Zum einen müssen Sie sich über Ihr momentanes Energieniveau klar werden. Geben Sie auf einer Skala von 1 bis 10 an, wie viel Energie Sie zur Zeit haben (wobei 10 für maximale Energie steht). Die Zahl 1 bedeutet somit, dass Sie kaum aus dem Bett kommen und total ausgelaugt sind; eine 6 heißt, dass Sie sich ganz gut schlagen, aber sich mit Sicherheit nicht bombig fühlen. Wie lautet Ihre ehrliche Antwort?

Hier ist der Clou: Wenn Sie Ihre Willenskraft ausklammern – welche Zahl käme dann dabei heraus? Es ist nämlich so, dass die meisten von uns Energie aus sich herausquetschen, um mit den Anforderungen des Lebens Schritt zu halten. Wir setzen unsere Willenskraft ein, um im Turbogang zu bleiben und durchzuhalten. Den Preis dafür zahlen unser Körper, unser Geist und unsere Partnerschaften. Also ganz ehrlich: Wie lautet Ihre Zahl, wenn Sie die Willenskraft außen vor lassen?

Als Nächstes nehmen Sie diese Zahl und überlegen, was Sie für sich selbst tun müssen, damit die Zahl steigt und es Ihnen besser geht. Wann können Sie einen Gang herunterschalten? Wie würden Sie das anstellen?

Nehmen Sie sich heute 30 Minuten Zeit und machen Sie ganz einfach das, wozu Sie *Lust haben*. Vielleicht halten Sie eine kleine Siesta, denn die meisten von uns sind in der Regel erschöpft. Die Ruhepause ist ein Schritt in die richtige Richtung und entspricht dem Geist des heutigen Gongs.

Heute Abend überlegen Sie sich dann, was noch helfen könnte, damit Ihr Leben stärker ins Gleichgewicht kommt.

Können Sie eine Woche auf dem Land verbringen? Oder Sie nehmen sich hin und wieder einen Tag frei, um ins Spa zu gehen und ein wenig Atem zu schöpfen. Vielleicht wäre es gut, wenn Sie lernen zu meditieren; zumindest sollten Sie Ihr tägliches Pensum etwas reduzieren. Jedes Leben ist anders, und jeder von uns braucht sein eigenes Heilmittel, um ins Gleichgewicht zu kommen. Was wäre für Sie das richtige Heilmittel?

Nachdem Sie einen ehrlichen Blick auf Ihr Energieniveau geworfen und darüber nachgedacht haben, wo Sie etwas kürzertreten sollten, nehmen Sie sich nun Ihren Terminkalender vor und tragen Sie sich Auszeiten ein. Das kann eine Verabredung sein, ein Ausflug, ein Sabbatical oder was auch immer. Schreiben Sie es hinein und nehmen Sie sich diese Zeit auch wirklich. Sie werden die Energie brauchen, um mit gesundem Körper und Geist durchs Leben zu kommen.

Wann können Sie eine Pause einlegen und tief durchatmen? Tragen Sie es sich heute in Ihren Kalender ein.

# TAG 6

## Sorgen und Ängste

So wie die heutige Welt funktioniert, machen wir uns leider ziemlich oft Sorgen. Das sind Zeiten, in denen wir etwas vorausahnen, frustriert sind oder uns über etwas ärgern. Und naja, Sie wissen schon. Wie können wir diese Zeiten nutzen, um daraus etwas zu lernen? In unserem inneren Zustand und in der Art und Weise, wie wir in solchen Momenten ticken, steckt Wissenswertes. Warum sollten wir das nicht für unser Wachstum nutzen?

Oft vergeht die Zeit zu schnell, wenn wir uns Sorgen machen. Das Blut fließt in das Rautenhirn, das uns den Befehl gibt, zu kämpfen, zu fliehen oder in Panik auszubrechen. Es wird von unseren inneren Organen, vom Immunsystem, den Verdauungsprozessen und den höheren Verstandesfunktionen abgekoppelt. Leider sind wir ziemlich oft in einem solchen Zustand. Nutzen wir doch das, um mehr Bewusstsein zu entwickeln.

Durchforsten Sie heute immer mal wieder Ihren Geist und fragen Sie sich, ob Sie irgendwelche Ängste wahrnehmen. Lassen Sie das Ihr heutiges Mantra sein und achten Sie darauf, wie Sie sich fühlen. Wenn Sie einen Zustand bemerken, den Sie als sorgenvoll bezeichnen würden, geht es los. Möglicherweise sind Sie nur »etwas besorgt« oder »beunruhigt«, aber das reicht schon für unsere heutige Übung. Entscheidend ist, dass Sie sich einige Informationen über diesen Zustand herauspicken und darüber nachdenken.

Also gut, Sie haben einen sorgenvollen Zustand bemerkt. Was jetzt?

Stellen Sie sich folgende Fragen:

- Wie fühlt er sich an?
- Ist er warm oder kalt?
- Wo spüre ich ihn in meinem Körper?
- Wandert er umher?
- Kann ich dem Gefühl eine Qualität zuschreiben?
- Ist es zum Beispiel dumpf, undeutlich, schwer oder schmerzhaft?

Als Nächstes fragen Sie:

- Woher kommt dieses Gefühl?
- Gab es einen Gedanken oder ein Gespräch, die es ausgelöst haben?
- Wann hat es angefangen?
- Fühle ich mich öfters so, wenn ich über die gleiche Situation nachdenke?
- Was bringt es mir?

Der nächste Schritt besteht darin anzuerkennen, wie Sie sich gerade fühlen. Schicken Sie zehn Atemzüge in Ihren unteren Bauch. Lächeln und strecken Sie sich, machen Sie die Bewegungen, die Ihnen guttun. Hat sich irgendetwas verändert? Wie fühlen Sie sich jetzt?

In der heutigen Übung geht es darum, einen Moment herauszugreifen, in dem Sie sich beklommen fühlen. Dadurch erfahren Sie mehr darüber, wie Sie die Zeit und Ihr Leben in solchen Momenten erleben. Je bewusster Sie dies wahrnehmen, desto besser können Sie sich von diesem Gefühl befreien, und desto besser wird es Ihnen in der Folge gelingen, jene Verhaltensweisen zu vermeiden, die diesen Zustand ausgelöst haben.

# TAG 7

## Zeit für sich selbst einplanen

Die heutige Lektion ist einfach. Erstellen Sie eine Liste mit allen Dingen, die Sie gern für sich selbst tun würden. Es geht um solche Dinge : Sport, Zeit nur für sich, Zeit für die Familie, lesen, Yoga, Massagen oder was es sonst noch geben mag, das Sie immer schon mal tun wollten. Schreiben Sie alles auf.

Schauen Sie sich die Liste an und stellen Sie fest, ob sie vollständig ist. Vergewissern Sie sich, dass sie alles enthält, was Sie sich an Selbstfürsorge wünschen. Wenn Sie diese Dinge in die Tat umsetzten, würde sich Ihr Leben dann rund anfühlen? Wären Sie ausgeruht, gelassen, fit und glücklich? Was wäre noch nötig, damit Sie sich so fühlen? Schreiben Sie es auf. Dann sortieren Sie die Punkte nach Wichtigkeit. Ganz oben sollte das Wichtigste stehen, dann kommen die anderen Punkte in absteigender Reihenfolge.

Lassen Sie uns einen kurzen Realitäts-Check machen. Schlagen Sie Ihren Terminkalender auf. Schauen Sie sich Ihr Pensum für diese Woche an (oder das einer anderen Woche, falls Sie momentan etwas komplett anderes machen als sonst). Was liegt an? Wie viele Dinge, die auf Ihrer Liste stehen, finden sich tatsächlich in Ihrem Terminkalender wieder? Gibt es eine Zeit, die Sie sich für das Fitness-Studio reserviert haben? Wie sieht es mit Zeit für die Familie aus? Haben Sie Zeit zum Lesen eingeplant? Wo auf Ihrer Zeitachse landen diese Dinge?

Wenn Sie wie die meisten Menschen leben, dann findet sich so gut wie nichts in Sachen Selbstfürsorge in Ihrem Kalender wieder. Das sagt einiges über Ihr inneres Selbst – nämlich dass Sie diesen Dingen keine Priorität einräumen.

Deshalb gibt es die Regel: Wenn etwas für Sie selbst und Ihr Leben wichtig ist, dann sollte es in Ihrem Terminkalender stehen.

Schauen Sie sich an, was mit Ihrer Zeit passiert. Die Welt wird Ihnen immer irgendwelche Dinge, Aufgaben, Veranstaltungen, Telefonate, Besprechungen oder Dramen präsentieren, die Ihre Zeit in Anspruch nehmen. *Die Natur hasst ein Vakuum.* Wenn Sie nicht einschreiten und die Kontrolle über Ihren Terminkalender gewinnen, wird Ihre Zeit von dem Chaos, das Sie umgibt, geschluckt.

*Sie müssen sich für die Dinge, die Ihnen wichtig sind, stark machen.*

Gehen Sie heute Ihre Liste durch und streichen Sie so lange Dinge aus Ihrem Terminkalender, bis Sie Platz für einen der Punkte haben, die ganz oben auf Ihrer Liste stehen. Wie können Sie Elemente von Ihrer Liste so in Ihren Zeitplan einbauen, dass Sie sich tatsächlich *Zeit für Selbstfürsorge nehmen*? Wo können Sie etwas Sport oder ein Telefonat oder Zeit für sich einschieben, damit es Ihnen gut geht? Entscheidend ist, dass Sie ein Auge auf Ihren Kräfteverschleiß haben. Wenn Sie jegliche Selbstsorge bis zum nächsten Wochenende oder zu den nächsten Ferien aufschieben – tja, Sie sehen ja, wohin das geführt hat. Wie können Sie also *jeden Tag* für ein wenig Ausgleich sorgen, sodass Sie sich weiterentwickeln können und auf lange Sicht glücklich sind?

Gehen Sie also Ihre Liste durch und bauen Sie noch heute die wichtigsten Punkte in Ihren Terminkalender ein. Vielleicht müssen Sie etwas erfinderisch sein und einige Dinge hin- und herschieben; möglicherweise können Sie mit einigen Punkten erst etwas später loslegen, da die kommende Woche schon total vollgestopft ist. Kein Problem. Tragen Sie es einfach ein. Verpflichten Sie sich dahingehend, dass Sie keinen Rückzieher machen können. Sie können zum Beispiel für eine Sache Geld hinlegen, sich mit einem Freund oder einer Freundin verabreden oder es schriftlich festhalten. Sobald es in Ihrem Kalender steht, wird es sich heilsam auf Ihr Leben auswirken. Übertreiben Sie aber nicht und vernachlässigen Sie nicht Ihre Arbeit. Finden Sie eine Balance, mit der Sie klarkommen.

Die wichtigste Lektion dieser Übung besteht darin, dass Sie über Ihre Bedürfnisse nachdenken und diese in Ihrem Tagesverlauf berücksichtigen. Allerdings *funktioniert es nur, wenn Sie die eingetragenen Zeiten auch respektieren.* Es passiert so leicht, dass man das Zeitfenster für den Sport im Kalender sieht und stattdessen etwas anderes einträgt, weil man dafür sonst keine Zeit findet. Verschieben Sie Dinge nach hinten. Die meisten Dinge können warten. Vielleicht ist es auch gut, sich ein paar Zeitblöcke freizuhalten, falls plötzlich etwas anfällt, sodass Sie auch mit Durcheinander oder spontanem Besuch gut klarkommen. Es ist ein Prozess, Sie müssen üben, bis Sie ihn irgendwann beherrschen. Halten Sie die Verabredungen mit sich selbst in Ehren und ernten Sie den Lohn. Halten Sie durch, dann werden Sie sich allmählich wieder heil fühlen.

# TAG 8

## Körperliche Bewegung

L assen Sie uns einen Blick auf die Frage werfen, wie Sie es mit Sport und körperlicher Bewegung halten. In den letzten Jahren haben wir viele neue Erkenntnisse über körperliche Bewegung gewonnen. Die wichtigsten im Hinblick auf Ihre Zeit lautet, dass Sie nicht fünfmal pro Woche eine Stunde lang trainieren müssen, um den besten Effekt zu erzielen.

Hochintensives Invervalltraining (High Intensity Interval Training, HIIT) ist momentan das Nonplusultra. Man erreicht seine maximale Herzfrequenz, kommt kräftig ins Schnaufen, erholt sich und jagt den Puls erneut in die Höhe.

Ihre heutige Praxis besteht darin, in einen Park oder auf eine Wiese zu gehen. Wärmen Sie sich fünf Minuten lang auf, indem Sie Ihre Hüften, die hintere Oberschenkelmuskulatur, die Knöchel und den Oberkörper dehnen und strecken. Wenn Sie so weit sind, rennen Sie mit Ihrer halben Höchstgeschwindigkeit auf die andere Seite der Wiese. Dort angekommen, machen Sie 10 bis 25 Liegestütze (das hängt davon ab, wie fit Sie sind). Dann rennen Sie auf die andere Seite der Wiese zurück, diesmal mit Dreiviertel Ihrer maximalen Geschwindigkeit, und machen anschließend 50-mal den Hampelmann. Erholen Sie sich circa zwei Minuten, wiederholen Sie das Ganze einige Male und gehen Sie danach nach Hause. Insgesamt sollte das Training heute ungefähr 15 Minuten dauern.

Diese Art von Training treibt Ihren Körper über seine momentane physische Komfortzone hinaus. Dadurch wird ein hormetischer Effekt ausgelöst. Das ist ein Stoffwechselzustand, der Gene aktiviert, die uns helfen, auf die richtige Weise zu wachsen. Durch dieses Training wird auch die Entstehung neuer Mitochondrien unterstützt und vorhandene Mitochondrien erhalten neuen Schwung. Sie sind die Kraftzentren unserer Zellen. Mehr Mitochondrien bedeuten, dass wir mehr Energie haben.

Es kann eine Zeitlang dauern, bis wir uns an das Training mittels intensiver Intervalle gewöhnt haben. Vor jedem Training sollten Sie sich unbedingt einige Minuten dehnen. Falls beim Training ein Gelenk zu schmerzen beginnt, hören Sie auf. Im Grunde genommen ist es besser, mit einem Trainer zusammenzuarbeiten, der Sie begleitet und darauf achtet, dass Sie nichts tun, was Ihrer Gesundheit schadet. Seien Sie vorsichtig.

Der Witz an der Sache ist, dass Sie sich keine Zeit freihalten müssen, um Tag für Tag das gleiche Programm auf dem Laufband zu absolvieren. Es ist nämlich so: Wenn Sie einen Level erreicht haben, mit dem Ihr Körper gut zurechtkommt, bringt Ihnen das täglich gleiche Training keinen weiteren Nutzen. Sie müssen sich deshalb immer weiter steigern.

Absolvieren Sie lieber kurze, hochintensive Trainingseinheiten, bei denen Sie Ihr Herz und Ihre Muskeln herausfordern, und erholen Sie sich dann vollständig. Das führt nicht nur zu besseren sportlichen Ergebnissen, sondern Sie gewinnen zudem jeden Tag etwas Zeit, die Sie (hoffentlich) für Ihre Fitness vorgesehen hatten.

Aus einem Trainingsverhalten nach dem Stechuhr-Prinzip auszubrechen, bedeutet einen Quantensprung in Ihrem Leben. Es geht nicht um die Quantität der Zeit, sondern um die *Qualität*. Wie sehr sind Sie beim Sport bei der Sache? Können Sie die Armbeugen ganz langsam vollziehen und tief in den Muskel hineinatmen? Falls das der Fall ist, reicht es schon, wenn Sie dies ein paar Mal vernünftig, das heißt bewusst und konzentriert absolvieren. Danach können Sie sich wieder etwas anderem zuwenden.

Ihre Zeit ist kostbar. Wenn Sie sich angewöhnen, am Tag in Bewegung zu bleiben, sackt ihr Grundumsatz nicht ab. Wenn Sie nicht so viel sitzen und sich hin und wieder strecken, werden Sie weniger träge. Und dadurch können Sie beim Sport richtig effektiv sein. In kürzerer Zeit werden Sie mehr erreichen. Super! Und nun legen Sie sich eine Runde aufs Ohr, schlafen Sie mit Ihrem Partner oder lesen Sie ein Buch – all das ist möglich, weil Sie Zeit hinzugewonnen haben. Noch besser ist es, wenn Sie sich auf ein Kissen setzen und über die ewige Natur Ihrer Lebenskraft nachdenken. Dann sind Sie wirklich frei.

# TAG 9

## Gedanken verdauen

Haben Sie schon einmal an einer gedanklichen Verdauungsstörung gelitten? Das passiert, wenn Sie mit einer Sache konfrontiert werden, die der Analyse und des Nachdenkens bedarf. Vielleicht geht Ihnen ein kompliziertes berufliches Projekt im Kopf herum, oder Sie erwägen eine haarige Scheidung, die zu viel Streit und Problemen führen wird. Über einige Dinge müssen wir einfach etwas länger nachdenken. Das ist ganz natürlich und angemessen, genau wie man nicht direkt nach einer Mahlzeit schwimmen geht, sondern erst einmal verdaut. Das versuchen wir zu berücksichtigen. Aber was ist mit der geistigen Verdauung?

Wenn sich einiges angesammelt hat, das geistig verarbeitet werden muss, löst dies Stress aus. Sie sind innerlich mit einer Sache beschäftigt, doch das Leben stürmt weiter auf Sie ein. Im Kreise Ihrer Familie sind Sie nicht wirklich präsent. Sie wirken im Gespräch distanziert oder bekommen gar nicht mit, worum es geht. Warum? Weil Sie Informationen verarbeiten, über sie nachgrübeln und zu integrieren versuchen. Das ist ganz normal – ja, es ist sogar gesund –, aber es ist *nicht* normal und gesund, dies zu tun, während man bestimmte andere Dinge tut. Abgelenktes Autofahren ist gefährlich. Distanziertes Verhalten oder für Ihre Kinder unerreichbar zu sein, führt zu zahlreichen Problemen. Es ist, als sei man in einer anderen Zeit gefangen, während man durch die Gegenwart stolpert.

Also, wie können wir das in Ordnung bringen? Wir nehmen uns Zeit zum Verdauen. Beachten Sie jedoch, dass das Verarbeiten bei gewissen Informationen etwas länger dauern kann. Sport oder Wandern eignen sich dafür hervorragend. Das bringt den Körper in Bewegung, sodass Sie Ihre Gedanken integrieren und auf gesunde Weise verarbeiten können. Aus diesem Grund ist sportliche Betätigung für viele Menschen auch in geistiger Hinsicht gut. Dabei können sie aufgestaute Gedanken verarbeiten.

Überlegen Sie, wo und wann Sie in Ihrem Leben Gelegenheit dazu haben. Haben Sie ein gesundes Ventil, das Ihnen hilft, Gedanken zu verarbeiten, oder begehen Sie den Fehler, im Beisein anderer nicht wirklich präsent zu sein? Können Sie einige Dinge anders arrangieren, um dafür Zeit zu haben?

Sie müssen das tun.

Es führt zu besseren Entscheidungen und reduziert Ihren Stress auf signifikante Weise.

Wenn wir essen, müssen wir die Nahrung aufspalten und in uns aufnehmen. Heutzutage treten zahlreiche Beschwerden auf, weil die Menschen nicht richtig kauen, sondern zu schnell essen. Denken Sie heute darüber nach, inwiefern Sie es in Bezug auf Gedanken möglicherweise genauso machen. Wie würde Ihr Leben ohne den mentalen Rückstau aussehen, den Sie den ganzen Tag mit sich herumschleppen?

# TAG 10

## Zeit am Schreibtisch

Wann haben Sie sich zuletzt bewusst gemacht, wie viel Sie sitzen? Läuft es auf den ganzen Tag hinaus, abzüglich eines kleinen Mittagsspaziergangs? Haben Sie auch die Zeit berücksichtigt, die Sie im Auto oder in anderen Verkehrsmitteln zubringen? Und wie ist es mit der Stunde vor dem Fernseher, während Ihre Lieblingssendung läuft?

Nehmen Sie sich ein paar Minuten Zeit, um zu überlegen, wie viel Sie heute im Durchschnitt sitzen. Das Ergebnis ist möglicherweise niederschmetternd.

Sie sind nicht allein. Sitzen gilt als das neue Rauchen, und es gibt viele Studien, die belegen, wie sehr es unserer Gesundheit schadet. Das *American Journal of Epidemiology* setzt einen bewegungsarmen Lebensstil sogar mit einem höheren Sterberisiko in Verbindung, sowohl bei Männern als auch bei Frauen.

Was hat das nun mit der Zeit zu tun? Es ist ein zentraler Aspekt, an dem wir Zeit verlieren.

Je mehr Sie sitzen, desto mehr stagnieren Sie. Ihre Durchblutung sinkt, und Ihr Stoffwechsel lässt nach. Ja, wann immer Sie länger als 30 Minuten lang sitzen, vermindert sich der Energiefluss in Ihrem Körper. Das bedeutet: Es werden weniger Kalorien im Ruhezustand verbrannt, die Lymphdrainage, die die Entgiftung unterstützt, fällt niedriger aus, und unsere Mitochondrien setzen weniger Energie frei. Mit anderen Worten: Uns steht weniger Lebenskraft zur Verfügung. Unser Licht wird schwächer und beginnt zu flackern, wenn wir zu lange sitzen.

Das raubt uns unmittelbar Zeit und reduziert die *Qualität* der von uns erlebten Zeit.

Inwiefern?

Es senkt unser Energieniveau, sodass wir bei der Arbeit weniger klar und konzentriert sind. Uns schwirrt mehr im Kopf herum und folglich schaffen wir weniger. Vielleicht verdienen wir dadurch auch weniger Geld, sodass wir länger arbeiten müssen, also mehr Zeit investieren, um die Einbußen auszugleichen. Weniger Geld führt in der Regel zu mehr Stress, und der mindert die Lebensqualität.

Wenn wir weniger Energie haben, haben wir keine Lust, uns zu bewegen oder gar Sport zu machen. Daraus ergibt sich eine Abwärtsspirale, die zu Gewichtszunahme und Trägheit führt. Wir vergeuden unsere kostbare Zeit damit, ein schlechtes Gewissen zu haben, weil wir keinen Sport machen. Aber es deprimiert uns, dass wir gerade keine Lust dazu haben.

Wir schieben Dinge auf die lange Bank, weil es uns an Energie und Begeisterung mangelt. An diese Dinge müssen wir aber weiterhin denken, und sie belasten uns, wenn wir abends nach Hause gehen. Dort sind wir geistig alles andere als präsent, wenn wir unserer Familie Hallo sagen. Wir sind müde, denken immer noch an die Arbeit und überlegen, wann wir uns davonschleichen und Sport machen könnten.

Da das jedoch selten passiert, behauptet unsere innere Stimme, dass »nichts in meinem Leben klappt«, und das wiederum reißt uns aus dem gegenwärtigen Moment heraus. Wir bemerken nicht, dass unsere Tochter in der Schule Ärger mit ihren Freundinnen hat, und schon haben wir das Gefühl, als Vater oder Mutter zu versagen. Und so geht es immer weiter. Die Sache ist nämlich die, dass sich die Art und Weise, wie wir eine Sache tun, auf alles andere auswirkt.

Aber heute nehmen Sie die Zügel wieder in die Hand. Stehen Sie während des Telefonierens auf, statt weiter sitzenzubleiben. Besorgen Sie sich ein paar Kisten und bauen Sie sich ein Stehpult. Wenn das nicht geht, stellen Sie sich einen Wecker und stehen Sie alle 25 Minuten auf. Gehen Sie etwas umher, recken und strecken Sie sich, atmen Sie ein paar Mal tief ein und aus, trinken Sie etwas Wasser und gehen Sie dann an Ihren Schreibtisch zurück. Machen Sie nach dem Mittagessen einen Spaziergang und erledigen Sie Telefonate von Ihrem Handy aus, sodass Sie dabei herumlaufen können.

Lassen Sie nicht zu, dass Ihr Körper in den trostlosen Schlaf des Bürolebens verfällt. Heute halten Sie Ihren Körper wach, und das belebt wiederum Ihren Geist. Diese Maßnahme wird sich auf sämtliche Bereiche Ihres Lebens auswirken, und schon bald kommen Sie in den Genuss zahlreicher Vorteile, die sich daraus ergeben.

Stehende Gewässer bilden Gift aus. Also stehen Sie auf und bewegen Sie sich.

# TAG 11

## Zeit zum Träumen

Um im positiven Sinne zu wachsen, müssen wir uns mit dem Schlamassel der Vergangenheit auseinandersetzen und ihn heilen, damit er nicht unsere Gegenwart beeinträchtigt. Das ist der Punkt, an dem die meisten Menschen nicht weiterkommen. Sie können nicht im *Jetzt* sein, weil sie in der *Vergangenheit* feststecken, die sie mit sich herumschleppen, und sich deshalb mies fühlen.

Ich behaupte nicht, dass es lustig oder leicht ist, sich mit diesen Dingen zu befassen, *aber wir haben keine andere Wahl.* Sie müssen heil werden, wenn Sie sich als Mensch ganz entfalten wollen. Träume können Ihnen dabei helfen.

Carl Gustav Jung war einer der Urväter der modernen Psychologie. Er schrieb ausführlich über den Traumzustand und erläuterte, inwiefern dieser uns mit dem kollektiven Unbewussten verbindet. Und jetzt wird es interessant. Hier liegt nämlich ein Großteil unseres psychisch-emotionalen Ballasts und beginnt zu faulen. Wenn wir uns nicht damit befassen, wird er, genau wie ein Feld in der freien Natur, ins Kraut schießen, und wir verlieren die Kontrolle. Irgendwann sagen wir gemeine Sachen. Oder wir tun etwas, das uns hinterher möglicherweise leidtut. Hässliches beginnt sich zu regen, und wir wissen gar nicht, was über uns gekommen ist. Es quillt über und ist *alles andere als schön.*

Durch den Traumzustand haben wir eine tiefe Verbindung zum Unbewussten und zum Unterbewussten. Es kommen Sachen hoch, die uns möglicherweise helfen, bestimmte Muster in unserem Leben zu erkennen. Wir blicken hinter die Fassaden, die unser Ego für gewöhnlich errichtet, und versenken uns tief in den emotionalen Ballast, der uns behindert. Dieser Ballast ist irgendwann in der Vergangenheit angefallen und hat sich in unseren Energiefeldern festgesetzt. Er sucht uns heim und bremst uns aus.

Versuchen Sie heute einige Minuten lang, sich an Träume aus der letzten Zeit zu erinnern. Geben Sie sich dabei richtig Mühe. Es ist normal, wenn Sie sich nicht erinnern können, aber möglicherweise stoßen Sie doch auf überraschende Dinge. Nachdem Sie diese Übung gemacht haben, legen Sie sich ein Notizheft neben das Bett. Nehmen Sie sich vor, morgen früh *als Allererstes* Ihre Träume aufzuschreiben. Je schneller Sie das nach dem Aufwachen tun, desto besser. Sie werden merken, dass Ihre Erinnerungen in Windeseile verblassen. Ihr Traumtagebuch kann zum Auslöser entscheidender Veränderungen in Ihrem Leben werden. Wenn Sie zusätzlich ein normales Tagebuch führen, können Sie darin lesen und auf Verbindungen zwischen Geschehnissen in Ihrem Alltag und den Träumen, die Sie zur gleichen Zeit hatten, achten. Im Traumzustand vermitteln sich uns oftmals Weisheiten, symbolhafte Bilder, subtile Hinweise und bemerkenswerte Vorzeichen. Achten Sie mehr auf derlei Dinge und nutzen Sie sie als Orakel oder Wegweiser für Ihren Alltag.

Je besser es Ihnen gelingt, einige Ihrer Träume festzuhalten und zu Papier zu bringen, desto erstaunlicher sind die Lektionen, die Ihnen von jener anderen Seite zuteilwerden. Es gibt unglaublich viel Wissenswertes, auf das

Sie zugreifen können und das Ihnen helfen wird, Ihre Vergangenheit zu heilen und sie nicht mehr in der Gegenwart mit sich herumzuschleppen. Träume sind dafür der Kanal.

# TAG 12

## Weniger ist manchmal mehr

Heute wollen wir uns mit der Mehr-ist-besser-Kultur beschäftigen, die unser Denken infiziert hat. Sie ist allgegenwärtig. Wir sind gut darin geworden, Dinge herzustellen, und die auf Konsum basierende Weltwirtschaft hat uns Wohlstand gebracht. Tatsächlich sind wir für die Unternehmen, mit denen wir zu tun haben, in erster Linie Konsumenten.

Was bedeutet das für unsere Mitwirkungsmöglichkeit? Hat Ihr Leben mehr Bedeutung als die Fähigkeit, für die Wirtschaft zu produzieren und zu konsumieren?

Und ob!

Schauen wir uns also heute einmal an, wie viel Krempel Sie besitzen. Gehen Sie durch Ihr gesamtes Haus. Vergessen Sie nicht die Garage, den Dachboden, zusätzliche Zimmer sowie Lagerräume, die nicht auf Ihrem Grundstück stehen. Gehen Sie alles durch und registrieren Sie, wie viel Kram Sie im Laufe der Jahre angehäuft haben. Brauchen Sie ihn noch, oder belastet er Sie?

Wie viele der Gegenstände haben Sie über ein Jahr nicht benutzt (geschweige denn einen Blick darauf geworfen)? Wann haben Sie vor, die Sachen das nächste Mal hervorzuholen? Oft halten wir an Dingen fest, weil wir glauben, sie seien zu wertvoll zum Verschenken, nur um sie Jahre später doch wegzuschmeißen. Können Sie heute einige solcher Gegenstände identifizieren? Falls Sie vorhaben, sie für Ihre Kinder aufzubewahren, fragen Sie diese doch einfach, ob sie daran überhaupt Interesse haben.

Das Problem ist: Krempel belastet. Egal ob Sie sich darüber im Klaren sind oder nicht – irgendwo in Ihrem Bewusstsein gibt es eine Ecke, die Platz freihalten muss für die Dinge, an denen Sie festhalten.

Schauen wir uns heute an, wo Sie übermäßig Geld ausgegeben haben, um sich zu trösten. Werden Sie alles los, was Sie nicht benutzen. Entschlacken Sie Ihr Umfeld, schaffen Sie Platz. Das klärt Ihren Geist und schafft Freiraum im Bewusstsein. Es entsteht eine Wirklichkeit, die mehr Zeit und mehr Glück birgt.

Was können Sie heute loswerden? Dinge zu spenden ist wunderbar und hilft Menschen in Not. Können Sie sich dafür von bestimmten Dingen trennen? Welche sind das? Aber legen Sie bloß keinen neuen Stapel an, der Ihr Haus nie verlassen wird. Tragen Sie diese Dinge heute zusammen und schaffen Sie sie sofort weg.

Welche Gegenstände sind schlichtweg Müll? Heute haben Sie Gelegenheit, sie wegzuschmeißen. Auch wenn Sie ein schlechtes Gewissen haben, weil Sie nie gelernt haben, wie man die Eismaschine bedient, die jetzt kaputt ist, oder Ihr Kind seinen Hockeyschläger nicht mehr benutzt. Lernen Sie hier Ihre Lektion. Mülldeponien speien die Dinge aus, von denen wir dachten, dass wir sie brauchen würden. Was werden Sie aufgrund dieser Übung künftig nicht mehr kaufen?

In physischer Hinsicht Platz zu schaffen hat den großen Vorteil, dass wir dadurch auch innerlich Platz schaffen. Das ist befreiend für den Geist. Es schenkt uns die Weite, nach der wir uns gesehnt haben. Das Problem war immer die Art unserer Ausrichtung. Man hat uns beigebracht, *im Außen* nach Lösungen zu suchen: »Welche Schuhe, welches Make-up, Auto oder Sportausrüstung kann ich kaufen, damit ich mich ganz und glücklich fühle?« Mittlerweile sollten Sie wissen, dass das nicht funktioniert. Glück und Frieden kommen von innen. Und sie kommen aus der Einfachheit.

In diesem Szenario ist weniger mehr.

Werden Sie das Gerümpel los und gewöhnen Sie sich an, sich vor dem Kauf zu fragen, ob Sie den betreffenden Gegenstand wirklich brauchen. Trost und Frieden können Sie sowieso nicht kaufen.

# TAG 13

## Zeitblöcke bilden

Eine der wirkungsvollsten Methoden, um die Zeit gut zu nutzen und das eigene Pensum zu bewältigen, ist zu lernen, wie man Zeitblöcke bildet. Das heißt, dass Sie bestimmte Zeitabschnitte in Ihrem Terminkalender bestimmten Tätigkeiten zuordnen und sich daran halten. Die E-Mail-Zeit ist dazu da, um E-Mails zu lesen und zu schreiben. Familienzeit ist genau das, was der Ausdruck besagt – und dann gibt es keine anderen Ablenkungen. Wenn Sie an einem Bericht arbeiten, konzentrieren Sie sich darauf, und wenn Sie eine Verabredung haben, dann seien Sie ganz bei Ihrer Freundin.

Entscheidend ist, dass Sie sich von der irrigen Vorstellung verabschieden, wir würden durch Multitasking in irgendeiner Weise besser. Das funktioniert aber nicht. Vielmehr werden wir dadurch abgelenkt, verzetteln uns, werden nervös. Menschen, die besonders effizient sind, machen immer nur eine Sache auf einmal: Sie sind konzentriert, bringen die Sache zu Ende und wenden sich dann der nächsten zu. Diese könnte eine kleine Siesta sein, und wissen Sie was? Auch das machen diese Menschen gut. Warum? Wenn man sich ganz auf eine Sache einlässt, kann man alle anderen Aufgaben oder Ablenkungen ausblenden und fokussiert bleiben. Wenn Sie wissen, dass Sie die für heute wichtigen Dinge zeitlich gut organisiert haben, müssen Sie sich keine Sorgen darüber machen, dass Ihnen am Ende womöglich Zeit fehlt. Somit können Sie, wenn es Zeit für das vorgesehene Nickerchen ist, wirklich entspannen und sich in den besten Schlaf Ihres Lebens fallen lassen.

Schauen Sie sich heute an, wie Sie Ihre Zeit handhaben. Neigen Sie dazu, zu viele Dinge auf einmal zu tun? Sind Sie übermäßig engagiert und rackern Sie sich ab, um auf einem sinkenden Schiff die Löcher zu stopfen? Das gibt es oft. Zeitmangel geht einher mit einem Mangel an Aufmerksamkeit. Wenn Sie nicht konzentriert sind, können Sie nichts richtig gut machen; sehr wahrscheinlich stresst es Sie, wenn neue Aufgaben anfallen, während die alten noch nicht erledigt sind.

Möglicherweise hilft der Vergleich zwischen Ihrem Tagespensum und einem Computer. Wie viele Anwendungen haben Sie gerade geöffnet? Wenn Sie ein Dokument bearbeiten – ist es dann hilfreich, das E-Mail-Programm, die Nachrichtenfunktion, die Buchhaltung, Wetter-Apps und ein Videospiel zur gleichen Zeit geöffnet zu haben? Natürlich nicht! Wir alle merken, dass die Leistung unseres Betriebssystems dadurch gemindert wird, und doch sind wir dazu bereit, genau so zu leben.

Heute richten Sie Zeitblöcke für die Dinge ein, die in Ihrem Leben nun mal notwendig sind, und strukturieren Ihre Aktivitäten entsprechend. Die Mittagszeit ist zum Essen und zur Erholung da. Arbeiten funktioniert am besten, wenn Sie konzentriert sind und eine Sache nach der anderen erledigen. Wenn Sie sich mit den Kindern beschäftigen, müssen Sie ganz präsent sein. Es bringt nichts, wenn Ihre Aufmerksamkeit zu anderen Dingen abschweift, weil Kinder das merken und Sie ohnehin nicht in Ruhe lassen. Nehmen Sie sich vor, während der vorgeschriebenen Zeit wirklich ganz bei der jeweiligen Sache zu sein, und schauen Sie, was passiert. Sie werden Ihren Terminkalender an die neuen Richtlinien anpassen müssen. Am Allerwichtigsten ist, dass Sie sich wirklich daran halten. Bleiben Sie dabei, sonst haben Sie verloren.

Sorgen Sie dafür, dass Sie auch Zeitblöcke für Pausen, Entspannung, Essen, die Familie und Vergnügungen einplanen; wenn Sie nur die Arbeit und andere Verpflichtungen einplanen, zerbricht etwas. Wir brauchen in unserem Leben ein dynamisches Gleichgewicht. Wenn wir uns an einen vernünftigen Plan halten, dann funktioniert das auch. Sobald Sie hierbei den Bogen raushaben, werden Sie feststellen, dass Sie entspannter und glücklicher sind. Zu wissen, dass man gerade genau das tut, was man tun muss, schenkt einem ein Gefühl von Weite. Der Stress rührt von dem ganzen anderen Krempel her, der sich in den gegenwärtigen Moment hineindrängeln will. Wenn Sie immer eins nach dem anderen machen, gelangen Sie schneller ans Ziel, und Sie haben noch genügend Zeit, um dabei Spaß zu haben.

# TAG 14

## Gefühle verdauen

Gedanken zu verdauen ist wichtig, doch was ist mit den Gefühlen? Das sind die Bissen, an denen wir oft lange kauen. Wenn jemand etwas sagt, das Sie ärgert, wie leicht kommen Sie darüber hinweg? Wie lange dauert es, bis Sie damit durch sind?

Bei den meisten von uns dauert das eine Weile. Zu den Dingen, die ein angehender Urban Monk trainiert, gehört es, positive Energie anzusparen und in der Lage zu sein, Dinge an sich abperlen zu lassen. Das heißt nicht, dass gewisse Dinge Sie nicht berühren würden. Das ist nur menschlich. Angenommen, Ihr Sohn ist schlecht in der Schule. Das schmerzt. Eltern sterben. Haustiere ebenfalls. Ständig passieren auf der Welt tragische Dinge. Und diese Dinge *sollten* uns auch wütend und traurig machen, uns enttäuschen und durcheinanderbringen. Wie gesagt, das ist menschlich.

Das Problem ist das *Nichtzulassen*. Nehmen Sie sich genug Zeit, um einen Verlust zu betrauern? Genehmigen Sie sich den Luxus, fünf Minuten lang richtig wütend zu sein, um sich anschließend wieder zu beruhigen? Die meisten von uns tun das nicht, insbesondere was den Ärger betrifft. Wir bewerten ihn. Wir schämen uns, ihm Luft zu machen, deshalb verstecken wir ihn lieber. Und so gärt er in aller Ruhe vor sich hin und wächst sich zu Übellaunigkeit oder passiv-aggressivem Verhalten aus. Beim Stress ist es ähnlich. Er treibt in unserem Innern sein Unwesen, bis irgendein ahnungsloser Mensch von uns die volle Breitseite abbekommt, obwohl er das vermutlich nicht verdient hat.

Kommt Ihnen das bekannt vor?

Das ist in unserer Kultur ein großes Thema und ein Aspekt, bei dem die meisten Menschen nicht von der Vergangenheit loskommen. Wie oft denken Sie an einen Augenblick zurück, in dem jemand etwas gesagt hat, worüber Sie sich geärgert haben? Wie intensiv lassen Sie diese Erfahrung innerlich wieder aufleben? Wie stark sind Sie noch mit *jener Zeit* verbunden? Meistens lautet die Antwort: ziemlich stark.

Emotionale Verstopfung verhängt eine Zeitverzögerung über unser Leben und sorgt dafür, dass wir noch in der Vergangenheit pulsieren. Szenarien, die um »ich könnte, ich hätte, ich würde« kreisen, spielen sich in unserem Gehirn ab, sodass wir *dort* festhängen, statt *ganz hier* zu sein.

Denken Sie heute darüber nach, wann Ihnen das schon mal passiert ist. Vielleicht geschieht es in eben diesem Moment. Schleppen Sie heute noch etwas mit sich herum, das gestern Abend geschehen ist? Oder im letzten Jahr? Die Wahrscheinlichkeit ist ziemlich hoch.

Schritt eins besteht darin anzuerkennen, dass Sie da sind. Sehen Sie es. Spüren Sie es.

Kehren Sie nun zu dem Ereignis zurück und füllen Sie Ihr Herz mit Liebe. Schicken Sie mit der Einatmung weißes Licht in Ihr Herz und lassen Sie es mit der Ausatmung in Ihren ganzen Körper strahlen. Lächeln Sie und erlauben Sie Ihrem Herzen, durch diese Übung weich zu werden.

Als Nächstes vergeben Sie allen Beteiligten und bringen Licht und Heilung in das Szenario, das Sie ausgewählt haben. Das kann einige Minuten dauern, aber lassen Sie es einfach geschehen. Diese Zeit lohnt sich, insbesondere im Vergleich zu den unzähligen Momenten, die Sie sonst in den nächsten Wochen oder Jahren darauf verschwendet hätten.

Wann immer Sie heute die Gelegenheit dazu haben, rufen Sie sich jenes unerfreuliche Ereignis ins Gedächtnis. Üben Sie, Ihr Herz mit weißem Licht zu füllen und dann die Erinnerung, die Sie heilen wollen, in Licht und Vergebung zu tauchen. Machen Sie das zu Ihrem heutigen Gong. Nehmen Sie sich vor, diesen Fall zu heilen, und entwickeln Sie so viel Liebe und Energie in Ihrem Herzen, dass es Ihnen gelingt.

# TAG 15

## Mahlzeiten sind Rituale

Heute richten wir unser Augenmerk auf unsere Mahlzeiten. Wir lassen uns so leicht vom Trubel des Alltags fortreißen und vergessen dabei, im Hinblick auf das Essen mehr Ruhe walten zu lassen. Das Essen geht in der Hektik all unserer Aktivitäten unter und ist zu einem weiteren Punkt auf unserer To-do-Liste geworden, den wir abhaken müssen. Heute ist das anders.

Wir wollen wieder Ruhe einkehren lassen.

Mahlzeiten sind Zeiten für Rituale. Sie bieten uns die Gelegenheit innezuhalten und der Zeit eine langsamere Qualität zu verleihen, sodass wir unseren Körper ernähren, wichtige Nährstoffe aufnehmen und uns entspannt dem Verdauungsprozess hingeben können. Hier gewinnen wir Kraft.

Unser auf Kampf-oder-Flucht gepoltes Nervensystem ist übersteuert. Unser Körper schaltet dabei in den Krisenmodus. Stress signalisiert unserem Körper, Fett einzulagern, Blut in das reaktive Gehirn zu transportieren, die Muskeln anzuspannen und Energie von der Verdauung und dem Immunsystem abzuziehen. Auf lange Sicht ist das gar nicht gut für uns, aber in diesem Zustand leben viele Menschen. Es ist an der Zeit, diesen Kreislauf zu durchbrechen.

Wann immer Sie sich heute zu einer Mahlzeit hinsetzen, atmen Sie zehnmal tief in Ihren unteren Bauch und entspannen Sie Ihren Körper. Das versetzt Sie automatisch in einen anderen Zustand. Der Parasympathikus ist dafür zuständig, dass wir verdauen, wieder zu Kräften kommen, heilen und uns entspannen. Das Atmen in den unteren Bauch versetzt uns automatisch in den entsprechenden Zustand.

Nehmen Sie sich einen Moment Zeit und lassen Sie Ihren Atem zur Ruhe kommen.

Nun wenden wir uns Ihrem Essen zu. Diese Nahrung ist tatsächlich *Leben*. Wenn Sie sich richtig ernähren, sollten Sie nur unverarbeitete Nahrungsmittel zu sich nehmen. Das bedeutet: frisches Gemüse, Obst, Getreide und Fleisch (falls Sie Fleisch essen). Das alles sind Nahrungsmittel, die von Dingen stammen, die vor Kurzem noch gelebt haben. Sie nehmen dieses Leben in sich auf, sodass es Ihrem Körper Kraft schenkt und Ihre Zellen nährt. Dieses Leben hat sich geopfert und erlaubt Ihnen weiterzuleben. Das ist ganz schön krass.

Halten Sie einen Moment inne und bedanken Sie sich für das Essen, das vor Ihnen steht. Schauen Sie es eine Minute lang an. Riechen Sie 20 Sekunden daran. Schmecken Sie in aller Ruhe und kauen Sie mindestens 20-mal, bevor Sie schlucken. Legen Sie nach jedem Bissen Ihr Esswerkzeug (oder die Speise selbst, falls Sie mit den Händen essen) auf dem Teller ab, solange Sie kauen und schlucken. Verlangsamen Sie und begegnen Sie der Nahrung mit Dankbarkeit und Ehrfurcht, dadurch verändert sich Ihr gesamtes Leben.

Sie werden nicht nur entspannter sein, sondern auch weniger essen, gründlicher kauen, besser verdauen, Ihre Zellen besser versorgen und im Körper weniger Entzündungen haben. Es gibt so viele positive Aspekte, die mit diesem Ritual einhergehen, dass Sie angesichts der Vorteile geradezu geschockt sein werden. Diese werden mit der Zeit immer mehr.

Heute ist der erste Tag vom Rest Ihres Lebens. Lassen Sie sich heute für jede Mahlzeit genügend Zeit und geben Sie Ihrem Geschmackssinn Raum. Essen Sie langsamer und genießen Sie dieses Essensritual. Vielleicht dauert es insgesamt zehn Minuten länger, aber Sie werden hinterher weniger müde oder aufgedreht sein und mehr Energie haben.

Im Idealfall gönnen Sie sich nach dem Essen noch zehn bis 15 Minuten Zeit, um sich einfach etwas zu entspannen. Wenn Sie dies zu einer festen Gewohnheit werden lassen, gewinnen Sie mehr Energie, Klarheit und Gesundheit und können so den Rest des Tages effektiv bewältigen.

# TAG 16

## Zeit-Beben begreifen

Wissen Sie noch, wann ein Ereignis Sie zuletzt zeitlich aus der Fassung gebracht hat? Also Ihr Zeit-Erleben an dem Tag durcheinandergewirbelt hat, sodass Sie innehielten und ins Grübeln kamen. Es könnte ein Unfall, eine Krankheit, eine berufliche Herausforderung oder ein geliebter Mensch gewesen sein. Etwas passiert und unterbricht unser Schema. Es wirft uns aus unserem Zeitfluss und lenkt unsere Zeit in andere Bahnen. Sie kann langsamer werden oder sich beschleunigen, das hängt ganz von dem betreffenden Ereignis ab. Aber auffällig ist, dass sich die Zeit unmittelbar nach dem Ereignis anders anfühlt. Diese Verzerrung kann einige Stunden oder mehrere Tage dauern, je nachdem, wie sehr Ihre Wirklichkeit verbogen und gefaltet wurde. Möglicherweise fühlt es sich wie ein Erdbeben an, das Ihr gesamtes Fundament ins Wanken gebracht hat.

Hierbei gibt es zwei Dinge zu lernen. Erstens: Was können Sie beim nächsten Mal anders machen? Hat es Sie kalt erwischt, und Sie haben sich eine Woche lang im Bett verkrümelt? Was hat Ihnen das gebracht? Wir können von vergangenen Vorfällen lernen, um beim nächsten Mal Fehler zu vermeiden. Hinterher sind wir immer klüger, aber das ist nur der Fall, wenn wir zurückblicken und aus der Vergangenheit lernen.

Die zweite Lektion ist hintergründiger. Wenn dieser äußere Vorfall die Qualität oder die Geschwindigkeit der Zeit verändern konnte – warum sollten Sie dazu nicht selbst in der Lage sein? Wir nehmen es in der Regel hin, dass große Ereignisse im Leben, Traumata oder schlechte Nachrichten unsere Zeitwahrnehmung verändern, aber wieso ist das normal? Wenn es bei einem derartigen Ereignis geschieht, bedeutet das, dass es möglich ist. Punkt. Also wollen wir diese Tatsache einmal genau untersuchen, damit Sie lernen können, wie Sie das für sich selbst hinbekommen.

Das Anhalten oder Verlangsamen der Zeit ist etwas, das in unserem Bewusstsein geschieht. Wir können unsere Wahrnehmung des raumzeitlichen Kontinuums steuern, indem wir unser Bewusstsein auf eine höhere Ebene heben. Gemeint ist jener Bereich, in dem die Wahrnehmung der Menschen früher so unglaublich weit werden konnte. Es ist der Grund, weshalb es Meditation und Yoga schon so lange gibt und sie uns immer noch gute Dienste leisten. Wir können tatsächlich den Zeiger der Zeit anhalten, sobald wir verstehen, wie wir unseren inneren Zustand ausrichten müssen. Also tun wir's!

Es gibt eine spezifische Praxis, die ich Ihnen heute beibringe und durch die Sie den Wandel im Tempo der Zeit spüren können. Es ist die Entschleunigungsübung.

Sie finden Sie unter: *http://theurbanmonk.com/resources/ch2/*.

Schauen Sie sich das Video an und machen Sie sich an die Arbeit. Es dauert nicht länger als 15 Minuten, doch mit etwas Übung sollten Sie in der Lage sein, einen Unterschied hinsichtlich der Qualität der Zeit zu spüren, während Sie

sie wahrnehmen. Achten Sie auf die Zwischenmomente, wenn im Übergang von schnell zu langsam und wieder zurück eine etwas andere Schwingung herrscht. Je mehr Sie dieser Momente gewahr werden, desto besser begreifen Sie den Schleier der Zeit und verstehen auch, wie Sie damit umgehen. Manche Dinge bleiben besser ungesagt.

Lassen Sie sich auf die Praxis ein und finden Sie es selbst heraus.

# TAG 17

## Energie tanken beim Nichtstun

Einer der zentralen Lehrsätze des Taoismus lautet *Wu wei*, womit ein Zustand des »Nicht-Tuns« gemeint ist. Das klingt für unsere westlichen Ohren möglicherweise fremd, aber wenn Sie einmal darüber nachdenken, ist das für uns sehr heilsam. Wir leben in einer Kultur, die das Tätigsein betont. Unser Wert bemisst sich an unserer Leistungsfähigkeit, und viel zu oft haben wir das Gefühl, funktionieren und irgendwie beschäftigt sein zu müssen. Wir leben in einer verrückten Welt.

Wie können wir hier für mehr Balance sorgen? Üben Sie heute einfach *zu sein*. Möglicherweise dauert es eine Weile, bis Sie das hinbekommen. Vielleicht denken Sie zwischendurch, dass Sie den Verstand verlieren, aber das liegt bloß an Ihrem aufgedrehten Geist. Setzen Sie sich zehn Minuten hin und halten Sie das Unwohlsein aus, *seien* Sie einfach.

Wie macht man das? Ganz einfach: Machen Sie nichts.

Und nun? Machen Sie weiterhin nichts.

Wie mache ich das?

Aha.

Da liegt das Problem. Wir probieren immer noch das Nichtstun zu »machen«. Ergibt das einen Sinn? Natürlich nicht, aber die meisten von uns können nicht anders. Wir sind eine Kultur der Macher. Unser Handeln definiert uns und treibt uns an, uns zu verbessern. Vielleicht haben Sie eine gewisse Dynamik oder es liegt an dem, was unsere Eltern immer sagten. Egal woran es liegt: Achten Sie einmal darauf, dass Sie dazu neigen, ständig in Bewegung zu sein.

Ihr Geist ist immer auf der Suche nach etwas, das er tun könnte, und wenn Sie das Nichtstun üben, können Sie ihn dabei erwischen, wie er doch etwas tut. Vielleicht planen Sie das Abendessen, denken aber darüber nach, was Shelly gesagt hat, richten Ihre Aufmerksamkeit auf den Juckreiz an Ihrer Nase oder beschweren sich innerlich, dass diese Übung nicht funktioniert: All das ist Aktivität.

Also gut, lassen Sie uns auf Ihrem Weg zum Nichtstun einen Zwischenschritt einlegen. Wenn Sie heute diese Praxis üben (10 Minuten oder länger wären ideal), dürfen Sie eine Sache tun. Sie können sich *eine Frage* stellen, und diese Frage können Sie sich immer wieder stellen. Das ist das Einzige, was Sie während der gesamten Übung tun sollten.

Und wie lautet nun die Frage? Sie lautet: »Was mache ich gerade?«, und wie auch immer Ihre Antwort lauten mag, hören Sie damit auf und *entspannen* Sie sich.

Dann fragen Sie erneut: »Was mache ich gerade?« Und wieder entspannen Sie sich.

Zen-Mönche brauchen Jahre, um dies zu meistern. Aber wenn Sie sich wirklich darauf einlassen und die Übung machen, ohne die Ausreden vorzubringen, die einem normalerweise einfallen, erhaschen Sie vielleicht einen Blick auf die andere Seite.

Welche andere Seite? Es ist die friedliche Gelassenheit eines entspannten Geistes. Stellen Sie sich vor, wie es wäre, wenn Sie den schonungslosen Aktivitätsstrom einen Moment lang anhalten und in den ewigen Raum *absoluter Ruhe* eintreten könnten.

Das ist der Ort, an dem Sie aus der Unendlichkeit schöpfen und einen Geschmack von der Quelle aller Energie bekommen können. Das Paradoxe daran ist, dass Sie das nicht »machen« können, doch Sie können üben, sich dem durch Entspannen anzunähern.

Viel Vergnügen.

# TAG 18

## Entschleunigen und entspannen

Einer der Hauptgründe, weshalb die Menschen in modernen Gesellschaften nicht schlafen können, ist das Tempo, das sie sogar am Abend noch beibehalten. Das Leben ist verdammt schnell geworden, und diese Geschwindigkeit bestimmt unseren ganzen Tag. Wir erledigen immer mehr und sind beschäftigter denn je. Aber wenn der ganze Wahnsinn dieses Lebensstils dann in Richtung Einschlafen rollt, werden wir frustriert und ungeduldig. Wir nehmen uns keine Zeit, um herunterzukommen. Mit anderen Worten: Wir müssen entschleunigen, um den Schlaf überhaupt zu *ermöglichen*.

Schlaf ist etwas, wofür wir loslassen müssen. Er geschieht von allein. Wir können den Schlaf nicht »herstellen«. Schlaf stellt sich ein, wenn wir uns ihm entspannt hingeben. Die Herausforderung der modernen Welt besteht darin, dass wir den ganzen Tag bis in die Abendstunden hinein durch die Gegend rasen. Wir sehen fern, telefonieren, machen Überweisungen, und wenn wir dann irgendwann ins Bett gehen, versuchen wir eine Vollbremsung hinzulegen und einzuschlafen. Doch so funktioniert die Natur nicht, und wenn ich mich richtig entsinne, dann stammen wir aus der Natur.

Zunächst geht es in der heutigen Praxis darum, dass Sie sich genau anschauen, welche Rituale Sie am Abend pflegen, insbesondere wenn es auf die Richtung Schlafenszeit zugeht. Was tun Sie drei bis vier Stunden vor dem Schlafengehen? Können Sie dabei entspannen? Unser Körper und unser Geist müssen entschleunigen, damit wir schlafen können. Nach Sonnenuntergang hatten unsere Vorfahren kaum Zugang zu künstlichem Licht. Sie waren vor dem Einschlafen also weniger Reizen ausgesetzt und waren weniger aktiv. Was tun Sie, um abends herunterzukommen?

Blaues Licht auf unseren Bildschirmen, schnelle Musik, zahlreiche elektronische Geräte und Dinge, die uns geistig anregen, machen die stille Dunkelheit der Nacht zunichte. Nach zwei Uhr nachmittags Kaffee zu trinken, ist auch nicht gerade hilfreich. Wir leben in einer Welt, die die friedliche Energie der Nachtstunden verdrängt. Es liegt an Ihnen, ob Sie diesem Gegenpol in Ihrem Leben wieder Raum geben.

Schauen Sie sich an, wie Sie Ihre Abende verbringen, und überlegen Sie, was Sie verändern können, um zu entschleunigen. Können Sie die meisten Abende bei Kerzenlicht verbringen? Vielleicht sollten Sie ein gutes Buch lesen, statt sich noch mehr Fernsehserien reinzuziehen. Machen Sie lieber ein paar Dehnübungen und führen Sie echte Gespräche, statt sich geistloser Unterhaltung und noch mehr Reizen auszusetzen.

Wenn Sie einmal damit anfangen, werden Sie allmählich besser schlafen. Sie starten mit mehr Energie und Freude in den Tag, und Ihr Stresspegel wird sinken. Ihr Geist *braucht* ruhigere Phasen, in denen er Dinge verarbeiten und sich entspannen kann. Voll auf die Bremse zu treten, fordert seinen Tribut. Und das merken wir in unserem Leben. So kann sich gesunder Schlaf nicht einstellen, und so können wir uns nicht von dem anstrengenden Tag, der hinter uns liegt, erholen. Bauen Sie mehr sanfte Yin-Qualität in Ihre Abende ein (insbesondere an Wochentagen), damit Sie während Ihrer aktiven Yang-Zeit produktiver und ausgeglichener sind.

Die Übung des heutigen Abends besteht darin, dass Sie sich 30 Minuten sanft dehnen, bevor Sie schlafen wollen. Dimmen Sie das Licht und verbinden Sie sich mit Ihrem Körper. Putzen Sie sich vorher die Zähne und erledigen Sie all Ihre Schlafenszeit-Rituale, denn nach fünf bis zehn Minuten an Dehnübungen begeben Sie sich ins Bett. Legen Sie sich flach auf den Rücken und atmen Sie in den unteren Bauch. Nach einigen Atemzügen beginnen Sie mit der progressiven Entspannung, vom Kopf bis zu den Füßen: Lassen Sie sich Zeit und entspannen Sie ganz tief jedes Körperteil, jeden Muskel, jedes Gelenk, jedes Organ und jede Körperregion, während Sie mit Ihrer Aufmerksamkeit durch den Körper wandern. Wenn Sie bei den Zehen angelangt sind, atmen Sie einfach weiter tief in Ihren unteren Bauch und zählen Sie langsam von zehn bis eins. Sagen Sie sich, dass Sie sich mit jeder Zahl, die Sie herabzählen, immer mehr entspannen und sich immer schwerer fühlen. Wenn Sie fertig sind, erlauben Sie sich, entspannt in den Schlaf zu gleiten.

Diese Übung ist kraftvoll, sollte jedoch mit guten Ritualen der Schlafhygiene kombiniert werden. Es liegt ganz an Ihnen, ob und wie Sie die Zeit verlangsamen und selbst entschleunigen.

Entwickeln Sie ein Gespür für unterschiedliche Qualitäten der Zeit und lernen Sie, sich den natürlichen Rhythmen anzupassen – das ist die Lektion, um die es hier geht.

# TAG 19

## Meiden Sie Zeitvampire

Heute beschäftigen wir uns mit den Zeitvampiren in Ihrem Leben. Sie wissen, wer gemeint ist. Es sind jene Menschen, die sich mittels Gesprächen, Melodramen, Bedürftigkeit oder irgendeinem echten Problem an Sie hängen und Sie von dem abhalten, was Sie sich für den Tag (oder für die Woche oder für Ihr Leben) vorgenommen hatten. Oft sind es Menschen, die uns nahestehen, doch zwischen ihnen und uns hat sich eine Beziehung der Koabhängigkeit entwickelt. Die gemeinsam verbrachte Zeit ist vergeudet und tut weder dem anderen noch uns gut; anschließend sind wir müder, gestresster, angespannter oder gar aufgewühlt.

Ihre Zeit ist das Maß Ihrer Lebenskraft, und sie ist alles, was Sie haben. Wenn Sie sie mit Menschen verbringen, die das, was Sie im Leben vorhaben, nicht unterstützen oder fördern, kann es schnell passieren, dass Sie sich leer, ausgelaugt und neben der Spur fühlen. Wenn Sie den Eindruck haben, dass die Tage vergehen und Sie sich nicht besser fühlen oder Ihren Zielen näher kommen, dann ist es Zeit, Nachforschungen anzustellen und herauszufinden, wohin die Zeit versickert.

Erstellen Sie heute eine Liste mit den Menschen, mit denen Sie die meiste Zeit verbringen. Von Familienangehörigen über Leute in Ihrer Fahrgemeinschaft oder Arbeitskollegen bis hin zu Menschen, die Sie zufällig treffen –

verschaffen Sie sich einen Überblick darüber, was an einem x-beliebigen Tag mit Ihrer Zeit geschieht. Verschwenden Sie etwas zu viel Energie darauf, sich in der Kaffeeküche zu tummeln? Erzählt Ihnen die Person am Arbeitsplatz gegenüber zu oft über Ereignisse und Veranstaltungen, die Ihnen nichts bedeuten? Gibt es Menschen, die keine Ahnung von den wichtigen Dingen in Ihrem Leben haben, während Sie über ihre intimsten Details gut Bescheid wissen?

Fragen Sie sich, bei welchen Gelegenheiten Sie Ihre Zeit etwas zu häufig in den Dienst der Höflichkeit stellen. Führen Sie Gespräche oder tun Sie Dinge, die Ihnen nichts bringen? Wissen Sie, wie Sie sich vor Leuten schützen können, die Sie aussaugen, sodass Sie nicht Energie an sie verschwenden, ohne dass Sie selbst etwas davon haben? Damit sollten Sie anfangen.

Die meisten Zeitvampire können ganz schlecht mit Energie umgehen und bringen die Zeit damit zu, über irgendwelchen Blödsinn zu reden. Sie benötigen jemanden wie Sie, den sie mit hineinziehen können. Haben Sie sich schuldig gemacht, dies zuzulassen?

Bis zu einem gewissen Grade trifft das auf jeden von uns zu. Wir verwechseln Nettsein mit Selbstaufopferung.

Das heißt nicht, dass Sie guten Gesprächen aus dem Weg gehen sollten, die Sie selbst und Ihren Tag bereichern. Es bedeutet auch nicht, dass Sie auf alle Kontakte bis auf die allerwichtigsten verzichten sollen. Es bedeutet einfach, dass Sie bei sich bleiben und wieder die Hoheit über Ihre Zeit gewinnen. Dafür gibt es viele großartige Möglichkeiten, und meistens geht es darum, vernünftige Grenzen zu ziehen. Sie müssen Wege finden, um sich von Begegnungen fernzuhalten, die Sie von Ihren aktuellen Zielen abhalten, damit Sie fokussiert bleiben können. Erledigen Sie Ihre Arbeit, und dann können Sie eventuell mit dieser Person gemeinsam joggen, und zwar so, dass die Begegnung für beide produktiv ist.

Die Herausforderung, der Sie sich stellen müssen, besteht darin, dass die meisten Menschen irgendwie stecken geblieben sind und jemanden brauchen, der gemeinsam mit ihnen stecken bleibt. Dann ist es weniger einsam.

Das müssen Sie um jeden Preis vermeiden.

Sie haben Träume und Ziele. Sie machen nie eine Siesta. Sie wollen Sport machen. Es gibt Menschen, mit denen Sie sich lieber unterhalten würden. Finden Sie heraus, welche Situationen es sind, die Ihnen die Zeit rauben, und erobern Sie sich Ihre Zeit zurück. Anfangs mag das etwas unangenehm sein, aber diese Praxis wird Ihr Leben verändern.

Es ist Ihre Zeit. Setzen Sie ihrer sinnlosen Verschwendung ein Ende.

# TAG 20

## Große Ereignisse im Leben

Die Qualität der Zeit wandelt sich im Leben. Hin und wieder geschehen große Dinge, die in unserer Erinnerung einen besonderen Platz einnehmen. Einige Ereignisse mögen bemerkenswert sein. Was ist mit der Geburt eines Babys? Hochzeiten und Beerdigungen sind bedeutsame Anlässe. Schul- und Studienabschlüsse sind wichtig. Und wie steht es damit, wenn man ein wichtiges Spiel gewinnt oder sich scheiden lässt? Das alles sind denkwürdige Tage – nicht immer gute Tage, aber sicherlich denkwürdige.

Denken Sie einmal an die wichtigen Ereignisse in Ihrem Leben zurück. Wie präsent waren Sie damals? Woran haben Sie noch bildhafte Erinnerungen, was können Sie innerlich noch hören – und zwar nicht, weil Sie hinterher Fotos davon gesehen haben, sondern weil Sie sich an das Erlebnis erinnern? Konnten Sie damals die Bedeutung der Geschehnisse begreifen?

Welche großen Ereignisse stehen demnächst an? Freuen Sie sich darauf? Sind Sie bereit?

Nehmen Sie sich heute etwas Zeit, um auf die ereignis- und bedeutungsreichen Tage, die hinter Ihnen liegen, zurückzublicken. Richten Sie dann Ihren Blick in die Zukunft. Wie können Sie sich darauf vorbereiten, wirklich präsent zu sein und den Tag in seiner ganzen Fülle in sich aufzunehmen? Was können Sie von früheren einschneidenden Tagen lernen und von der Art und Weise, wie Sie sich damals verhalten haben?

Diese Übung wirft eine noch größere Frage auf. Wie können wir mehr grandiose, denkwürdige Tage in unsere Zukunft einbauen? Wenn Sie sich den bisherigen Verlauf Ihres Lebens anschauen und nur auf Langeweile und Eintönigkeit stoßen –, was können Sie tun, um für mehr Spannung und Lebendigkeit zu sorgen?

Wir brauchen einen Funken, um im Leben freudig nach vorn zu blicken. Wo ist Ihrer? Können Sie ein Abenteuer planen, sich weiterbilden oder mit Ihrem Partner, Ihrer Partnerin oder einem Kind eine Reise machen? Entscheidend ist, dass Sie sich nicht nur auf ein künftiges Ereignis freuen, das möglicherweise unvergesslich sein wird, sondern dass Sie sich *heute* einen Tritt in den Hintern geben und etwas Neues tun beziehungsweise etwas unternehmen, das Sie aus Ihrer Komfortzone reißt. Dann schmieden Sie Pläne für ein noch wagemutigeres Vorhaben in naher Zukunft. Denken Sie gründlich darüber nach und konzentrieren Sie sich auf das, was Sie an Ihrem besonderen Tag sehen und empfinden möchten. Verbinden Sie sich mit dem Gefühl und visualisieren Sie den Tag. Sobald Sie das getan haben, ist es an der Zeit, mit der Planung zu beginnen, um diese Idee Wirklichkeit werden zu lassen. Verfolgen Sie Ihren Plan.

Auf diese Weise haben Sie einen Samen in Ihren Zeitstrahl gesät. Vielleicht dauert es ein paar Jahre, bis Sie die Früchte ernten können, aber nun ist er erst einmal da. *Gießen Sie ihn mit Ihrer Absicht und Ihrem Wohlwollen.* Nähren Sie diesen Samen durch Handlungen und Bewegungen, die in seine Richtung führen. Wenn Sie das Ereignis wirklich erleben wollen, dann sehen und fühlen Sie es so, als geschähe es in der Gegenwart. Bewahren Sie dieses Gefühl in Ihrem Herzen. Das reicht, um den Samen zu pflanzen.

Im Laufe der Zeit wird es Ihnen immer besser gelingen, sich mit Ihrem inneren Selbst zu verbinden, und dann ist der Weg vom Säen des Samens bis zur Blüte weniger weit. Für heute reicht es zu wissen, dass der Same ein Teil Ihrer künftigen Zeitachse ist. Lassen Sie ihn dort. Schicken Sie ihm Liebe und nähren Sie ihn. Diese Praxis hilft Ihnen, die Zahl der positiven Großereignisse in Ihrem Leben zu mehren, so dass Sie an Ihrem Lebensabend auf ganz viel Schönes zurückblicken können.

Nicht kleckern, klotzen! Versuchen Sie es!

# TAG 21

## Zeit mit der Familie

Wie oft kommt es vor, dass wir in der Zeit, die für die Familie gedacht war, noch andere Dinge tun? Dann sind wir zwar mit unseren Lieben zusammen, checken dabei aber halbwegs unsere E-Mails, sehen fern, lesen ein Buch oder tun sonst etwas. Meistens wird dadurch keiner Sache richtig Genüge getan. Wenn Sie also in der Lage sind, sich mit Ihrer Familie zusammenzukuscheln, gemeinsam zu lesen und die Zeit zu genießen – wunderbar! Sie haben es gut. Der Rest der Welt ringt in diesem Punkt um die richtige Balance.

Heute wollen wir uns ganz auf die Zeit, die wir mit unserer Familie verbringen, konzentrieren und sie zu etwas Besonderem machen. Statt im Beisein unserer Familie (vor allem der Kinder) mehrere Dinge gleichzeitig zu tun, wollen wir ihnen heute die ungeteilte Aufmerksamkeit geben.

Wie könnte das aussehen? Vielleicht ein langer Spaziergang mit den Hunden. Abendessen ohne Fernsehen oder andere elektronische Geräte. Eine Verabredung zum Spielen, Zeit für Intimität, eine Wanderung oder gemütliches Sitzen vor dem Kamin. Sagen Sie Ihrer Familie, dass Sie heute gemeinsam etwas Schönes machen möchten, selbst wenn es nur ein paar Minuten sind, und setzen Sie sich dafür ein, dass es klappt.

Gerade wenn Ihre Kinder schon etwas älter sind, ist die Wahrscheinlichkeit hoch, dass jeder total viel vorhat und genauso unter Zeitmangel leidet wie Sie selbst. Willkommen in der Welt von heute. In dem Fall sollten Sie auf die *Qualität der Zeit* setzen statt auf *Quantität*. Vielleicht bleibt Ihnen dafür nicht mal eine ganze Stunde, aber wenn Sie im Auto in paar Minuten Zeit füreinander haben (wenn niemand auf irgendeinen Bildschirm starrt) oder sich beim Abendessen gegenseitig erzählen, wie der Tag gelaufen ist, kann das schon viel bewirken. Sobald Sie einen solchen »Präzedenzfall« geschaffen haben, können Sie im Laufe der nächsten Monate darauf hinwirken, dass es häufiger dazu kommt. Vielleicht ergibt sich daraus ein Familienurlaub oder etwas, wobei Sie alle ein wenig chillen.

Lassen Sie es weder verkrampft noch peinlich sein: Sagen Sie einfach, dass ab jetzt jeder ein paar Minuten etwas Neues ausprobiert und halten Sie daran fest. Seien Sie präsent und liebevoll. Dadurch geben Sie ein Beispiel, und die anderen haben die Möglichkeit, sich Ihnen anzuschließen. Wenn es sich wie Ihre neue Agenda anfühlt, wirkt es nicht authentisch.

Falls Sie Kinder haben, warten Sie, bis diese im Bett sind und alles etwas ruhiger geworden ist und nehmen Sie sich dann Zeit für Ihren Partner (oder Ihre Haustiere). Gönnen Sie sich eine Auszeit und erzählen Sie einander, wie es Ihnen geht und was gerade so los ist. Dafür gibt es in unserem Leben viel zu wenig Zeit, und unsere Beziehungen leiden darunter. Falls Sie alleine leben, rufen Sie jemanden aus Ihrer Familie an oder einen Menschen, der Ihnen nahesteht.

Heute sorgen Sie für einen Ausgleich. Sie lieben Ihre Familie und die Menschen, die Ihnen nahestehen. Gehen Sie auf sie zu. Diese gemeinsam verbrachte Zeit wird nie wiederkehren. Genießen Sie diese Zeit.

# TAG 22

## Zeit zum Verdauen

Vor und nach dem Essen schaltet Ihr Körper gern einen Gang herunter. Ihr Gehirn muss den Geruch, die Struktur, den Geschmack und die Konsistenz einer Mahlzeit wahrnehmen, damit es befriedigt ist. Wenn das Gehirn dazu nicht die Gelegenheit hat, wird es weiterhin den Wunsch nach Nahrung signalisieren, selbst wenn die Dehnungsrezeptoren im Darm angesichts der üppigen Mahlzeit, die Sie gerade verschlungen haben, schon ächzen. Ihre heutige Gong-Praxis besteht darin, dass Sie vor und nach jeder Mahlzeit entschleunigen.

Der nächste Schritt bedeutet, dass Sie jeden Happen genießen. Verlangsamen Sie und kauen Sie jeden Bissen mindestens zehnmal. *Schmecken* Sie Ihr Essen. Zerkleinern Sie es. Unsere Magensäure, die Enzyme der Bauchspeicheldrüse und die Darmbakterien machen einen hervorragenden Job, aber für sie ist es wichtig, dass unsere Zähne und unser Speichel zuerst ihren Beitrag leisten. Wenn sie es nicht tun, werden die anderen Organe unnötig belastet, und am Ende bekommen wir Verdauungsstörungen. Diese wiederum führen zu Resorptionsstörungen und einem Absinken der Energie. Weniger Energie bedeutet weniger Zeit, um Dinge zu erledigen. Dieser Rechnung zufolge zehrt hastiges Essen unsere Energie auf und stiehlt uns Zeit.

Heute geht es darum, dass Sie sich auf spiritueller Ebene mit der Mahlzeit, die vor Ihnen steht, verbinden. Wo kommt diese Nahrung her? War sie vor Kurzem noch lebendig? War es ein gutes Leben gewesen? Steckt das Essen voller Vitalität, oder kommt es aus irgendeiner Maschine? Diese Nahrung wird in den nächsten Tagen und Wochen darüber mitbestimmen, wer Sie sind. Sie wird jede Zelle in Ihrem Körper aufbauen, Ihr Gehirn und Ihr Immunsystem mit Energie versorgen.

Deshalb ist heute ein guter Tag, um sich bei den Lebensformen (ob Pflanze oder Tier) zu bedanken, die gestorben sind, damit Sie weiterleben können. Das sollten wir entsprechend würdigen.

Wenn wir unsere Mahlzeiten hastig herunterschlingen, führt das in spiritueller Hinsicht zu einem langsamen und schmerzhaften Tod. Ihre heutige Aufgabe besteht darin, vor und nach jedem Mahl die Zeit anzuhalten und den heiligen Akt des Essens zu würdigen. Dadurch können Sie die Nahrung besser verdauen und aufnehmen. Ihre Zellen erhalten somit mehr Energie. Auch hilft es Ihnen, sich für einen Moment aus dem Wahnsinnstempo auszuklinken, das sich sogar Ihrer Mahlzeiten bemächtigt hat.

Holen Sie sich die Zeit zurück.

Mahlzeiten sind heilig, nur haben wir das vergessen. Es ist kostbare Zeit, die von Natur aus stärkend ist. Inmitten des ganzen Wahnsinns brauchen Sie diese kleinen Pausen, damit Sie besser durch den Tag kommen. Sie brauchen diese Disziplin, wenn Sie die Zeit in den Griff bekommen wollen. Ihr Körper braucht Zeit, damit er seine Arbeit tun kann.

Entschleunigen Sie und genießen Sie heute Ihre Mahlzeiten.

# TAG 23

## Podcasts und Hörbücher

Jetzt wollen wir der Frage nachgehen, wie man seine Handlungsfähigkeit steigert. Wie soll das gehen? Durch Information. Heute übernehmen wir die Kontrolle über die Informationen, die auf Sie einstürmen, indem wir ein paar einfache, aber wichtige Filter in Ihrer Welt etablieren. Beginnen wir mit den Informationen, denen wir jeden Tag ausgesetzt sind. Es ist vollkommen sinnlos, stumpf dazusitzen, während Sie von Werbung und Programmen bombardiert werden, die Ihnen nichts bedeuten.

Es gibt diverse Podcast-Plattformen, bei denen Sie sich umschauen können. ITunes ist die maßgebliche Plattform für die meisten Apple-Geräte, aber es gibt auch Google Play, Stitcher, SoundCloud und eine Reihe weiterer für Android-Geräte. Sie können die Inhalte beim Autofahren über Ihr Telefon hören oder sie am Arbeitsplatz oder in der Küche streamen. Die meisten Bücher gibt es heutzutage auch als Hörbuch.

Podcasts und Hörbücher sind großartig, weil Sie sie hören können, wenn es *Ihnen* passt. Wählen Sie die aus, die Sie interessieren, und speichern Sie sie für Zeiten ab, in denen Sie zur Arbeit fahren oder Sport machen. Man kann sie mit erhöhter Geschwindigkeit abspielen; Sie können also etwas schneller in Erfahrung bringen, oder Sie spielen es langsamer ab und lassen sich Zeit bei einer Sendung, die für Sie nützlich ist oder Sie unterhält.

Wenn Sie etwas gefunden, das Ihnen gut gefällt, achten Sie darauf, inwiefern es Ihr Leben bereichert. Von anderen Menschen zu lernen stärkt unsere Mitwirkungsmöglichkeit, und das ist ein wichtiges Prinzip. Wenn jemand in einem Buch oder einem Podcast von seinem Leben erzählt, entspricht das mehreren Jahren an gelebter Erfahrung, die er nun zusammenfasst, um das Wissen, das er daraus gezogen hat, mit anderen zu teilen. Im Grunde genommen erhalten Sie diese gesamte Lebenserfahrung in einer verdaulichen Dosierung, die Ihr Verstand aufnehmen kann. Sie werden darin unterstützt, bessere Entscheidungen zu fällen und insgesamt besser durchs Leben zu kommen. Von wem würden Sie gern etwas lernen? Welche Weisheit können Sie in Ihrer kostbaren Zeit aufnehmen – Weisheit, die Ihr Wachstum beschleunigt, Ihren Stress mindert oder Ihnen dabei hilft, einige unkluge Entscheidungen zu vermeiden? Das ist Wirksamkeit. Die gesamte Lebenserfahrung eines Menschen in einer Stunde zusammengefasst – wow! Heute machen Sie einen Schritt in diese Richtung, indem Sie sorgfältig auswählen, welche Inhalte Sie konsumieren.

Das Themenspektrum ist groß: Gesundheit, Ratgeber, Geschichte, Unterhaltung und noch vieles mehr. Entscheidend ist, dass Sie sich umschauen und Themen finden, die für Ihr Leben eine Bereicherung darstellen. Alles dreht sich um die *sorgfältige Auswahl und Zusammenstellung*. Damit würdigen Sie Ihre Zeit. Wenn Sie hier einen guten Modus gefunden haben, werden Sie merken, dass Sie die Dinge besser im Griff haben. Sie können selbst entscheiden, was Sie mit Ihrer Zeit anstellen.

Es gibt unzählige Podcasts über aktuelle Ereignisse, Zeitgeschehen und soziale Streitthemen. Bücher behandeln wirklich alles. Wonach ist Ihnen gerade zumute? Jetzt ist der richtige Moment, um aus Ihrer Komfortzone herauszutreten, etwas Neues zu lernen oder sich endlich über die eine Thematik zu informieren, mit der Sie sich schon seit Längerem befassen wollen, sich aber dafür nie die Zeit genommen haben. Vielleicht lautet die Antwort: Stille. Das ist auch in Ordnung, aber heute besteht Ihre Übung darin, dass Sie ein paar Minuten herumstöbern und mindestens einen Podcast finden, den Sie sich anhören, wenn Sie das nächste Mal *die Zeit haben*, um sich etwas anzuhören.

Bestimmen Sie aus einer Position der Stärke heraus selbst, welche Informationen in Ihren Kopf gelangen. Zu lernen, wie man die Zeit meistert, ist ein Prozess, und ein wichtiger Teil dieses Prozesses ist die Kontrolle der Schleusentore. Lassen Sie nie wieder zu, dass irgendwelche äußeren Einflüsse Ihre Zeit vergeuden. Wählen Sie selbst aus, welche Inhalte Sie konsumieren möchten. Und wenn die Sache schal und langweilig wird, dann gehen Sie zur nächsten über. Entscheidend ist, dass *Sie die Dinge steuern*. Also verhalten Sie sich entsprechend.

# TAG 24

## Achtsame Kommunikation

Ein Großteil der Zeit, die wir auf unsere elektronischen Geräte verwenden, fällt unter Kommunikation. Ob wir telefonieren, Kurznachrichten beziehungsweise E-Mails verschicken oder uns in den sozialen Medien tummeln –, mithilfe der Technik kommunizieren wir mit anderen Menschen auf die eine oder andere Art und Weise. Selbst wenn wir etwas posten, ist das eine Form von Kommunikation.

Heute werden wir etwas altmodisch unterwegs sein. Schauen wir uns doch einmal an, wie die Menschen untereinander kommunizierten, bevor es die Technik überhaupt gab. Natürlich gab es das gesprochene Wort, aber wir interagierten über Jahrtausende hinweg auch mit einer Vielzahl nichtsprachlicher Mittel.

Ihr heutiger Gong ist es, sich diese bewusst zu machen. Ob es Handgesten oder Augenbewegungen sind – achten Sie einmal auf all die Möglichkeiten, mit denen Menschen in Ihrem Umfeld ihre Botschaft vermitteln. Seufzen, Achselzucken, ein gezielter Blick und ein wohlplatzierter Huster sind alles Wege, durch die wir etwas sagen. Achten Sie heute darauf.

Menschen, die schlecht hören, beherrschen das sehr gut. Sie achten auf diese Dinge, und tatsächlich *sehen* sie unglaublich viel, wofür wir abgestumpft sind. Und Menschen, die schlecht sehen, sind unglaublich gut darin, geringfügige Variationen im Tonfall oder veränderte Geräusche zu registrieren. Sie hören Dinge, die wir gar nicht bemerken. Warum? Weil sie viel stärker auf diese Sinne eingestellt sind.

Durch den heutigen Gong werden Sie diese Fähigkeit ein wenig trainieren. Beobachten Sie andere Menschen. Probieren Sie, mit anderen auf nichtsprachliche Weise zu kommunizieren. Schauen Sie, ob es funktioniert. Wenn Sie sprechen müssen, fassen Sie sich kurz und drücken Sie sich elegant aus. Sagen Sie mit weniger Worten mehr. Betreiben Sie es als eine Art Spiel.

Wir sind mittlerweile zu abgestumpft. Ihre heutige Aufgabe besteht darin, wieder aufzuwachen und stärker auf Ihre Umgebung zu achten. Angesichts des allgemeinen Achtsamkeits-Booms denken die meisten Menschen, das finde ausschließlich auf einem Meditationskissen statt. Dabei ist das Leben der eigentliche Übungsplatz für Achtsamkeit. Seien Sie aufmerksam und nehmen Sie heute alles wahr. Beobachten Sie, wie die Menschen um Sie herum kommunizieren, und versuchen Sie, auf unterschiedliche Weise mit Ihnen in Kontakt zu treten. Schauen Sie, was sich verändert.

Experimentieren Sie damit und haben Sie Spaß dabei.

# TAG 25

## Vom Umgang mit To-do-Listen

Heutzutage ist es schwer, viele Dinge zu erledigen, ohne auf eine To-do-Liste zurückzugreifen. Man erstellt eine solche Liste, um auf Kurs zu bleiben. Sie enthält Aufgaben, von denen man sich gesagt hat, man müsse sie erledigen, um im Leben voranzukommen. Im Prinzip sind diese Listen nicht verkehrt. Genau genommen sind sie ziemlich großartig. Wie kommt es also, dass sie trotzdem viele Menschen so stark unter Stress setzen?

Die Antwort ist einfach. Die meisten Menschen erledigen nicht alle Dinge, die auf der Liste stehen, sodass diese ihnen das Gefühl vermittelt, sie hätten irgendwie versagt.

Heute geht es um die Frage, ob Sie sich zu viele Dinge vornehmen oder ob Sie die Dinge auf Ihrer Liste nicht effizient genug abarbeiten. Meiner Erfahrung nach ist es oft eine Kombination aus beidem. Das heißt, Sie haben sich vermutlich angewöhnt, sich mehr aufzuladen als Sie bewältigen können (oder sollten), und Sie konzentrieren sich in der Regel nicht darauf, die Sachen abzuarbeiten und mit Ihrer Arbeit durchzukommen. Nehmen Sie sich fünf Minuten Zeit für Ihre To-do-Liste(n) und überlegen Sie, ob sie realistisch ist (sind). Schleppen Sie immer noch Aufgaben aus der letzten Woche (oder vom letzten Monat) mit sich herum? Warum gehen Sie diese nicht an? Müssen Sie sich damit wirklich befassen? Wenn nicht, dann delegieren Sie. Wenn doch, was hält Sie davon ab, sie zu erledigen?

Größere Anliegen, die unerledigt bleiben, wiegen ungemein schwer. Sie belasten unseren Geist. Wenn Sie solche Dinge weiter mit sich herumschleppen, ist es vielleicht an der Zeit, die aktuellen Aufgaben etwas zu reduzieren, damit Sie aufholen können. Wo können Sie kürzertreten, um sich durch den Schlamassel zu wühlen, in dem Sie gerade stecken? Was können Sie loslassen, und woran müssen Sie festhalten? Sobald Sie bestimmt haben, an welchen Aufgaben Sie festhalten müssen, stellen Sie einen Plan auf und halten sich an ihn. Vielleicht müssen Sie einige Nachtschichten einlegen, bis Sie sich durch das Projekt hindurchgearbeitet haben, das Ihnen so viel Ärger bereitet hat. Die Sorgen von gestern, die wir heute spüren, lasten schwer auf uns. Es ist Zeit, einen Plan zu entwickeln, um die Dinge unter Kontrolle zu bringen und zur Ruhe zu kommen. Alles zu geben, bis die Sache erledigt ist, ist nicht der schlechteste Plan, wenn man bedenkt, wie sehr es Sie in geistiger, emotionaler und spiritueller Hinsicht belastet, die Vergangenheit auch in der Gegenwart mit sich herumzuschleppen. Voraussetzung ist allerdings, dass Sie diese Strategie als vorübergehende Maßnahme und nicht als einen dauerhaften Lebensstil betrachten.

Fällt es Ihnen schwer, sich zu motivieren? Das ist in der Regel eine Frage von Konzentration, Aufmerksamkeit und Energie. Absolvieren Sie täglich ein kleines Sportprogramm. Es kann helfen, die Monotonie aufzubrechen. Bewegen Sie sich, rütteln Sie alles etwas wach. Das größte Problem besteht darin, Zeitschulden weiter mit sich herumzutragen und keinen Ausweg zu erkennen.

Einen Plan zu entwickeln ist erst die halbe Miete. *Sich an den Plan zu halten ist die eigentliche Herausforderung.*

Klar, Unvorhergesehenes kommt vor, und hin und wieder gibt es Rückschläge, aber es ist nicht gesund, die Dinge bis Freitag aufzuschieben.

Heute lautet das Ziel, dass Sie einen Plan für Ihre To-do-Liste entwickeln und diesen bis aufs I-Tüpfelchen befolgen.

Am besten erledigt man die Dinge Stück für Stück. Gehen Sie heute Ihren Terminkalender durch und setzen Sie sich für beide Tageshälften Ziele; arbeiten Sie dann daran, diese abzuhaken. Erwarten Sie ein realistisches Pensum von sich selbst und kombinieren Sie dies mit einer gesunden, nachhaltigen Arbeitsmoral. Schließen Sie am Ende des Tages mit Ihrem Pensum ab, sodass Sie nach Hause gehen und mit gutem Gewissen etwas für sich tun oder Zeit mit der Familie verbringen können. Wenn Sie sehr weit im Rückstand sind, erstellen Sie einen *Zeitschulden-Rückzahlungs-Plan* und halten Sie sich strikt daran, bis Sie alles wieder aufgeholt haben. Mit der Zeit ist es wie mit dem Geld: Sie müssen feststellen, wo die Zeit versickert, und die Probleme angehen. Diese Praxis ermöglicht Ihnen, sich stärker auf neue Dinge, die anstehen, einzulassen. Sie hilft Ihnen, realistisch zu sein, und auch künftig realistische Erwartungen an sich selbst zu stellen.

Jeder von uns hat viel zu tun. Das ist okay. Die Art, wie wir damit umgehen, entscheidet darüber, ob wir Erfolg haben oder unter der Last der Aufgaben zusammenbrechen. Heute müssen Sie die richtige Entscheidung treffen und die Regie über Ihre Zeit übernehmen.

# TAG 26

## Alles geben

Die Zeit ist nicht immer gleich. Es gibt Tageszeiten, Zeiten in der Woche, Jahreszeiten und sogar Phasen im Leben, in denen Sie sich wirklich reinhängen und mehr Stunden für Ihre Karriere oder für Projekte aufwenden müssen. Das ist ganz normal.

Früher jagten die Menschen in der Dämmerung oder im Morgengrauen, wenn die Tiere sich auf den Weg machten, um zu trinken. Zur Mittagszeit ruhten sie sich im Schatten aus. Als sie mit dem Ackerbau begannen, setzten sie Pflanzen, bestellten den Boden und fuhren die Ernte ein – alles zu seiner Zeit. Im Winter konnten sie sich in der Regel ausruhen und wieder neuen Atem schöpfen. Alles hing von der Natur ab, und sie lebten im Einklang mit ihren Rhythmen. Während der Ernte mussten alle mit anpacken, es wurde lange und hart gearbeitet.

Wie sieht es heute bei uns aus? Künstliches Licht, Heizung und Klimaanlagen, Tiefkühlkost und irrsinnige Abgabetermine sorgen dafür, dass wir immerzu weitermachen, ohne dass Zeit zum Ausruhen vorgesehen ist. Wir haben keine Erholungsphasen, und wir überfordern uns. Das alte Sprichwort »Mache Heu, solange die Sonne scheint« passt auch zu unserem heutigen Leben: Mehr denn je sollten wir auf das natürliche Auf und Ab unserer Energie und unserer Aufmerksamkeit achten.

Wie können wir also unseren Kraftaufwand so steuern, dass wir das Maximum erreichen und zugleich mehr Zeit für Spiel und Erholung haben?

Davon handelt die Lektion des heutigen Tages. Die meisten Menschen haben morgens die meiste Energie. Oft gepaart mit Klarheit, Begeisterung und Schwung. Wenn das auch für Sie gilt, planen Sie Ihren Tag so, dass Sie die wichtigsten Aufgaben zu Beginn des Tages erledigen. Wenn Sie eher der Typ sind, der ein paar Stunden braucht, um in die Gänge zu kommen, dann ist für Sie vielleicht die Mittagszeit oder der frühe Nachmittag dafür am besten. Und einige Menschen kommen erst am Abend auf Touren und können dann am besten arbeiten. Falls Sie so ticken – wie tragen Sie dem in Ihrem Leben Rechnung?

Entscheidend ist, dass Sie wissen, wann Sie am leistungsfähigsten sind, und sich so organisieren, dass die wichtigen Geschäfte oder Aufgaben in diesen Zeitraum fallen. Schauen Sie sich heute an, wie Sie leben und wie Ihr Tag strukturiert ist. Gibt es etwas, das für 16 Uhr eingeplant ist, vor dem Sie aber innerlich zurückschrecken? Was ist mit der Arbeit, die Sie heute Abend erledigen wollen, nachdem die Kinder im Bett sind? Einige dieser Dinge lassen sich auf kurze Sicht nicht vermeiden, aber wir wollen uns diese Muster heute einmal ganz genau ansehen und überlegen, was sich ändern ließe.

Gehen Sie Ihren Terminkalender durch und organisieren Sie Dinge anders, wo dies möglich ist. Viele erfolgreiche Menschen reservieren sich von 8 Uhr bis 11 Uhr Zeit, um das Wichtigste abzuarbeiten. Legen Sie alle 30 oder 60 Minuten eine kleine Pause ein, aber Sie sollten nicht telefonieren, keine E-Mails schreiben, Ihr Telefon stumm schalten und sich ganz der Sache widmen, die Sie sich für diese Zeitspanne vorgenommen haben. *Erledigen Sie diese Sache.*

Der Clou beim Abschließen von Aufgaben ist: Es lässt uns innerlich zur Ruhe kommen. Wieso? Weil das, was wir zu erledigen hatten, endlich bewältigt ist und uns nicht länger im Kopf herumschwirrt. Es sitzt Ihnen nicht länger im Nacken und nervt Sie. Denken Sie heute über dieses Prinzip nach.

Wie viel von Ihrem Stress kommt daher, dass Sie überarbeitet sind, und wie viel geht auf Ineffizienz zurück, an der Sie arbeiten können? Wie würden Sie sich fühlen, wenn es Ihnen besser gelänge, Aufgaben abzuschließen, sodass Sie jeden Abend das Gefühl hätten, etwas geschafft zu haben? Fiele es Ihnen dann leichter, heimzugehen und sich zu entspannen? Vielleicht könnten Sie sich dann mehr Ihrer Familie widmen?

Allerdings.

Schauen Sie nach, wo Sie heute Ihr »Heu-Machen« einplanen können, und werfen Sie in Ihrem Terminkalender auch einen Blick auf die kommende Zeit. Nehmen Sie, wo immer möglich, Änderungen vor, und achten Sie darauf, was geschieht. Als Kinder durften wir hinausgehen und spielen, sobald wir unsere Hausaufgaben gemacht hatten. Wie lange ist etwas Vergleichbares bei Ihnen her? Wenn Sie die Energie haben, arbeiten Sie hochkonzentriert, und dann entspannen Sie sich und tun ebenso intensiv etwas Schönes, ohne dabei ein schlechtes Gewissen zu haben.

# TAG 27

## Ewige Zeit

Die alten Weltreligionen und Philosophien beschäftigen sich viel mit der Ewigkeit. Wenn wir das hören, denken wir meist: »Klar, der Himmel und dieser ganze Kram über das Leben nach dem Tod und das Nirvana, ja, ja«, und wenden uns dann wieder unserem Tag zu. Heute wollen wir entschleunigen und uns fragen, was Ewigkeit eigentlich bedeutet.

Allein die Tatsache, dass wir versuchen, über diesen Begriff zu sprechen, hat es in sich. Wenn wir etwas definieren, tragen wir dazu bei, dass es zu etwas Bestimmtem wird. Nur so können wir das, was es ist, von dem unterscheiden, was es nicht ist. Und darüber können wir dann unser Gehirn zermartern. Um etwas zu erkennen, ist es nötig, dass wir einen Kreis drumherum ziehen, damit unser Geist es begrifflich fassen kann.

Wie machen wir das beim Begriff der *Unendlichkeit*?

Ewigkeit impliziert Unendlichkeit. Sie wird als liegende Ziffer Acht dargestellt, deren Linie sich unaufhörlich in sich selbst fortsetzt. Es ist schwer, etwas zu definieren, das nicht langsamer wird oder anhält. Man kann den Wind nicht festhalten.

Wenn unsere Vorfahren von der ewigen Zeit sprachen, müssen wir davon ausgehen, *dass sie das ernst gemeint haben*. Sie sprachen von einem Ort, an dem Zeit und Raum nicht existieren. Egal ob sie es Himmel nennen oder

Transzendenz, dieser Ort ist zeitlos und steckt voller Potenzial. Semantisch bringt es uns in die Bredouille, wenn wir von Orten wie dem Himmel sprechen, wo die Zeit ewig ist. Aber verstehen wir wirklich, was wir damit sagen? Ewigkeit bedeutet, dass es kein Ende gibt.

Heute wollen wir etwas bei diesem Begriff verweilen. Angenommen Ihr Geist oder Ihr Bewusstsein wären ewig, was würde das über Sie aussagen? Es bedeutet, dass Sie *kein Ende haben*. Die Person, die Sie in Wahrheit sind, war schon immer da und wird immer da sein. Außerhalb der Zeit – dort sind *Sie*. Ihre Existenz hat keinen Anfang und kein Ende, somit leben Sie in einem endlosen, nichtlinearen Strom der Zeit.

Denken Sie darüber nach. Denken Sie lange und gründlich nach.

Wir sind so darauf ausgerichtet, die Dinge entlang der Gegenwart zu definieren und die Wirklichkeit zu verstehen, dass die Ewigkeit uns um den Verstand bringt. Wir können nicht darüber nachdenken, denn offen gesagt gibt es da nichts. Das bedeutet aber nicht, dass nicht *alles* ins *Nichts* eingebettet ist und umgekehrt.

Nehmen Sie sich heute etwas Zeit, um über das Wesen der Unendlichkeit nachzudenken. Was heißt ewiges Sein in Wahrheit? Welcher Teil von Ihnen würde fortbestehen? Wenn Sie versuchen sich vorzustellen, wer Sie in fünftausend Jahren wohl wären, wie sähe das aus? Wenn Sie nie Sicht auf die Welt verändern?

Wie können Sie sich sammeln und mit Ihrem ewigen Selbst in Verbindung treten? Ihr Körper wird vergehen. Auf ihm werden Blumen wachsen, und er wird verschwinden. Aber was ist mit dem Geist, dem Bewusstsein, das in Ihrem Herzen wohnt? Wohin geht das? Wo ist es in diesem Augenblick? Wie können Sie sich mit ihm verbinden?

*Darin besteht die eigentliche Arbeit.*

Gehen Sie ganz tief in sich und verbinden Sie sich mit dem »Ich« hinter den künstlichen Konstrukten und Abwehrmechanismen des Egos. Tauchen Sie tief ein und finden Sie Ihr wahres Selbst.

Ihr Lebenswerk sollte sich darum drehen, dies zu finden; Sie sollten sich um seine Anwesenheit bemühen und die Verbindung zu ihm festigen. Ihr ewiges Selbst ist der Juwel, nach dem Sie gesucht haben, und er befindet sich in Ihrem Innern. Wenn Sie das ganze Getöse, den Schein und die Täuschungen abschütteln, finden Sie Ihr wahres Ich. Nehmen Sie sich heute Zeit, um über diese Zusammenhänge nachzudenken, dann wird sich Ihr Verhältnis zur Zeit von Grund auf ändern.

Der ewige Teil von Ihnen ist Ihr wahres Ich.

# TAG 28

## Zeit, um Atem zu schöpfen

Heute wollen wir uns das Gefühl in Erinnerung rufen, das man hat, wenn man Kardiotraining macht und innehalten muss, um Atem zu schöpfen. Wenn man seinen Körper kennt, kommt das nicht aus heiterem Himmel. Jedem von uns ist das schon einmal passiert – wir standen am Rand des Platzes (oder der Laufstrecke), japsten nach Luft und warteten darauf, dass wir wieder normal atmen konnten.

Langstreckenläufer, Schwimmer, Fußballspieler und so ziemlich alle erstklassigen Leichtathleten wissen, dass man unbedingt *auf seinen Atem achtgeben* muss, um diese Situation zu vermeiden, Es bedeutet: Sie dürfen sich nicht zu sehr verausgaben, dass Sie anhalten müssen, um sich zu regenerieren. Man muss seine Grenze kennen. Jeder von uns hat eine Grenze, und sie verändert sich, je nachdem wie viele Stunden wir geschlafen haben, was wir gegessen haben, ob wir gerade gestresst sind, wie alt wir sind und ob wir krank sind.

Übertragen wir nun diesen Gedanken auf Ihr Leben. Führen Sie Ihr Leben so, als wäre es eine Reihe von Sprints, nach denen Sie jeweils innehalten müssen und heftig schnaufen? Ist das die beste Art, durchs Leben zu gehen?

Die meisten von uns treiben die Dinge auf die Spitze und überschreiten täglich die eigene Grenze. Dann taumeln wir nach Hause und lassen uns aufs Sofa fallen, weil wir uns bei der Arbeit komplett verausgabt haben. Vielleicht schnappen wir auch schon nach Luft, wenn wir morgens bei der Arbeit eintreffen, und deswegen fühlt es sich so an, als ginge im Büro eine Bombe nach der anderen hoch. Oder wir laufen so schnell vor persönlichen Problemen davon, dass wir den Menschen, die uns nahestehen, nichts mehr geben können.

Heute besteht Ihre Aufgabe darin, sich ganz ehrlich zu fragen, wie Sie bislang durchs Leben gegangen sind. Wo liegt heute Ihre Grenze? Wie viel Energie können Sie vernünftigerweise aufwenden, sodass Sie anschließend immer noch etwas Treibstoff im Tank haben, gut gelaunt sind und genug Kraft verspüren, um mit einer Minikrise oder was auch immer das Leben Ihnen vor die Füße wirft, fertig zu werden? Was muss geschehen, damit Sie genug Puste haben, um Ihr tägliches Pensum zu bewältigen, ohne schlapp zu machen? Müssen Sie insgesamt etwas langsamer treten? Vielleicht sollten Sie sich weniger vornehmen und dafür die anstehenden Dinge mit mehr Klarheit und Konzentration angehen? Was müssen Sie ändern, damit Sie so vorgehen können?

Wenn Sie dreihundert Kilometer laufen müssen, gelangen Sie nicht ans Ziel, wenn Sie am Anfang lossprinten und Ihre gesamte Energie verpulvern. Das Leben ist lang. Sie müssen für Ihre Familie da sein. Vor Ihnen liegen noch viele Jahre auf diesem Planeten, die Sie genießen sollten. Sind Sie in einem Tempo unterwegs, das dem widerspricht? Analysieren Sie die Lage ganz nüchtern.

Erstellen Sie eine Liste mit allen Dingen, bei denen Sie Ihr Tempo etwas drosseln müssen. Danach skizzieren Sie ein paar Ideen, wie Sie das hinbekommen könnten. Vielleicht müssen Sie dafür Gespräche mit Arbeitskollegen oder mit Ihrer Familie führen. Dinge anzupassen ist ein Zeichen von Reife. Läufer lernen, mit ihren Kräften zu haushalten. Kurzstreckenläufer sind vor dem Lauf total entspannt. Überlegen Sie, was nötig ist, damit Sie in Ihrem Leben eine entsprechende Balance hinbekommen. Wenn Sie tatsächlich auf Ihren Atem Acht geben, passiert etwas Magisches. Die Qualität der Zeit verlangsamt sich, alles fühlt sich Zen-artig an. Demgegenüber wirkt die verdichtete Zeit, die sich einstellt, wenn wir durchs Leben hetzen und regelmäßig um Atem ringen, stressiger. Sie ist auch stressiger. Entwickeln Sie einen Rhythmus, der auf lange Sicht funktioniert und denken Sie daran, die Grenzen Ihres Atems zu respektieren. Das wird Ihr Leben verändern.

# TAG 29

## Weisheiten vom Sterbebett

Selten äußern Sterbende Bedauern darüber, dass sie nicht genug gearbeitet hätten. In der Regel bedauern sie verlorene Zeit, die aufs Arbeiten fiel oder in der sie von ihren Lieben getrennt waren. Vielleicht bereuen sie es, dass sie sich von Menschen, die ihnen nahestanden, entfremdet haben, oder dass sie sich selbst irgendwann abhandengekommen sind. Immer geht es um etwas Tieferes, etwas Menschlicheres.

Wie sieht es mit Ihnen aus? Haben Sie jemals innegehalten, um sich zu fragen, wohin die Reise insgesamt geht?

Nun – das ist das Thema der heutigen Praxis.

Nehmen Sie sich einige Minuten Zeit und setzen Sie sich an einen ruhigen Ort. Schließen Sie Ihre Augen und beginnen Sie, in Ihren unteren Bauch zu atmen. Lassen Sie sich eine Minute Zeit, um anzukommen, und entspannen Sie sich.

Lassen Sie dann Ihre Gedanken in die Zukunft wandern, stellen Sie sich vor, wie Sie auf dem Sterbebett liegen und an Ihr Leben zurückdenken. Wofür sind Sie dankbar? Was hat Ihnen am meisten Freude bereitet? Denken Sie darüber nach und spüren Sie die Gefühle. Bleiben Sie bei ihnen.

Und nun machen Sie es andersherum. Was bedauern Sie? Wobei haben Sie das Gefühl, Ihre Zeit und Ihre Lebenskraft verschwendet zu haben? War es das wert? Wie ist es dazu gekommen, und was hätten Sie vermeiden können? Wo sind Sie steckengeblieben oder von Ihrem Lebensweg abgekommen? Tut es weh? Spüren Sie hin. Bleiben Sie so ein wenig sitzen.

Verweilen Sie hier etwas länger und gewinnen Sie Klarheit über das, was Sie gerade erleben. Erlauben Sie den Gefühlen, über Sie hereinzubrechen. Lassen Sie die Gefühle einsinken.

Und jetzt ist es an der Zeit, ein paar Dinge neu zu verdrahten. Greifen Sie zu Stift und Zettel (oder machen Sie sich in diesem Buch oder in Ihrem Telefon einige Notizen).

Wenn Ihr *zukünftiges Selbst* vom Sterbebett zu Ihrem heutigen Selbst sprechen würde, welchen Rat würde es Ihnen geben?

- Was sollten Sie vermeiden?
- Bei welchen Dingen würde es Sie darum bitten, sich intensiv zu engagieren?
- Worauf sollten Sie Ihre Energie verwenden?
- Welche Dinge hält Ihr zukünftiges Selbst für Zeitverschwendung?

Lassen Sie dieses Gespräch zu. Spüren Sie es. Hören Sie gut zu.

Was denkt Ihr zukünftiges Selbst darüber, wo Sie jetzt stehen und wie Sie mit Ihrer kostbaren Zeit umgehen? Könnten Sie Dinge anders machen? Vielleicht bessere Entscheidungen treffen? Möglicherweise dauert es etwas, bis Sie sich aus dem Chaos, in dem Sie momentan stecken, herausgearbeitet haben. Und wie sehen Ihre nächsten Schritte aus, um einen besseren Weg einzuschlagen?

Versprechen Sie Ihrem zukünftigen Selbst, dass Sie Ihr Leben nicht vergeuden werden. Versprechen Sie, dass Sie sich ändern und künftig anders durchs Leben gehen, sodass Sie jenes schmerzhafte Bedauern beseitigen. *Nehmen Sie sich diese Veränderungen fest vor* und entscheiden Sie, wie der nächste logische Schritt aussieht. *Tun Sie diesen Schritt heute.*

Schließen Sie hin und wieder Ihre Augen und kehren Sie zu diesem Szenario zurück. Sind Sie noch auf Kurs? Nehmen Sie die Perspektive Ihres Sterbebetts ein: Ändern Sie Dinge und bewegen Sie sich in die richtige Richtung? Können Sie ein Lächeln auf dem Gesicht Ihres zukünftigen Selbst ausmachen, weil jene Wirklichkeit sich manifestiert? Gut. Wenn nicht, dann ändern Sie etwas!

Diese Praxis kann in den kommenden Jahren Ihr Leitstern sein. Sie wird Sie dabei unterstützen, dass Sie auf Kurs bleiben und Ihre Zeit in die richtigen Menschen, Aktivitäten, Träume und Möglichkeiten investieren.

# TAG 30

## Im Garten arbeiten

Gartenarbeit ist eine der besten Arten, um zu entschleunigen und sich mit der Erde zu verbinden. Sie lehrt uns Geduld und bringt uns den Zyklus des Lebens näher. Es dauert eine Weile, bis aus einem Samen etwas keimt, und je nach Pflanzensorte kann es sogar einige Monate dauern, bis sich das gewünschte Ergebnis zeigt. Einige Obstbäume müssen jahrelang heranreifen, bis sie Früchte tragen.

Gute Dinge kommen zu denen, die warten, auch wenn der Tenor in unserer Kultur lautet, dass wir ganz viel in ganz kurzer Zeit leisten, bis wir umkippen. Die heutige Welt treibt uns an, nach sofortiger Befriedigung zu streben. Nichts geht uns schnell genug. Wir werden ungeduldig, wenn eine Seite im Internet eine Sekunde länger lädt, und drücken auf die Hupe, wenn jemand vor uns bei Grün nicht sofort losfährt.

Gartenarbeit mildert diese Tendenz.

Wir entwickeln Verständnis dafür, dass Leben Zeit braucht, um zu wachsen, und dass die natürlichen Rhythmen zyklisch sind. Es gibt eine Zeit zum Pflanzen und eine Zeit zum Ernten. Es gibt Zeiten, in denen man den ganzen Tag arbeitet, und Zeiten, in denen man sich ausruht.

Gehen Sie heute in Ihren Garten. Widmen Sie sich ihm mit ungeteilter Aufmerksamkeit: Untersuchen Sie die Blätter, riechen Sie an der Erde, schneiden Sie, wo es nötig ist, etwas zurück, und nehmen Sie wahr, dass alles Lebendige wächst. Wenn Sie keinen Zugang zu etwas Lebendigem haben, müssen Sie einkaufen gehen. Vielleicht besorgen Sie sich eine kleine Tomatenpflanze oder einen Kaktus, den Sie in einen Topf an Ihren Arbeitsplatz stellen, falls Sie insgesamt nicht viel Platz haben. Es geht darum, dass Sie sich mit einer Pflanze oder einem Samen (der Lebensenergie und Information birgt) verbinden und diese hegen und pflegen.

Wachstum ist etwas, das langsam aber beständig vonstatten geht.

Die richtigen Bedingungen entscheiden über das Gelingen.

Gartenarbeit schenkt unserem Leben Vernunft und Wirklichkeitssinn und gibt uns eine starke natürliche Metapher an die Hand, an der wir den *Irrsinn* des heutigen Lebens ablesen können. Eine Pflanze am Leben zu halten erfordert bestimmte Rituale – wir müssen sie wässern, ihre Erde überprüfen und uns regelmäßig um sie kümmern. Entschleunigen Sie und genießen Sie diesen Prozess. Stecken Sie sich für diese Saison ein paar Ziele und nehmen Sie sich vor, alles zu tun, damit die Ernte üppig ausfällt. Schauen Sie nach vorn und *planen Sie voraus*, damit Sie den Stress vermeiden, der sich einstellt, wenn man unrealistische Anforderungen an sich selbst stellt. Machen Sie sich die Hände schmutzig und berühren Sie das Leben, das in der Erde lebt.

Verbinden Sie sich mit dem Leben.

Es gibt einen kraftvollen Kreislauf, der aktiviert wird, wenn wir die Erde berühren und uns mit ihr auf elementare Weise verbinden. Sie werden wissen, was ich meine, wenn Sie das erst einmal erlebt haben. Falls Sie diese Erfahrung schon gemacht haben, gehen Sie zurück aufs Beet. Und falls all das für Sie ganz neu ist, tja, dann freuen Sie sich auf die erstaunliche Erfahrung, die Sie noch vor sich haben.

# TAG 31

## Struktur kommt vor der Arbeit

Unter Tischlern gibt es ein altes Sprichwort: »Dreimal messen, einmal schneiden«. Das klingt zwar nach mehr Arbeitsaufwand am Anfang, aber man vermeidet auf diese Weise Fehler, die sowohl Zeit als auch Geld kosten. Es entspricht einer maßvollen Lebenseinstellung, die ein Wort beinhaltet, das aus unserem heutigen Wortschatz nahezu verschwunden ist: Planung.

Es geschieht so leicht, dass wir voreilige Entscheidungen treffen. Werbung und Marketing verleiten uns dazu, impulsiv zu handeln und Dinge zu kaufen, bevor wir überlegt haben, was sie wert sind oder welchen Nutzen sie für uns haben. Das hat sich auf ganz viele Bereiche unseres Lebens übertragen. Wir stürzen uns in Dinge und springen ins Wasser, ohne vorher zu schauen, wie tief es ist.

Heute wollen wir etwas langsamer treten. Im Geschäftsleben gibt es einen weiteren Spruch, der fordert: »Struktur kommt vor der Arbeit.« Damit ist Folgendes gemeint: Wenn wir den Entwicklungsverlauf skizzieren und einen Plan aufstellen, ergibt sich die Arbeit von selbst und wird wesentlich einfacher. Im Umkehrschluss bedeutet dies: Nicht zu planen heißt das Scheitern zu planen.

Vor diesem Hintergrund wollen wir heute Ihr Leben betrachten.

Tun Sie Dinge, mit denen Sie auf Ihr unmittelbares Umfeld reagieren? Wie viel Zeit verwenden Sie darauf, hastige Entscheidungen zu korrigieren? Wie oft müssen Sie beispielsweise zurück ins Einkaufszentrum gehen, um Dinge umzutauschen, die Sie doch nicht brauchen? Das ist wertvolle Zeit, die Sie heute aufwenden, um die schlechten Entscheidungen von gestern zu beheben. Wie sieht es mit Verletzungen aus? Sind Sie wieder auf den Sportplatz gegangen, ohne sich vorher zu dehnen? Gelenkschmerzen und Steifheit sind die Folge und erschweren die weitere Ausübung des Sports. Möglicherweise mussten Sie deshalb diese Woche zwei Stunden zur Massage gehen und die verletzte Stelle täglich mit Eis kühlen. Lohnt sich die Mühe, wenn man bedenkt, dass Sie sich einfach zehn Minuten lang hätten aufwärmen und dehnen können?

Suchen Sie nach anderen Beispielen in Ihrem Leben. Es geschieht so leicht, dass wir mit unserer Zeit sparsam im Kleinen und verschwenderisch im Großen sind. Meistens fällt uns das später wieder auf die Füße.

Kommen wir nun zur Arbeit. Wie viel Zeit verwenden Sie darauf, Ihre nächsten Schritte zu planen oder Prioritäten festzulegen, anstatt sich gleich auf die oberste E-Mail in Ihrem Posteingang zu stürzen? Wenn Sie tonnenweise Arbeit auf dem Tisch haben – stürzen Sie sich wahllos hinein, oder sind Sie in der Lage, einen Schlachtplan zu entwickeln? Das ist genau der Punkt, an dem ein wenig Zeit fürs Priorisieren einen wirklich großen Unterschied bewirken kann. Whiteboards eignen sich dafür hervorragend. Wie auch immer Sie Ihre Gedanken ordnen müssen: Wichtig ist, dass Sie eine Struktur etablieren, in der sich Ihre Energie entfalten kann. Schaffen Sie während der Woche Raum für weitere Planungen, Mindmaps und das Entwerfen von Strategien. Nehmen Sie sich heute Ihren

Terminkalender und reservieren Sie sich dafür ein paar Zeitblöcke.

Wie würde sich das Leben anfühlen, wenn Sie nicht Woche für Woche irgendwelche Dinge geraderücken müssten, bei denen Sie Mist gebaut haben? Wie viel mehr würden Sie am Tag erledigen, wenn Sie jede Aufgabe nur einmal anfassen beziehungsweise nur einmal über sie nachdenken müssten, statt sich mehrfach mit ihr zu befassen, um noch etwas zu optimieren und zu korrigieren, bevor Sie zur nächsten Sache übergehen können?

Denken Sie daran: Energie aufzuwenden ist das Gleiche wie Zeit oder Geld auszugeben. Sie kann ganz schnell flöten gehen. Weise ist, wer lernt, mit seiner Zeit, seinem Geld und seiner Energie so umzugehen, dass es ihm nutzt.

# TAG 32

## Geräuschen lauschen

Wir leben in einer Welt, die uns mit Geräuschen geradezu bombardiert. Sie sind überall, und wir haben uns im Alltag bereits an die Lärmverschmutzung gewöhnt. Unsere Vorfahren horchten noch auf die Geräusche der Tiere. Sie waren eine Art riesiger Kommunikationskanal, der den Menschen damals sagte, wo sich Fressfeinde und die eigene nächste Mahlzeit befanden. Heute enthalten die Geräusche, die uns umgeben, so gut wie keine nützlichen Informationen, abgesehen von quietschenden Autoreifen oder dem Martinshorn. Dennoch wirkt sich der Lärm auf uns aus. Unser Gehirn registriert ihn, und irgendwo tief in unserem Innern müssen wir die dadurch aufgeworfene Frage: »Bin ich in Sicherheit?« verarbeiten. Mit der Zeit ist das anstrengend. Warum? Weil Geräusche Schwingungen haben. Sie fließen wellenförmig mit unterschiedlichen Geschwindigkeiten, und diese wirken auf uns ein, egal ob wir sie bewusst wahrnehmen oder nicht. Schließlich bestehen wir zu 60 Prozent aus Wasser: Stellen Sie sich vor, wie sich diese Wellen in jeder Zelle Ihres Körpers kräuseln.

Auch die Zeit basiert auf Schwingungen: Sie ist rhythmisch. Können Sie sich vorstellen, wie das fortwährende Bombardieren Ihrer Sinne durch diese Klangwellen Ihre Zeitwahrnehmung beeinflusst? Stiftet das Unruhe? Führt es zu Beschleunigung? Oder Verlangsamung? Das hängt von der Geräusch-Symphonie ab, die Sie umgibt, und davon, wie Sie diese wahrnehmen. Es ist eine Art Zeit-Suppe. Wenn Sie heute im Laufe des Tages an einem öffentlichen Ort sind, halten Sie einmal inne und horchen Sie auf die Geräusche um Sie herum. Haben sie etwas Beruhigendes, oder sagt Ihr Körper Ihnen auf die eine oder andere Weise: »Hol mich hier raus!«? Kinder können Lärm nicht filtern. Man kann beobachten, dass kleine Kinder an hektischen Orten unruhig werden. Der Lärm verstört sie.

Und wir Erwachsenen? Tja, wir haben mehrere psychologische Schutzschichten entwickelt – so kommen wir zurecht und bleiben, wo wir sind –, aber warum eigentlich? Inwiefern stiftet der Lärm in Ihrem Geist Unruhe und beeinträchtigt Ihre Fähigkeit, sich der Zeit entspannt hinzugeben?

Halten Sie heute inne, um dies bewusst zu spüren. Nehmen Sie sich ein paar Sekunden Zeit, um die Geräusche um Sie herum auf sich wirken zu lassen. Machen Sie das im Laufe des Tages mehrere Male und *fühlen* Sie, was in Ihnen vorgeht.

Wenn Sie feststellen, dass einige der Geräusche Sie stören, können Sie den Ort wechseln, andere Menschen darum bitten, ruhig zu sein, sich Kopfhörer mit Lärmschutzfunktion zulegen oder eigene Musik abspielen, um die Schwingungen eines Klangmusters zu übertönen. Die Moral von der Geschichte lautet: Bleiben Sie nicht einfach stehen und halten den Lärm aus. Niemand ist so stark, dass Lärmverschmutzung ihm nichts anhaben kann. Die Frage ist nur, wann und wo es für Sie zu viel wird.

Warum sollte man sich selbst bestrafen? Um die Herrschaft über Ihre eigene Erfahrung und die Zeit zu gewinnen, lauschen Sie heute bei jeder Gelegenheit auf die Geräusche und fragen Sie sich:

»Tut es mir gut, oder schadet es mir?«

»Regt es mich auf, oder gibt es mir Kraft?«

»Kann ich mich hier wirklich entspannen, oder gibt es Dinge, die mich stören?«

Vielleicht ist es nicht immer möglich, sich einer bestimmten Situation einfach zu entziehen, doch diese Praxis hilft Ihnen, viel deutlicher zu spüren, wie es Ihnen geht und wie sich die Zeit gerade anfühlt. Wenn Sie damit zurechtkommen, dann wissen Sie, wo Sie stehen, und können das Richtige tun. Zudem werden Sie ein feines Gespür dafür entwickeln, wie Geräusche Ihre Stimmung beeinflussen.

Halten Sie inne und lauschen Sie.

# TAG 33

## Zeit auf dem Boden

Wann haben Sie zuletzt auf dem Boden gesessen? Früher verbrachten die Menschen dort die meiste Zeit, wenn Sie nicht arbeiteten. Ob sie am Feuer saßen oder im Kreis Perlen auffädelten, bei der Jagd auf dem Boden kauerten oder auf einer Matte schliefen – unsere Vorfahren hatten fortwährend einen engen Kontakt zum Boden.

Das tut Körper und Geist unglaublich gut. Im Körper wird dadurch die Rumpfmuskulatur aktiviert, sodass wir uns (ohne die Hilfe heutiger Möbel) aufrichten können. Es hilft uns, unsere unteren Gliedmaßen und Hüften zu öffnen, und sagt uns, wo unser Körper möglicherweise verspannt ist.

Was den Geist betrifft, so ermöglicht der Bodenkontakt die endlose Zufuhr negativ geladener Ionen, die aus der Erde kommen. Das lindert nicht nur Entzündungen in unserem Körper, sondern verbindet uns auch mit einem wirkungsvollen Energiestrom – dem der Erde.

Die Schumann-Resonanzen bilden die Frequenz der Hintergrundgeräusche, die uns umgeben. Sie stammen aus der natürlichen Umgebung und liegen üblicherweise bei ungefähr 7,83 Hertz. Der Frequenzbereich des Alphazustandes (8 bis 12 Hertz) wird oft mit Meditation und entspannten Bewusstseinszuständen in Verbindung gebracht. Erfahrene Meditierende, deren Zustand in Gehirnlaboren mittels EEG-Elektroden aufgezeichnet wird, befinden sich während der Praxis meistens in diesem Frequenzbereich.

Das muss man sich mal vorstellen. Die Erde vibriert bereits in einer idealen Wellenlänge. Wenn wir etwas Zeit auf dem Boden verbringen, können wir uns damit synchronisieren und auf einen gesünderen Zeitflow herunterfahren, der mitunter dem der Meditation ähnelt. Die Geschwindigkeit unseres heutigen Lebens führt oft dazu, dass wir auf Hochtouren laufen. Die Menschen um uns herum machen es genauso – Irrsinn ist die neue Normalität.

Aber nicht für Sie. Nicht heute!

Begeben Sie sich auf den Boden und bleiben Sie dort ungefähr 15 Minuten. Ziehen Sie Ihre Schuhe aus und setzen Sie sich hin. Im Idealfall nutzen Sie diese Zeit, um ein paar Dehnübungen zu machen, von einer Seite auf die andere zu rollen, sich im Schneidersitz hinzusetzen, oder wie auch immer Sie ein paar Momente verbringen wollen. Machen Sie es sich auf dem Boden bequem und entschleunigen Sie. Spüren Sie die Erde unter sich und verlangsamen Sie Ihre Atmung, um mit ihr in Einklang zu kommen. Schauen Sie nicht auf Ihr Telefon und lassen Sie den Fernseher ausgeschaltet. Geben Sie sich einfach dem Moment hin und achten Sie darauf, wie Sie sich fühlen. Anfangs wird Ihnen das merkwürdig vorkommen und langweilig. Das liegt am Geplapper in unserem Kopf. Es geht Ihnen besser, wenn Sie entspannt sind. Und wenn Sie im Einklang mit der natürlichen Umgebung sind.

Schauen Sie während der Praxis auf keinen Bildschirm. Die Technosphäre ist schierer Wahnsinn; verbringen Sie dort nicht Ihr Leben. Schauen Sie hin und wieder vorbei, wenn nötig. Leben Sie mit der Natur. Spüren Sie die Natur unter Ihren Füßen und erlauben Sie sich, während dieser Praxis zur Ruhe zu kommen. Technik ist ein Werkzeug; verwechseln Sie nicht das Werkzeug mit der Wirklichkeit.

Langsamkeit ist nicht das Gleiche wie Schwäche. Das ist ein toxisches Mem. Ziehen Sie Kraft aus der Erde, dann können Sie den restlichen Tag in einem gesünderen Tempo absolvieren.

Heute praktizieren Sie die Heimkehr zur Mutter Erde.

Setzen Sie sich auf den Boden und entspannen Sie sich.

# TAG 34

## Einfach lächeln

D er heutige Gong ist einfach. Sie werden üben, den ganzen Tag lang zu lächeln. Sie müssen dabei weder übertreiben noch sich verrenken. Versetzen Sie sich in einen Zustand, durch den Sie den Abstand zwischen sich und anderen mit einem einfachen Lächeln überbrücken.

Warum? Weil positives Reagieren auf Lächeln fest in uns verdrahtet ist. Lächeln bricht das Eis und verbessert die Stimmung. Schauen Sie sich um. Die meisten Menschen stolpern durch den Tag, machen sich Sorgen und runzeln die Stirn. Wahrscheinlich waren Sie vor Kurzem noch genauso.

Heute ändern wird das.

Jedes Mal, wenn Sie mit einem anderen Menschen Augenkontakt haben, schenken Sie ihm ein warmes Lächeln, das wirklich von Herzen kommt. Machen Sie das bedingungslos. Denn so können Sie sich nicht ärgern, falls der andere nicht reagiert oder die Stirn runzelt oder Ihr Lächeln nicht erwidert. Das ist sein Problem. Ihre Aufgabe besteht einfach darin, im Laufe des Tages mit jedem Lächeln Warmherzigkeit und Liebe zu verbreiten.

Wenn Sie zu den Leuten gehören, die normalerweise nicht viel Kontakt zu anderen Menschen haben, dann gehen Sie extra an einen Ort, an dem viele Menschen sind, und üben Sie den heutigen Gong. Gehen Sie umher und erledigen Sie lächelnd das, was Sie zu tun haben.

Prüfen Sie am Ende des Tages, was sich geändert hat. Wie fühlen Sie sich? Ist Ihre Stimmung anders als sonst? Inwiefern?

Haben Sie sich mit jemandem gut verstanden oder Gespräche geführt, die Ihnen Kraft gegeben haben? Entwickeln Sie ein Bewusstsein für die Reaktionen, die Sie ausgelöst haben.

Zur richtigen Zeit am richtigen Ort kann ein Lächeln einen Eisberg zum Schmelzen bringen. Durch diese Praxis können Sie das Geschick eines anderen Menschen ändern. Vielleicht haben Sie jemanden vor dem Selbstmord bewahrt oder einen anderen dazu inspiriert, eine bessere Entscheidung zu fällen. Winzige Akte der Schönheit und Freundlichkeit haben mitunter Wirkungen, die viel weiter reichen, als wir uns vorstellen oder ermessen können.

Verströmen Sie Warmherzigkeit und warten Sie ab, wie sich Ihr Tag entfaltet.

# TAG 35

## Aus der Unendlichkeit schöpfen

W oher stammt die Energie? Warum geht es uns besser, wenn wir eine kleine Pause machen und uns einige Minuten ausruhen? Wie regenerieren wir uns?

Heute ist der Tag, um innezuhalten und über diese Fragen nachzudenken. In der Stille des gegenwärtigen Augenblicks haben Sie die Gelegenheit, Zugang zu Zeit und Raum zu finden, die immer für Sie verfügbar sind. Dabei denken Sie nicht an Ihre Vergangenheit oder machen sich Sorgen über Ihre Zukunft, sondern sind einfach präsent im Hier und Jetzt. Es ist der Zustand, von dem unsere spirituellen Meister sprechen. Vielleicht nehmen wir das manchmal zur Kenntnis, wenden uns dann aber wieder unserem verrückten Alltag zu. Heute nicht.

Heute besteht Ihr Gong darin, *die Zeit anzuhalten* und aus der Unendlichkeit zu schöpfen.

Was bedeutet das?

Es bedeutet, dass Sie jede Stunde einmal kurz innehalten (stellen Sie sich dafür den Timer auf Ihrem Telefon oder am Computer) und folgende wichtige Frage an sich selbst richten: »Was mache ich in diesem Augenblick?« Was auch immer es ist, hören Sie einfach damit auf, atmen Sie ein paarmal tief durch und tun Sie 30 Sekunden lang gar nichts, sondern entspannen Sie sich. In dieser Übung lernen Sie zunächst einmal festzustellen, wo Sie überhaupt stehen, und damit zu spielen (zumindest am Anfang). Mit der Zeit gelingt Ihnen das immer besser, und Sie können wahrnehmen, was für ein Zustand dieses »Nichtstun« oder »einfach Sein« ist. Momentan hört sich das noch verrückt an. Das ist völlig in Ordnung. Halten Sie einfach jede Stunde einmal für 30 Sekunden inne und versuchen Sie, sich wirklich zu entspannen. Das gibt Ihnen eine Ahnung.

Eine Ahnung wovon?

Von der unendlichen Energie, der Zeit und den Möglichkeiten, die die Stille des gegenwärtigen Augenblicks birgt. Die Mystiker lernten, von diesem Ort aus Energie, Klarheit, Weisheit und Segnungen zu bergen, und wir haben die Anlage zu der Fähigkeit, es Ihnen gleichzutun. Wir haben das bloß vergessen.

Denken Sie heute über die Heimkehr zu einem ursprünglichen Zustand nach, in dem Sie aus unendlichen Energiereserven tief in Ihrem Inneren schöpfen können. Dieser Ort ist nur eine bewusste Verschiebung entfernt. Sobald Sie ihn betreten haben, haben Sie den größten Schatz gefunden, den Sie sich vorstellen können.

Und nun halten Sie inne ... und schöpfen Sie aus der Unendlichkeit.

# TAG 36

## Bestehende Verpflichtungen reduzieren

Heute betrachten wir das Garnknäuel, das vor uns liegt: unsere bestehenden Verpflichtungen. Diese werden mit der Zeit immer mehr, und es kommt selten vor, dass wir prüfen, ob Sie für uns noch immer taugen. Einige dieser Verpflichtungen gelten für das ganze Leben, andere langfristig und wieder andere kommen und gehen. Leider halten sich einige länger, als uns lieb ist, sodass wir sie aktiv loswerden müssen (wobei das selten geschieht). Ihre Ehe, Ihre Kinder, Ihr Beruf, Ihre Gesundheit und Ihre Beziehungen sind alles Verpflichtungen. Heute schauen wir uns an, welche Ihnen nutzen und welche Sie eher ärgern oder Ihnen Energie rauben.

Schreiben Sie auf, welche Verpflichtungen es in Ihrem Leben gibt. Füllen Sie eine ganze Seite, schreiben Sie alles auf, was Ihnen einfällt. Hunde müssen gefüttert, mit Liebe bedacht und ausgeführt werden. Ein Haus muss in Ordnung gehalten werden. Eltern in fortgeschrittenem Alter haben zahlreiche Bedürfnisse. Schreiben Sie alle Verpflichtungen auf, denen Sie momentan nachkommen. Sobald Sie die wichtigen Dinge notiert haben, fallen Ihnen mit Sicherheit noch mehr Sachen ein: der Kurs, den Sie belegt haben, der Buchclub, dem Sie beitreten wollten, die Renovierung, die gerade stattfindet. All Ihre Verpflichtungen stehen jetzt auf dem Blatt Papier.

Jedes Jahr gehen wir Millionen von Mikro-Verpflichtungen ein. Ob wir Ja zu einer Skireise sagen oder auf eine Hochzeitseinladung reagieren oder im Internet an einer Konferenz teilnehmen oder auch einfach nur ein Buch kaufen – das sind alles Verpflichtungen. Denn Sie haben das Buch ja nicht gekauft, um es auf Ihren Nachttisch zu legen und bloß anzuschauen, oder? Sagen wir, es dauert einen Monat, um ein Buch zu lesen – wie viele Monate Leserückstand stehen dann in Ihrem Regal? Auf unterschwelliger Ebene ist das stressig: Es ist immer da.

Wie Sie sehen, kommen schnell viele Dinge zusammen, wenn Sie erst einmal alles auflisten, wozu Sie Ja gesagt haben. Jedes noch so kleine Ja verlangt von Ihnen Aufmerksamkeit, Gehirnschmalz, Seele und Zeit. Wen wundert es da noch, dass die meisten Menschen ständig müde sind?

Wie sollen Sie es bloß schaffen, sich um all das zu kümmern? Das ist die Krise der Welt von heute.

Zu viele Verpflichtungen und zu wenig Zeit. Wenn Sie das Leben in den Griff bekommen wollen, müssen Sie Klarheit gewinnen über die Art, wie Sie momentan mit Ihrer Zeit und Ihrer Energie umgehen. Dann wissen Sie, was Sache ist, und Sie können dies als einen *Filter* nutzen, der Ihnen hilft zu entscheiden, ob Sie noch weitere Verpflichtungen eingehen können.

Schauen Sie sich heute also das wirre Knäuel Ihrer Verpflichtungen an und überlegen Sie, welche davon Ihnen nichts bringen. Können Sie einen Rückzieher machen? Wie gelingt Ihnen das auf elegante Art und Weise? Vielleicht müssen Sie sich bei einigen Dingen stufenweise zurückziehen. Das ist in Ordnung. Achten Sie darauf, wo Ihre Zeit und Ihre geistige Energie gefangen sind, und

entwickeln Sie dann eine verantwortungsvolle Ausstiegs-
strategie. Wenn Sie damit anfangen, werden Sie merken,
wie schwierig es ist, in manchen Situationen ein Ja in ein
Nein umzuwandeln. Das wird Ihnen helfen, künftig Nein
zu Möglichkeiten zu sagen, die Ihnen nichts bringen.

Denken Sie heute darüber nach, wie es sich anfühlen
würde, wenn Sie Ihr Zeit-Kabinett gründlich aufräumten.
Prüfen Sie, wie viele Stunden in der Woche Sie durch diese
Übung frei machen können, und gewöhnen Sie sich an,
sorgsam mit Ihren Verpflichtungen umzugehen. Ein ge-
stresstes Leben bietet keinerlei Lebensfreude. Das Leben
lohnt sich nur, wenn auch Zeit für schöne Dinge bleibt.

# TAG 37

## Den Arbeitsplatz umgestalten

A m Arbeitsplatz neigen wir dazu, in einen monotonen Schlaf abzudriften. Wir gehen hin und nehmen uns die Aufgaben vor, die gerade anstehen. Unsere Projekte verschlingen unsere Zeit, und an einigen Tagen schauen wir kaum einmal auf und denken daran, uns um uns selbst zu kümmern.

Heute wollen wir ein bisschen Schwung in die Bude bringen. Stellen Sie die Fotos auf Ihrem Schreibtisch um. Versuchen Sie, die Bilder an der Wand anders zu arrangieren. Verschieben Sie, wenn möglich, Ihren gesamten Arbeitsplatz ein wenig. Es geht darum, die Atmosphäre an Ihrem Arbeitsplatz aufzumischen, um Ihre Routine zu durchbrechen.

Alles an Ihrem Schreibtisch ist Ihnen viel zu vertraut; das lullt Sie ein, dimmt Ihre Sinne. Ja, es nimmt Ihnen Schwung und Kreativität. Räumliches Bewusstsein veranlasst den Körper, wach zu bleiben, und motiviert unser Gehirn dazu, ganzheitlicher zu funktionieren. Das ist gut.

Stellen Sie so viel wie möglich um, damit Ihr Platz sich verändert. Wie fühlt sich das an? Vielleicht müssen Sie die Blumen gießen, etwas Salbei verbrennen, Bilder entstauben oder Papierstapel ablegen. Das ist gesund. Gerümpel betäubt den Geist. Aufgestaute Energie in Ihrem Umfeld blockiert die Energie, die durch Ihr Leben fließt. Das wollen Sie nicht.

Wirbeln Sie die Dinge heute etwas auf und schauen Sie, wie sich das anfühlt. Überlegen Sie als Nächstes, was Sie bei der Arbeit behindert. Können Sie erkennen, wo bei den Dingen, mit denen Sie nicht weiterkommen, das Problem liegt? Vielleicht ist es an der Zeit, dass Sie alte To-do-Listen bereinigen, um auch Ihren Geist von Altlasten zu befreien?

Unser Umfeld ist oftmals ein Spiegel unserer inneren Verfassung. Da hilft es manchmal, wenn wir die Sache von außen beheben.

Viel Vergnügen dabei.

# TAG 38

## Heilsames Tagträumen

Neigen Sie zum Tagträumen? Wohin schweifen Sie dabei ab? Woran denken Sie?

Oft durchleben wir erneut Situationen so, wie wir uns wünschen, dass sie stattgefunden hätten. Oder wir stellen uns vor, etwas zu tun, wovor wir eigentlich Angst haben. Vielleicht sind Sie in Gedanken verreist und genießen die Sonne, weit weg von dem trübsinnigen Alltag, der Ihr Leben bestimmt. Wohin begeben Sie sich innerlich?

Tagträume sind ganz normal und natürlich. Sie sind ein angenehmer Aspekt der menschlichen Erfahrung, doch bei vielen Menschen nehmen sie überhand und sind störend. Wir brauchen kreative Ventile für unsere Gedanken und Gefühle. Vieles davon verarbeiten wir nachts in unseren Träumen, doch leider haben viele Menschen Schlafprobleme. Das heißt sie träumen nicht, und so verlagert sich das Ganze in den Tag hinein. Das Gehirn braucht dieses Loslassen.

Andere hatten nie genug Freiheit, um Blödsinn zu machen oder kreativ zu sein. Unser Schulsystem trifft hierbei eine große Schuld. Ankommen, hinsetzen, still sein, zuhören, wach bleiben, Klassenarbeiten schreiben und weiter zum nächsten Fach. Da bleibt im Kopf eines Kindes kein Platz für Fantasie und Kreativität. Diese Kinder sind wir.

Denken Sie an Ihren letzten Tagtraum zurück. War das schön oder ging es zu weit? Haben Sie Erinnerungen von früher verarbeitet und Informationen verdaut, oder haben Sie sich einfach ein wenig im Reich der Vorstellung treiben lassen? Aufgrund des Zeitmangels sind wir ständig damit beschäftigt, Gedanken von gestern zu verarbeiten. Das ist *geistige Verstopfung*. Sie betrifft die meisten von uns, weil wir uns immer so viel vornehmen, dass wir keine Zeit mehr haben, das Geschehene zu verarbeiten. Aber irgendwann muss es verarbeitet werden, und vielleicht war es das, was Sie in Ihrem Tagtraum gemacht haben.

Wenn das Tagträumen zu etwas geworden ist, das Sie belastet, müssen Sie überlegen, was Sie an einem typischen Tag nicht bekommen, und sich vielleicht etwas Zeit für Kreativität freischaufeln, um es sich zu holen. Vielleicht müssen Sie etwas öfter spazieren gehen. Vielleicht müssen Sie den Pinsel von damals wieder zur Hand nehmen und Ihre kreative Ader würdigen. Bei jedem ist es etwas anderes. Was brauchen Sie?

Grundsätzlich sind Tagträume vollkommen in Ordnung. Unsere Vorfahren ruhten sich mittags aus und taten während der heißesten Stunden am Tag einfach nichts. Im Winter, wenn es kalt war, hockten sie in ihren Hütten, Fernsehen gab es nicht. Fantasie, Geschichten erzählen, Kreativität und eben auch Tagträume nahmen einen Großteil ihrer Zeit ein. Wie verschaffen Sie sich momentan Entlastung? Wie können Sie Ventile einbauen, damit Sie sich wieder heil fühlen?

Natürlich gibt es Zeiten und Orte, die sich besser zum Tagträumen eignen als andere, und möglicherweise ist die Sache bei Ihnen etwas außer Kontrolle geraten. Wo können Sie Platz für dieses essenzielle Bedürfnis schaffen, damit Sie sich bei der Arbeit konzentrieren können? Wie können Sie Kleinigkeiten in Ihrem Leben dahingehend verändern, dass ein wenig kreative Entlastung möglich ist?

Für die heutige Übung nehmen Sie sich etwas Zeit, um mit dem Tagträumen zu experimentieren. Denken Sie an eine Reise, die Sie gern machen würden. Überlegen Sie, was Sie dort sehen, hören, anfassen und spüren würden. Schließen Sie die Augen und stellen Sie sich vor, dort zu sein. Und nun wandern Sie umher und erkunden Sie in der Vorstellung diesen Ort. Lächeln Sie und schauen Sie, wie sich dieses Szenario entfaltet. Tun Sie dies circa 20 Minuten lang.

Wie fühlen Sie sich danach? Diese Übung reduziert Stress sowie hohe Beta-Wellen-Aktivität im Gehirn. Der Theta-Frequenzbereich kann auf diese Weise aktiviert werden, was den meisten vielbeschäftigten Menschen sehr guttut. Theta steht für eine Gehirnwellenfrequenz, und für das Gehirn ist es angenehm, von Zeit zu Zeit in diesen Zustand einzutreten. Es ist wie ein niedrigerer Gang im Auto, in dem wir gemütlich herumfahren, ohne den Motor ständig hochzujagen.

Es kann ungemein heilsam sein, das Tagträumen zu einem Bestandteil des eigenen Lebens zu machen. Genießen Sie es. Und noch etwas: Sie dürfen das tun. Die meisten Menschen haben deshalb nämlich ein schlechtes Gewissen. Machen Sie sich davon frei.

# TAG 39

## Der Zeit-Check

Heute wollen wir prüfen, wohin unsere Zeit entschwindet. Es ist wie bei Schulden: Will man das Problem bereinigen, muss man zuerst wissen, wo der Schaden sitzt. Lassen Sie uns jeden Stein umdrehen. Schreiben Sie auf, was Sie den ganzen Tag über tun, und bewerten Sie das nicht. Wir wollen ganz nüchtern analysieren, was mit Ihrer Zeit passiert.

Schauen Sie zunächst in Ihren Terminkalender. Gibt er den tatsächlichen Ablauf Ihres Tages angemessen wieder? Falls nicht, wie können Sie ihn in Übereinstimmung mit der Wirklichkeit bringen? Gibt es Abschnitte, in denen die Zeit Ihnen einfach durch die Finger rinnt?

Dann stellen Sie sich auf Ihrem Telefon oder Tabletcomputer den Timer so ein, dass er alle 15 Minuten klingelt. Sobald es klingelt, halten Sie inne und schreiben Sie kurz auf, was Sie *in den vergangenen 15 Minuten* getan haben: Schreiben Sie so viele Einzelheiten auf wie nötig. Markieren Sie die Dinge, von denen Sie glauben, Sie handhaben sie möglicherweise ineffizient. Machen Sie das den ganzen Tag lang, vom Aufstehen bis zum Schlafengehen.

Das ist vielleicht ziemlich anstrengend, aber am Ende werden Sie wertvolle Informationen gesammelt haben.

Es bedeutet nicht, dass Sie keine Pausen machen oder faulenzen dürfen. Ganz im Gegenteil! Im Grunde hoffen wir, auf diese Weise mehr Zeit zum Faulenzen zu finden, *ohne ein schlechtes Gewissen zu haben.* Wie gelingt uns das?

Achten Sie heute auf Situationen, in denen Sie beschäftigt zu sein scheinen, aber nicht wirklich etwas schaffen. Was können Sie tun, um bei der Arbeit oder Ihren sonstigen Aufgaben effizienter zu werden, damit Sie am Tag mehr Zeit haben, um sich wirklich zu entspannen? Möglicherweise haben Sie nie Zeit für Sport: Durch diese Praxis schlagen Sie vielleicht jene 30 Minuten frei, die Ihr Leben verändern könnten.

Nichts vonall dem bedeutet, dass Sie zu einem Roboter werden sollen, der durch den Tag marschiert. Sondern es ist einfach eine Übung des *Bewusstseins*. Sie müssen wissen, was mit Ihrer kostbaren Lebensenergie (die in Zeit gemessen wird) geschieht, damit Sie entscheiden können, ob Sie damit glücklich sind. Falls das der Fall ist – wunderbar, Sie sind in einer guten Verfassung. Falls nicht, wird diese Praxis Ihnen ein paar Stellen zeigen, an denen Sie etwas in Ihrem Leben ändern könnten.

Entwickeln Sie mehr Achtsamkeit und seien Sie präsenter.

# TAG 40

## Zeit und Geld

Die meisten Menschen auf diesem Planeten müssen Zeit gegen Geld tauschen. Das nervt. Ihre Zeit wird mit einem bestimmten Geldbetrag gleichgesetzt, dabei ist die Zeit doch eigentlich ein Maß Ihres Lebens. Wenn Ihre Zeit um ist, ist Ihr Leben vorbei. Dies mit einem Betrag zu versehen, ist schwierig und etwas beleidigend.

Hier ist ein kleines Rechenbeispiel: Wenn Sie 30 Euro pro Stunde verdienen und noch weitere 20 Jahre arbeiten, dann erhalten Sie etwas mehr als 1,2 Millionen Euro *für den Rest Ihres Lebens.* Zugegeben, Sie werden auch ein paar Stunden mit Ihrer Familie verbringen, schlafen und freie Wochenenden haben. Aber worauf es ankommt ist, dass dies Ihr Wert für die Gesellschaft beziehungsweise für die Wirtschaft ist. Natürlich kann dieser Betrag bei qualifizierterer Arbeit höher ausfallen. Doch heute wollen wir uns mit Möglichkeiten beschäftigen, wie Sie aus dem Zeit-gegen-Geld-Modell aussteigen können.

Können Sie im Internet ein Projekt betreiben, mit dem Sie nebenher Geld verdienen? Natürlich dauert es ein paar Stunden, um das auf die Beine zu stellen und zu managen. Wie können Sie es so automatisieren und skalieren, dass Sie damit Geld verdienen, während Sie schlafen? Können Sie in Immobilien investieren, sich den Gewinn auszahlen lassen und wieder investieren, sodass Ihr Kapital für Sie arbeitet? Falls ja, informieren Sie sich darüber.

Wichtig ist zu erkennen, dass das Modell Zeit-gegen-Geld uns einschränkt. Aber es gibt insbesondere durch das Internet Alternativen. Wenn das für Sie eine Möglichkeit ist, kann Ihnen das zusätzlich verdiente Geld einen Teil der Zeit, die Sie auf die sonstige Arbeit verwenden müssen, *zurückkaufen*. Sie können noch einmal studieren, Urlaub machen, Sport treiben oder einfach Zeit mit Ihren Lieben verbringen. Es geht darum, dass Sie Zeit zurückgewinnen, *um zu leben*.

Im Idealfall schaffen Sie sich einen Job, in dem Ihr passives Einkommen anfangs Ihren Ausgaben entspricht und diese später übersteigt. Sobald Sie das erreicht haben, können Sie entscheiden, ob Sie in Ihrem ursprünglichen Job weiterarbeiten wollen. Sie können das Einkommen nutzen, um Geld anzulegen und sich eine bessere Zukunft zu kaufen, oder Sie können relaxen und den ganzen Tag im Garten arbeiten. Sie sind frei.

Das ist das wahre Versprechen des Kapitalismus, das verloren gegangen ist. Sie brauchen nicht noch mehr Sachen, um Ihr Haus vollzustopfen. Aber wie steht es mit Zeit? Wenn Sie Ihre Zeit befreien und sie von der Uhr am Arbeitsplatz loslösen könnten, was würden Sie mit ihr anstellen?

Denken Sie heute darüber nach. Wenn Sie hier mehr Klarheit gewinnen, schreiben Sie es auf und arbeiten Sie den Gedanken weiter aus. Diese Klarheit kann Ihnen eine Vision liefern, auf die Sie hinarbeiten können, und dann können Sie sich hinsetzen und ableiten, wie viel Sie verdienen müssten, um Ihre momentane Arbeit wettzumachen. Wenn Ihre Vision Sie hinreichend begeistert, werden Sie nach Möglichkeiten suchen und einen Weg finden.

Vermutlich werden Sie hart arbeiten müssen, um dieses neue Modell auszutüfteln (und hüten Sie sich vor dem Wie-man-schnell-reich-wird-Unsinn), aber irgendwann werden Sie merken, dass die Ergebnisse und die Zeit, die Sie investiert haben, zu *Zeitfreiheit* führen können.

Stellen Sie sich ein Leben vor, in dem Sie nicht Zeit gegen Geld tauschen müssen. Erkunden Sie diese Vorstellung und schmieden Sie einen Plan.

# TAG 41

## Zeit zum Beten

Früher waren Gebete ein wesentlicher Bestandteil des Lebens. Die meisten Menschen beteten täglich und fanden in diesem Ritual viel Frieden, Verbundenheit und Trost. Heutzutage haben sich die Menschen scharenweise von den etablierten Religionen losgesagt und suchen an ganz unterschiedlichen Orten nach Antworten. Immer mehr Menschen stellen Fragen und suchen nach Wahrheit und Sinn, und das hat viel Gutes bewirkt. Was das Beten betrifft, wurde aber vielleicht das Kind mit dem Bade ausgeschüttet.

Eine Vielzahl von Studien belegt, dass Beten der Gesundheit zuträglich ist. Es mindert Stress und beruhigt den Geist. Wenn Sie religiös sind, verbindet es Sie mit dem Göttlichen und versetzt Sie in einen wunderbaren Zustand. Wenn Sie nicht religiös sind, ist es schwer, dorthin zu gelangen. Vielleicht ist heute also ein guter Tag, um sich in Dankbarkeit zu üben.

Das Gebet ist im Grunde genommen vielfach eine günstige Gelegenheit, um sich etwas Zeit zu nehmen und mit Gott (oder Ihrem höheren Selbst) in Verbindung zu treten. Es gibt diesbezüglich unglaublich viele Traditionen und Meinungen, deshalb wollen wir uns nicht in Einzelheiten verlieren, sondern es allgemein belassen und etwas tun, das für jeden von uns hilfreich sein kann. Wenn Sie einer bestimmten Glaubensrichtung nahestehen, folgen Sie ihr.

Wir wollen uns zehn Minuten Zeit nehmen und einen ruhigen Ort aufsuchen. Sorgen Sie dafür, dass man Sie in Ruhe lässt, Sie sollten also auch Ihr Telefon abschalten.

Legen Sie Ihre Hände vor dem Herz aneinander und beginnen Sie zu lächeln. Atmen Sie ein und aus und lassen Sie dies vom Herzen aus geschehen; öffnen Sie diesen Bereich und füllen Sie ihn mit Wärme. Verweilen Sie hier ein paar Minuten.

Sobald Sie hier angekommen sind, denken Sie an all die Dinge in Ihrem Leben, für die Sie dankbar sind. Sagen Sie dafür Dank. Schätzen Sie sich glücklich.

Praktizieren Sie dies einige Minuten und richten Sie dann Ihre Aufmerksamkeit auf das Leben um Sie herum. Denken Sie an die Menschen, die Ihnen wichtig sind. Füllen Sie beim Gedanken an sie Ihr Herz mit Wärme und visualisieren Sie innerlich, wie Sie ihnen Liebe schicken: unmittelbar von Herz zu Herz. Umfassen Sie sie mit Liebe und Anerkennung. Verweilen Sie so und suchen Sie Ihren Geist nach Menschen ab, denen Sie heute ganz viel Liebe schenken.

Als Nächstes wenden Sie sich einem Menschen zu, der nicht zu Ihrem engeren Kreis zählt. Egal wer es ist, nehmen Sie den Erstbesten, der Ihnen einfällt. Vielleicht wissen Sie nicht, warum gerade er auftaucht, aber das ist egal. Hüllen Sie auch diesen Menschen ganz in Liebe und Güte ein. Überschütten Sie ihn mit Licht und lassen Sie ein herzliches Lächeln auf Ihrem Gesicht erscheinen.

Wenn es in Verbindung mit einer Glaubensrichtung etwas gibt, das Sie praktizieren, dann gehen Sie jetzt dazu über, ganz egal, was es ist. Falls das nicht der Fall ist, suchen Sie in Ihrem Inneren weiter nach Menschen, denen

Sie Liebe schenken können und mit denen Sie das Licht teilen wollen.

Kehren Sie dann zur Dankbarkeit zurück und bedanken Sie sich für das, was Sie haben, für die Menschen in Ihrem Leben und für die Chancen, die Ihnen gegeben wurden.

Wenn Sie bereit sind, zu einem Ende zu kommen, nehmen Sie sich vor, noch heute irgendeine gute Tat zu tun. Der Clou an der Sache ist jedoch: Handeln Sie anonym. Tun Sie einem Menschen, den Sie kennen, etwas Gutes, aber nehmen Sie es nicht für sich in Anspruch. Lassen Sie dies Ihre Form der Wohltätigkeit sein – es wird Ihr Ego von Anhaftung befreien.

Religionszugehörigkeiten mögen wechseln, aber unsere Herzen sollten immer auf das Gute ausgerichtet sein. Finden Sie heute einen Zugang dazu, finden Sie dort Stabilität und bringen Sie – *für andere* – das Beste in sich zum Vorschein.

# TAG 42

## Menschen sind
## unterschiedlich getaktet

Ist es Ihnen schon mal passiert, dass Sie jemanden getroffen haben und sich auf einmal *anders* fühlten? Haben einige Menschen eine beruhigende Wirkung auf Sie, sodass Sie sich in ihrer Gegenwart wohlfühlen, während andere Sie nervös machen oder Ihnen unter die Haut gehen?

Manchmal hat das etwas mit ihrem Takt zu tun. Es ist die Schwingungsfrequenz, die sie aussenden. Wie hoch sind ihre Schwingungen? Wie laut treten sie auf? Denken Sie an das Geräusch einer Fliege, die an Ihrem Ohr vorbeifliegt. Das passiert zu schnell, regt uns auf, geht uns auf die Nerven.

Was ist mit dem Angestellten, der nicht zu kapieren scheint, dass es für Sie noch andere Orte gibt als seine schwerfällige Gegenwart? Genau, der ist langsamer getaktet. Wenn Sie das heute frustriert, überlegen Sie, wie Sie die Situation ändern oder verbessern können.

Tatsache ist, dass wir mit unterschiedlichen Geschwindigkeiten unterwegs sind, und einige Leute haben eben eine bestimmte Gangart, die sie vorzugsweise anschlagen. Das kann für uns funktionieren oder auch nicht. Denken Sie an den Kollegen, der Ihre entspannte Stimmung zunichte macht, weil er eine Überdosis Kaffee intus hat. Mach mal langsamer, Freundchen.

Wie können wir uns mit diesem unterschiedlichen Takt arrangieren? Der erste Schritt besteht darin, den Unterschied überhaupt zu bemerken. *Spüren* Sie die Qualität der Zeit in Ihrem eigenen Körper im Vergleich zu der Person, mit der Sie zu tun haben. Müssen Sie sich an deren Tempo anpassen, oder können Sie auf die Atmosphäre im Raum einwirken und sie so modulieren, wie es Ihnen entspricht?

Das ist möglich. Regulieren Sie Ihren Atem, lassen Sie ihn langsamer werden. Das gelingt mit einer einfachen Übung. Atmen Sie 20-mal tief in Ihren unteren Bauch und konzentrieren Sie sich darauf, jede Ausatmung etwas länger werden zu lassen. Versuchen Sie, mit jedem Atemzug in einen langsameren Rhythmus zu kommen.

Sobald Sie sich mit diesem tieferen Ort verbunden haben, wenden Sie sich wieder Ihrem Tag zu und achten Sie darauf, ob und inwiefern sich Ihr Tempo verändert. Nehmen Sie Ihren Tonfall und Ihr Sprechtempo wahr und senken Sie dies auf eine Geschwindigkeit, die Ihnen richtig vorkommt. Mit ein wenig Übung werden Sie feststellen, dass man die Leute leicht beeinflussen kann. Sie können in einem Raum Ruhe und Gelassenheit verbreiten, indem Sie diese Qualitäten zunächst in sich selbst finden und dann darauf hinwirken, dass sie auf die Menschen um Sie herum übergehen. Wir sind wie Antennen, die Schwingungen in unserem Umfeld aufgreifen und *zugleich* auf Sendung sind. Es ist eine Straße, die in beide Richtungen verläuft und von der wir bedauerlicherweise kaum etwas mitbekommen; das hat unendlich viel Leid verursacht.

Schluss damit.

Achten Sie für die heutige Praxis einmal darauf, wie Sie sich in Gegenwart der Menschen fühlen, mit denen Sie zu tun haben. Wie schnell ist ihre Taktung? Sind sie in einem Wahnsinnstempo unterwegs, oder verströmen sie innere Ruhe? Müssen Sie lieber Abstand nehmen, oder können Sie positiv auf die anderen einwirken? Atmen Sie in Ihren unteren Bauch und beruhigen Sie Ihren Geist. Ändern Sie Ihren Tonfall und schauen Sie, was passiert. Experimentieren Sie ein wenig und sorgen Sie für mehr Friedlichkeit in Ihrem Umfeld.

Es wird Zeit, dass Sie erkennen, wie viel Einfluss Sie haben. Sie können das allgemeine Chaos noch steigern oder es aber unter Kontrolle bringen. Heute lernen Sie, was Ihre eigentliche Aufgabe im Universum ist. Werden Sie ihr in jeder weiteren menschlichen Begegnung gerecht.

# TAG 43

## Kaufentscheidungen

Wie oft machen Sie sich wegen Geld Sorgen? Wenn Sie wie die meisten Menschen sind, lautet die Antwort vermutlich: zu oft. Wir leben in einer Welt, in der es zu viel zu kaufen gibt und wir zu wenig Geld haben, um alles zu bekommen. Das Wirtschaftsmodell des Massenkonsums bringt uns an den Rand des Aussterbens, doch wir beharren darauf, immer das Allerneuste zu haben, um in Sachen Mode, Technik oder was auch immer gerade angesagt ist, mithalten zu können. Und das ist total anstrengend.

Lassen Sie uns heute eine kleine Übung machen. Die meisten Hersteller von Konsumgütern setzen auf unser impulsives Kaufverhalten. Wenn wir etwas kaufen, denken wir die Dinge in der Regel nicht zu Ende. Und dann kaufen wir oft Sachen, die wir nicht brauchen. Die Werbung führt dazu, dass wir einen Mangel in uns spüren, und die unzähligen Artikel, die zum Kauf angeboten werden, bergen in der einen oder anderen Form das Versprechen der Erfüllung. Meistens fallen wir darauf herein und geben unser hart verdientes Geld für etwas aus, das wir nicht brauchen. Jenes Geld war Zeit und Lebensenergie, die Sie gerade für irgendeinen weiteren Gegenstand ausgegeben haben, der Sie auch nicht glücklicher machen wird.

Die heutige Übung verlangsamt insofern die Zeit, als Sie achtsamer werden im Hinblick auf das, was Sie kaufen.

Ob Sie im Coffee-Shop anstehen oder im Internet nach diversen Artikeln suchen – Sie haben dabei Handlungsmacht. Dem kurzen Augenblick, in dem Sie spontan etwas kaufen, sind psychologische Untersuchungen im Wert mehrerer Millionen Euro vorausgegangen. Die Hersteller und Werbetreibenden wollen, dass Sie an dieser Stelle schwach werden und den Gegenstand kaufen.

Heute nicht. Wann immer Sie im Begriff sind, etwas zu kaufen, halten Sie 30 Sekunden lang inne und atmen Sie in Ihren unteren Bauch.

Und dann stellen Sie sich folgende Fragen:

- Brauche ich diesen Gegenstand tatsächlich?
- Werde ich in einer Woche noch Freude daran haben? In einem Monat? In einem Jahr?
- Wo landet er, wenn ich ihn nicht mehr brauche? Auf einer Mülldeponie? Im Meer?
- Wird die Welt durch diesen Gegenstand zu einem besseren und gesünderen Ort?
- Unterstütze ich unfreie Arbeit oder Geschlechterungleichheit, wenn ich ihn kaufe?
- Brauche ich diese Sache *wirklich* oder eher doch nicht?

Wenn Sie dabei keine Probleme sehen, gut, dann kaufen Sie die Sache. Aber seien Sie ehrlich und lassen Sie sich wirklich auf die Übung ein. Sie werden feststellen, dass die meisten von uns die unbewusste Neigung haben, Geld (also Zeit und Energie) auszugeben, um Dinge zu kaufen, die die Probleme der Welt noch steigern, während sie uns nicht, wie erhofft, glücklich machen.

Was können Sie heute tun, das Sie wirklich froh stimmt und in Ihnen eine Veränderung bewirkt? Denken Sie an

Erlebnisse statt an Dinge. Welches denkwürdige Erlebnis könnte Ihr Leben bereichern? Wahrscheinlich kostet es nichts. Also los, belohnen Sie sich mit einer echten Erfahrung und behalten Sie heute Ihr Geld bei sich.

# TAG 44

## Zeit im Sitzen

Sitzen ist das neue Rauchen. Zahlreiche Belege unterstützen diese Aussage. Nach ungefähr 30 Minuten im Sitzen fährt unser Körper herunter: Unser Blut zirkuliert langsamer, unser Grundumsatz sinkt und unsere Rumpfmuskulatur lässt nach, während wir in uns zusammensacken. Wir altern schneller, erholen uns langsamer und haben weniger Energie für die Tätigkeit unseres Gehirns zur Verfügung. Nach bloß einer halben Stunde! Das ist alles gar nicht gut.

Angesichts dieses Wissens werden Sie heute einen »Stand-in« zugunsten Ihres Lebens abhalten. Sofern Sie nicht Auto fahren oder fliegen müssen, vermeiden Sie heute jegliche Sitzgelegenheit. Wenn Sie am Schreibtisch arbeiten, bauen Sie sich mithilfe einer Kiste einen erhöhten Arbeitsplatz oder verlagern Ihre Tätigkeit an eine höhere Arbeitsfläche. Falls dieser Tag auf ein Wochenende fällt, vermeiden Sie Aktivitäten im Sitzen. Lassen Sie Ihrer Kreativität freien Lauf und sorgen Sie dafür, dass Sie sich daran halten. Für Zuhause heißt das: Finger weg vom Sofa! Sie können sich auf den Boden setzen und sich etwas strecken und dehnen, aber heute gibt es für Sie keine Stühle oder Sofas.

Diese Übung zwingt Sie, sich bewusst zu machen, wie oft Sie sitzen. Diese Haltung ist für uns Standard geworden, ob wir uns unterhalten, Besprechungen haben, arbeiten, essen oder telefonieren. Wenn Sie Telefonate führen, gehen Sie im Büro dabei ein wenig auf und ab. Essen Sie in der Küche an der Theke. Ja, Sie sollten heute versuchen, gar nicht im Sitzen zu essen. Das Ganze ist nicht als tägliche Praxis gedacht, sondern es handelt sich um eine Chance, etwas über sich selbst zu erfahren. Bleiben Sie auf den Beinen, gehen Sie auf und ab, machen Sie Ausfallschritte oder ein paar Dehnübungen.

Das wird sich auf jeden Fall anders anfühlen. Möglicherweise fangen Ihre Bauchmuskeln an zu schmerzen. Ein Zeichen, dass sie etwas arbeiten müssen, um uns beim Stehen aufrecht zu halten. Sei gegrüßt, künftiger Waschbrettbauch!

Wenn wir uns abgewöhnen, jeden Tag viel zu sitzen, passiert etwas geradezu Magisches. Wir befreien uns aus einem körperlichen Trott, verhindern, dass unser Körper herunterfährt und werden insgesamt lebendiger und aktiver. Weil Sie mehr Energie verbrennen und alles in Ihnen mehr arbeiten muss, werden Ihre Muskeln allmählich leistungsfähiger. Auch Ihr Gehirn kann besser auf diese zusätzliche Energie zugreifen. Je effizienter Sie verbrennen, desto besser wird Ihr Stoffwechsel. Diese Verarbeitungsleistung sorgt dafür, dass Sie energiegeladen bleiben, und verhindert, dass Ihr Körper Kalorien als Fett ansetzt. Es bewirkt mehr Klarheit, hebt die Stimmung, steigert die Leistung und, ganz ehrlich, schenkt uns *mehr Zeit*. Ja, denn wenn Sie mehr Energie haben, gewinnen Sie Zeit. Sie werden zu einer besseren Version Ihrer selbst. Sie können mehr in weniger Zeit tun, und das zähe Gefühl, das wir haben, wenn wir müde oder etwas dösig sind, geht weg.

Halten Sie diese Praxis den ganzen Tag durch und machen Sie sich bewusst, wie sehr Sie sonst gewohnt sind zu sitzen. Sie werden erstaunt sein, wie viele Stunden am Tage Ihr Körper de facto abschaltet. Möglicherweise werden Sie, wenn der Tag ohne Sitzen vorbei ist, etwas groggy sein, da viele Muskeln mit den Jahren auch träge geworden sind. Das sollte jedoch ein Anreiz sein, öfter zu stehen und dies in Ihr Lebens zu integrieren.

Tragen Sie gute Schuhe, das wird die Dinge heute leichter machen. Auch fällt es einem weniger schwer, wenn man etwas herumgeht, statt die ganze Zeit nur zu stehen. Letztendlich geht es darum, dass Sie insgesamt *in Bewegung kommen*. Das setzt viele positive Dinge in Gang. Je schneller Sie sich angewöhnen, in Bewegung zu bleiben, desto besser wird es Ihnen gehen.

Bedeutet das nun, dass Sie nie sitzen dürfen? Natürlich nicht. Aber denken Sie einmal darüber nach, wie viel Zeit Sie generell im Sitzen verbringen, und schauen Sie, was passiert, wenn Sie dies heute konsequent vermeiden. Sobald Sie den Wert dieser Praxis erkennen, werden Sie die Zeiten im Sitzen bewusst einlegen und wahrnehmen. Ein aktiverer Lebensstil erlaubt Ihnen, das Sitzen zu genießen.

# TAG 45

## Genießen Sie diesen Ort

Wenn wir jung sind und an einen neuen Ort kommen, denken wir oft: »Hierher werde ich wiederkommen.« Mit den Jahren ändert sich das, und wir entwickeln ein neues Verhältnis in Bezug zum Raum. Uns wird klar, wie groß die Welt und wie begrenzt unsere Zeit ist. So werden wir mit ziemlich großer Wahrscheinlichkeit nicht an jenen Ort zurückkehren. Schließlich mussten viele Sterne zusammenwirken, damit wir überhaupt dorthin gelangt sind. Meistens ist es dann noch so, dass wir beim nächsten Mal etwas Neues kennenlernen wollen.

Was folgt daraus für den heutigen Tag? Wenn Sie sich irgendwo aufhalten, wo Sie noch nie waren, machen Sie sich bewusst, dass Sie diese Erfahrung vielleicht nur einmal erleben. Das verändert Ihre Perspektive auf subtile Weise, und dennoch wird dadurch ein fehlendes Teil in Ihren Körper zurückgeholt. Es ist, als ob Ihr Geist selbst durch Ihre Augen hinausblickte und jede Form, Oberfläche, Farbe und Einzelheit des Ortes, an dem Sie gerade sind, wahrnehmen würde. Wenn wir die Wirklichkeit mit unserer ganzen Aufmerksamkeit wahrnehmen, bekommt Sie etwas Magisches.

Vermutlich steht heute das Übliche an: Die Kinder in die Schule bringen, danach ins Büro, während der Mittagspause ins Fitness-Studio gehen und dann das Ganze wieder in umgekehrter Reihenfolge, bis Sie abends zu Bett gehen.

Das ist prima, aber warum nehmen Sie nicht mal einen anderen Weg zum Fitness-Studio? Bereichern Sie Ihren Tag durch eine neue Erfahrung. Es muss ja nicht gleich Tahiti sein oder die Pyramiden. Möglicherweise lohnt sich schon eine andere Straße, in der Sie einen prächtigen Ahornbaum entdecken. Eine neue, schöne Erfahrung.

Wo auch immer Sie unterwegs sind, praktizieren Sie diese Form der Aufmerksamkeit. Schließlich ist es prinzipiell möglich, dass Sie vom Bus überfahren werden, im Tsunami ertrinken oder von einem Meteor erschlagen werden. So etwas kommt vor. Zugegeben, es passiert nicht sehr oft, aber wir können von unseren Vorfahren etwas lernen. Der Tod lauert jedem auf, und heute könnte bereits Ihr letzter Tag sein. Wenn Sie dies im Hinterkopf haben, wie würde sich Ihr Blick auf die Welt verändern? Würden Sie unachtsam durch die Gegend stolpern, oder würden Sie kurz anhalten, um an den Rosen zu riechen?

Das ist der Unterschied. Kosten Sie den heutigen Tag aus. Dieser Ort ist heilig. Diese Zeit ist etwas Besonderes. Überall um uns herum gibt es zauberhafte Dinge, doch wir verlangsamen nicht, um dem Beachtung zu schenken, und zwar weil wir nicht wirklich hier sind. Typischerweise befinden wir uns in einem Zustand, der eine Mischung aus Stress, Vorwegnahme künftiger Ereignisse und Bedauern angesichts vergangener Ereignisse darstellt. Wir stehen zwar hier, aber niemand ist zu Hause.

Heute wirken Sie dieser Tendenz entgegen. Zentrieren Sie sich und geben Sie Acht, wo Sie gerade sind. Sagen Sie sich immer wieder, dass Sie diesen Ort möglicherweise nie wiedersehen. Nehmen Sie sich deshalb einen Augenblick Zeit, um ihn zu genießen. Saugen Sie die Geräusche,

Anblicke, Strukturen und die Art des Lichts auf. In einer Stunde wird dieser Flecken schon wieder anders aussehen. Dieser Moment in Zeit und Raum ist einzigartig. Wenn wir das erkennen und entsprechend leben, halten wir die Zeit an und schöpfen aus der Unendlichkeit.

Halten Sie inne und würdigen Sie die Pracht, die Sie überall umgibt.

# TAG 46

## Unkraut jäten
## im Garten Ihres Lebens

Wann haben Sie zuletzt einen Blick auf Ihren Lebensgarten geworfen und Unkraut gejätet? Sobald Sie wissen, welches die wichtigen Pflanzen sind, die Sie anbauen und pflegen wollen, müssen Sie sich mit den anderen Dingen befassen, die dort ebenfalls wachsen. Warum? Weil sie lebensnotwendiges Wasser und Nährstoffe abziehen und möglicherweise den Pflanzen, für die Sie sich entschieden haben, die Sonne nehmen.

Denken Sie heute darüber nach und beziehen Sie Ihr gesamtes Leben in die Betrachtung mit ein. Welches sind die maßgeblichen Pflanzen, die Sie hegen und pflegen wollen? Bekommen diese auch wirklich die meisten Ressourcen ab? Bei der Mehrzahl von uns ist es so, dass das Unkraut die Regie im Garten übernommen hat, weil es fordernder und aggressiver ist und sich oft als etwas Wichtiges maskiert. Vielleicht stehen die Familie, der Beruf, Gesundheit, gute Freunde und Reisen ganz oben auf Ihrer Liste der echten Pflanzen. Wie viel Zeit müssen Sie ihnen widmen, um gut für sie zu sorgen, und was braucht es, um sie im Gleichgewicht zu halten? Oft merken wir, dass es schon schwierig genug ist, eine Balance zwischen den wichtigen Gewächsen herzustellen.

Was gibt es also noch in Ihrem Garten, das dort nicht hingehört?

Schauen Sie durch den Filter Ihres Lebensgartens und achten Sie darauf, ob das, was dort wächst, einer Ihrer Hauptpflanzen dienlich ist. Falls nicht, dann ist es Unkraut. Reißen Sie es heraus und wenden Sie sich dem nächsten zu. Vielleicht gibt es einen alten Klassenkameraden, der fortwährend darauf drängt, »so wie früher« miteinander auszugehen. Sie haben nichts gemeinsam und ohnehin viel zu viel vor, aber aus irgendeinem Grunde fühlen Sie sich verpflichtet, etwas von Ihrer kostbaren Zeit darauf zu verwenden, sich mit ihm zu treffen. Handelt es sich um ein Unkraut?

Oder Sie lesen gerade ein Buch, das nicht wirklich interessant ist, aber Sie lesen weiter, weil Sie nicht jemand sein wollen, der aufgibt. Vielleicht ist es an der Zeit, dass Sie es zur Seite legen und ein anderes Buch lesen, das Ihr Leben bereichert.

Möglicherweise haben Sie ein ziemliches Schlafdefizit, aber Sie bleiben dennoch länger auf als Sie sollten und ziehen sich eine neue Fernsehserie rein. Ist das für Sie wirklich so wichtig?

Heute muss etwas Zeit sein, damit Sie sich sammeln und nachdenken können. Oft wissen wir nicht, wie wir Unkraut am besten so rausreißen, dass es endgültig beseitigt ist. Manchmal sträuben wir uns vielleicht auch ein wenig. Wir hängen an einigen Dingen. Sie sind mittlerweile in die Höhe geschossen und ähneln den anderen großen Pflanzen, deshalb glauben wir, sie müssten bleiben. Das müssen sie nicht. Überdenken Sie alles ganz objektiv und geben Sie Acht auf Unkraut, das echten Pflanzen ähnelt.

Seien Sie heute brutal. Holen Sie die Heckenschere hervor (oder gar den Holzhacker) und schneiden Sie das Laub und die Stämme des Unkrauts zurück. Möglicherweise ist das nötig, bis Sie das Unkraut am Strunk packen und mit der Wurzel herausreißen können. Vielleicht brauchen Sie für diese Arbeit auch eine mentale oder emotionale Schaufel. Reißen Sie alles heraus und werfen Sie einen absolut ehrlichen Blick auf Ihren Garten. Gehen Sie großflächig vor, sodass sich einige Pflanzen den Weg in Ihren Garten erneut verdienen müssen. Das Problem besteht darin, dass Sie über Jahre hinweg diverse Unkräuter gegossen haben, und nun sind sie richtig groß geworden und sehen aus, als gehörten sie in Ihren Garten.

Reißen Sie sie heraus. Heute gewinnen Sie Klarheit und Fokus, indem Sie alles entfernen, was Ihnen ungewollt Lebenskraft raubt. Gehört es in Ihren Lebensgarten oder nicht? Das ist die Frage. Wenn etwas nicht hineingehört, dann machen Sie sich an die Arbeit.

# TAG 47

## Musik empfinden

M usik ist der Raum zwischen den Noten.« Kennen Sie diesen Spruch? Er illustriert auf wunderbare Weise das taoistische Prinzip der Leere. Die Noten für sich würden uns verrückt machen, wenn es zwischen ihnen keine Pause gäbe. Wir jedoch beharren darauf, genau so zu leben.

Heute lernen wir, die Zeit anzuhalten, indem wir mit der Musik mitgehen. Wählen Sie ein Stück, das Sie besonders gern mögen und suchen Sie sich einen Ort, an dem Sie es in Ruhe hören können. Mein Lieblingsstück für diese Übung ist Remo Giazottos »Adagio«, das oftmals Albioni zugeschrieben wird. Es gibt viele Versionen, suchen Sie sich eine aus, die Sie mögen, oder Sie nehmen eben Ihr eigenes Lieblingsstück.

Hören Sie die Musik zunächst einmal ganz in Ruhe an (idealerweise ist es ein Instrumentalstück). Jetzt ist nicht die Zeit, um Multitasking zu betreiben; Sie sollten also weder telefonieren noch irgendwelche anderen Aufgaben erledigen. Beim nächsten Durchlauf des Stücks versuchen Sie, Ihren Atem mit seinem Takt in Einklang zu bringen. Wird es an einigen Stellen schneller und an anderen langsamer? Wie lange währen einige der stillen Momente? Achten Sie auf das Tempo und schauen Sie, ob Sie einen Wechsel feststellen können.

Wenn Sie musikalisch sind, tun Sie es vielleicht natürlicherweise. Falls nicht, brauchen Sie eventuell einige Durchläufe, um Ihr Ohr zu schulen. Es geht nicht nur ums Hören, sondern auch ums Empfinden. Welche Gefühle löst es in Ihnen aus? Und welche Stimmung? Was müssen Sie physisch verändern, um mit der Musik zu verschmelzen? Entschleunigen Sie und *nehmen* Sie die Musik *wirklich wahr.*

Kehren Sie nun nochmals zu dem Spruch vom Anfang zurück und denken Sie über ihn nach: »Musik ist der Raum zwischen den Noten.«

In welchen Bereichen Ihres Lebens müssen Sie zwischen den Noten eine Pause einlegen? Welche subtilen Leerräume können Sie in Ihren Tag einbauen, damit das Leben schöner wird? Vielleicht laufen Sie nach dem Mittagessen einfach 15 Minuten lang etwas im Bürogebäude umher, oder Sie gehen ins Freie. Vielleicht sammeln Sie sich am Endes des Tages kurz, bevor Sie ins Auto steigen. Vielleicht schaffen Sie sich kleine Freiräume, in denen Sie von Ihrem Schreibtisch aufstehen, oder Sie legen im Laufe des Tages immer mal wieder eine kleine Pause ein. Das sind Dinge, die Sie entscheiden können.

Welche Zwischenräume würden Ihr Leben verschönern? Wenn Sie hinhören, merken Sie, dass die Musik keine langen Pausen macht, um den gewünschten Effekt zu erzielen. Entscheidend ist, dass Sie jeweils *komplett innehalten* und sich mit der Leere verbinden. Eine halbherzige Pause hat nicht die gleiche Wirkung, sie wird eher wie ein Hintergrundgeräusch klingen.

Wo können Sie heute kleine Momente der Stille für sich einbauen? Hören Sie sich nochmals Ihre Musik an und fühlen Sie sich ein weiteres Mal in ihren Takt hinein. Üben Sie das. Wenn Sie dies meistern, füllt sich Ihr Leben mit Schönheit und Anmut.

# TAG 48

## Schöne Momente mit Ihrer Familie

Viele Menschen sagen auf ihrem Sterbebett, sie wünschten, sie hätten mehr Zeit mit ihren Lieben verbracht. Ist die Show vorbei ist, denkt niemand mehr an Probleme bei der Arbeit, irgendwelches Theater oder oberflächliche Freundschaften. Vielfach bedauern sie, dass sie nicht mehr schöne Momente mit ihrer Familie verbracht haben, als es darauf ankam. Etwa das wunderbare Alter unseres Babys mitzuerleben, in dem es anfängt zu laufen, oder wenn es später lernt, wie man auf einen Baum klettert. Vielleicht müssen wir für unsere Partnerin da sein, wenn einer ihrer Eltern stirbt oder wenn sie krank wird. Oft brechen Familien auseinander, wenn etwas Schlimmes passiert und einer der Partner emotional nicht erreichbar ist.

Welche Bereiche sind es, für die Sie nicht so viel Zeit aufwenden, wie Sie sollten? Geht es um Ihren Partner, Ihre Kinder, Ihre Haustiere oder Ihre Cousins? Es gibt Menschen in unserem Leben, die uns lieben und die uns wichtig sind. Vielen von ihnen mag es so vorkommen, als stimmten wir uns mit unserer Zeit ab. Eine Teenagerin nimmt vielleicht wahr, wie sehr Ihr Beruf, Ihre Hobbys, Ihr Sport oder Ihr Freundeskreis Sie absorbiert. Sie kommt nach Hause und möchte gern mit Ihnen über etwas sprechen, das sie belastet, doch Sie bemerken das nicht. Zwei Jahre später raucht sie Hasch und gerät auf die schiefe Bahn. So etwas kommt vor.

Vielleicht tut sich Ihre Frau schwer damit, dass alle Ihre Kinder seit Kurzem aus dem Haus sind, und die Art und Weise, wie Sie ihr signalisieren, sie solle darüber hinwegkommen, hilft ihr kein bisschen. So entsteht in Ihrer Beziehung eine Kluft, die sich nicht mehr überbrücken lässt, sobald sie einmal da ist. Unzählige Ehen enden auf diese Weise. Können Sie sich von der Überholspur des Lebens loseisen und sich mehr Zeit für Gespräche, Wanderungen, Reisen oder einfach nur fürs Zuhören nehmen? Wenn man die Dinge praktisch betrachtet, dann kostet eine Scheidung Tausende von Stunden beim Anwalt oder vor Gericht, was wiederum ein Vermögen kostet. Dieses Vermögen ist aufgesparte Zeit in Form von Geld. Der Kontenausgleich kostet nochmals Geld, und dann folgen das geteilte Sorgerecht, unbehagliche Familienmahlzeiten, die Auseinandersetzung mit den Kindern und all die Stunden, in denen man auf einer blöden Dating-App, die man eigentlich lieber nicht runtergeladen hätte, nach rechts und links wischt. Denken Sie an die unzähligen qualvollen Stunden, die eine gescheiterte Ehe mit sich bringt. Ist es da nicht viel besser, wenn man sich Zeit nimmt für ein paar schöne Stunden mit dem Menschen, den Sie lieben?

Überlegen Sie, wo das Verhältnis zu Ihrer Familie möglicherweise ein wenig aus der Balance geraten ist. Sollten Sie mal wieder ein Wochenende mit Ihrer Tochter verbringen, oder liegt der letzte Besuch bei Ihren Eltern schon mehr als einen Monat zurück? Sie brauchen Sie. Sie lieben Sie. Lassen Sie nicht zu, dass der endlose Strom an Ablenkungen Sie in die Strudel des Chaos trägt und Sie ein Leben voller Reue führen. Im Endeffekt werden Sie sowieso mehr Zeit darauf verwenden, sich mit den Problemen Ihrer

Kinder und mit Sorgerechtsfragen auseinanderzusetzen, wenn sie Mist bauen. Enorme Schuldgefühle stellen sich ein, wenn einer unserer Eltern stirbt und wir wissen, dass wir nicht genug schöne Stunden mit ihnen verbracht haben, bevor sie starben. Gewisse Dinge müssen ausgesprochen werden. Diese Dinge brauchen Zeit, und der Großvater lebt nun einmal in einer viel langsameren Zeitzone als Sie. Das ist völlig in Ordnung. Drosseln Sie Ihr Tempo ein wenig und verbringen Sie einfach Zeit mit ihm. Trinken Sie gemeinsam Tee und geben Sie ihm die Gelegenheit, Ihnen zu erzählen, was ihm durch den Kopf geht, oder Ihnen sein Herz zu öffnen. Wenn er eines Tages nicht mehr da ist, werden die ungesagten Dinge in Ihnen intensive Reuegefühle auslösen, die Sie jahrelang mit sich herumschleppen.

Wenn wir uns heute bewusst Zeit nehmen, um das Richtige zu tun, erspart uns das auf lange Sicht Zeit, Kummer und Schuldgefühle.

Also los, tätigen Sie den Anruf. Natürlich sind unser aller Lebensumstände vollkommen unterschiedlich, aber Ihre heutige Praxis besteht darin, eine Zeit zu finden, die Sie regelmäßig mit Ihrer Familie verbringen. Das Abendessen ist dafür ideal, aber nehmen Sie, was möglich ist. Reservieren Sie diese Zeit. Sorgen Sie dafür, das alle anderen mitmachen und setzen Sie diese Zeit als ein regelmäßiges Ereignis durch. Bleiben Sie konsequent, dann werden Sie die Früchte ernten.

# TAG 49

## Zeit und Technologie

Wir haben Technologien entwickelt, um Zeit und Energie zu sparen. Von den Feuersteinen früherer Zeiten, durch die wir Steine weniger lange gegeneinander schlagen mussten, bis hin zum Telefon in Ihrer Hosentasche, das so unglaublich viel kann – für all diese menschengemachten Werkzeuge, die uns zur Verfügung stehen, gilt, dass sie uns mehr Komfort und Freizeit schenken sollen.

Denken Sie heute einmal darüber nach, wie Sie mit Ihren technischen Geräten umgehen. Sparen Sie dadurch tatsächlich Zeit, um Dinge zu tun, die Sie wirklich tun möchten? Einige Menschen werden dadurch produktiver, sodass sie immer noch mehr arbeiten können. Das ist wunderbar, wenn sie das Geld anlegen und sich somit Zeit kaufen, um sich zu erholen und das Leben zu genießen. Wenn nicht, dann sind sie ein Hamster, der irgendwann den Löffel abgibt.

Bei zu vielen von uns verhält es sich so, dass uns die Geräte, die eigentlich Zeit sparen sollten, ihrerseits Zeit stehlen. Die Möglichkeit, wichtige Informationen mittels Telegrafen zu versenden, war ein Meilenstein für die Menschheit. Heute überschütten wir unsere Freunde aus purer Langeweile mit digitalen Bildern und Emojis. Das ist unnötiger Kram. Wenn wir uns viele Stunden pro Woche in den sozialen Netzwerken das Leben anderer Leute anschauen, nutzen wir unsere Zeit (oder das Gerät) nicht auf die sinnvollste Art und Weise; doch selbst wenn wir ernsthaft versuchen zu arbeiten, erschweren die technischen Geräte das mitunter. Ständige Benachrichtigungen, Erinnerungen und Anzeigen reißen uns aus dem, womit wir gerade beschäftigt sind, heraus. Auch kommt es vor, dass wir eine relevante Information recherchieren und im Zuge dessen in einen Strudel an Ablenkungen hineingerissen werden.

Was bringt Ihnen die Technologie? Ist sie eine Möglichkeit für Zeitersparnis, oder ist sie zu einer Quelle der Ablenkung geworden? Werfen Sie einen Blick auf all die Dinge, die Sie schon immer mal für sich tun wollten, und finden Sie heraus, wo Ihnen die Zeit abhandenkommt. Häufig ist es so, dass die Technik uns nicht mehr dient und außer Kontrolle geraten ist. Die technischen Hilfsmittel sollten für Sie da sein und nicht umgekehrt.

Ein weiterer Aspekt betrifft die Energie. Die Natur ist erfüllt von einer köstlichen Symphonie der Schwingungen und Energien. Ob es um das Bestäuben von Blumen geht oder um majestätische, hohe Bäume: In der natürlichen Umgebung waltet eine Energie, die uns neue Kraft gibt und bewirkt, dass wir uns heil fühlen. Elektronische Geräte sind das genaue Gegenteil davon. Durch sie fließt elektrischer Strom nah an unseren Becken oder Köpfen, der spannungsgeladen und intensiv ist. Wenn Sie ein 2,4 Giga-Hertz-starkes Telefon an Ihr Ohr halten, durchströmen mächtige Wellen Ihr Gehirn, die oftmals schädlich sind. Elektronische Geräte senden hochfrequente Wellen aus, an die unser Körper nicht gewöhnt ist. Die Forschung weiß diesbezüglich noch nichts Genaues, aber warum sollte man das Risiko eingehen? Demgegenüber haben Bäume eine angenehme, ruhige Ausstrahlung. Ihre Schwingungen entsprechen den Frequenzmustern des Alpha-Zustands in unserem Gehirn. Das ist der Hirnzustand, der der Meditation am nächsten kommt.

Die Technologie wird es auch in Zukunft geben, und Ihre heutige Aufgabe ist es, ein gesünderes Verhältnis zu ihr zu entwickeln. Stellen Sie nur für diesen Tag die Alerts ab. Schreiben Sie auf einem Zettel alles auf, was Sie heute erledigen wollen, und konzentrieren Sie sich darauf, das auch zu schaffen. Schalten Sie bei Ihrem Handy den Flugmodus ein und am Computer die Internetverbindung aus. Erledigen Sie Ihre Arbeit und gönnen Sie Ihren Augen und Ohren dann eine Pause. Gehen Sie in die Sonne, statt bloß auf die Hintergrundbeleuchtung Ihres Laptops zu starren. Sie werden einen enormen Unterschied bemerken, wenn Sie darauf achten.

# TAG 50

## Rituale etablieren

Früher waren Rituale ein wichtiger Bestandteil unseres Lebens. Ob tägliches Beten, allwöchentliche Abendessen, religiöse Feste oder Übergangsriten – sie alle sind unserer Psyche seit Anbeginn der Menschheit eingeschrieben.

Heute wollen wir uns mit Ihren Ritualen befassen.

Wie sehen sie aus, und warum pflegen Sie diese Rituale? Schauen Sie beim Frühstücken die Nachrichten im Fernsehen? Checken Sie auf der Toilette kurz die sozialen Netzwerke? Tun Sie etwas halbherzig, oder sind Sie ganz bei der Sache? Viele Dinge, die wir heute tun, stammen aus Urzeiten. *Sie hatten einmal eine Bedeutung.* Sie etablierten den Rhythmus des Lebens und dienten oft dazu, uns daran zu *erinnern*, wo wir herkommen. Religiöse Rituale sorgten dafür, dass wir mit unserer Quelle verbunden blieben oder Dankbarkeit kultivierten.

Was tun Sie, um die Zeit anzuhalten und sich mit etwas Bedeutungsvollem zu verbinden? Können Sie das noch verbessern? Vielleicht können Sie sich mit dem Geist des Rituals neu verbinden und es ernsthafter betreiben. Vielleicht stellen Sie fest, dass Sie zu der Tätigkeit gar keinen Bezug mehr haben und sich dabei langweilen – das ist in Ordnung. Es gibt zahlreiche andere Rituale, die Sie sich zu eigen machen können.

Wichtig ist, dass Sie etwas finden, das für Sie gut ist und

in Ihrem Leben als eine Art Anker dient. Wenn Sie keine Verbindung dazu herstellen können, erfüllt es nicht seine Aufgabe. Verschwenden Sie keine Zeit. Suchen Sie sich eine andere Tätigkeit oder Praxis, die Sie inspiriert.

Hier sind einige Rituale, die Sie sich zu eigen machen können. Suchen Sie sich für den heutigen Gong ein oder zwei davon aus und probieren Sie sie aus. Die Chancen stehen nicht schlecht, dass Ihnen einige davon ganz gut gefallen werden.

- **Dankbarkeit am Morgen.** Bevor Sie aufstehen, denken Sie an fünf Dinge, für die Sie heute dankbar sind.

- **Gebet beim Essen.** Bedanken Sie sich für das Essen, das vor Ihnen steht, und nehmen Sie sich einen Moment Zeit, um es zu segnen.

- **Meditation oder Gebet zur Mittagszeit.** Geben Sie sich ein paar Sekunden Zeit, um zu entschleunigen, damit Ihr Körper die Nahrung empfangen kann.

- **Kerzenlicht am Abend.** Setzen Sie sich einige Minuten vor eine Kerze und reinigen Sie so Ihre Energie.

- **Abendliche Dehnübungen.** Entspannen Sie vor dem Schlafengehen Ihren Körper ein paar Minuten ganz bewusst und verschmelzen Sie mit dem Boden.

- **Winterschlaf.** Nehmen Sie sich jeden Winter eine Woche frei, in der Sie sich entspannen und neuen Atem schöpfen.

Das sind bloß einige Rituale für Sie zur Anregung. Entscheidend ist: Was tut Ihnen gut, und wie können Sie eine Praxis in Ihren Alltag integrieren, die Sie daran erinnert und Ihnen hilft, zu sich zu finden?

Rituale geben uns eine Struktur und teilen den Tag ein. Mitunter entgleitet uns die Zeit, wenn wir uns im Laufe des Tages keinen Stolperdraht legen, um dem Trubel Einhalt zu gebieten und Atem zu schöpfen.

Gehen Sie heute Ihre bestehenden Rituale durch und vergewissern Sie sich, dass sie Ihnen noch gute Dienste leisten. Finden Sie einen Weg, um sich mit dem zu verbinden, was Ihnen guttut, und entwickeln Sie einen Plan, wie Sie gesündere Praktiken in Ihr Leben einbauen können.

# TAG 51

## Zeit für Lust und Liebe

Sex zu haben und zu lieben, ist nicht immer das Gleiche. Unsere Kultur hat den Liebesakt der Sinnlichkeit beraubt und ihn auf eine Erfahrung reduziert, in der wir uns schnell etwas vergnügen oder Spannung abbauen. Natürlich ist ein Quickie hin und wieder etwas Herrliches, aber wissen Sie noch, wann Sie zuletzt den Liebesakt absichtlich in die Länge gezogen und aus der Nacht etwas Besonderes gemacht haben?

Um jemanden zu lieben, muss man die Zeit verlangsamen. Der Parasympathikus übernimmt die Regie, und wir treten in einen entspannteren Zustand ein. Es ist der Modus, in dem wir heil werden, verdauen, uns erholen und der *Sinnlichkeit unserer Sexualität* Raum geben. Frauen fällt das oft leichter als Männern (ich weiß, das ist eine grobe Verallgemeinerung), aber jeder von uns ist dazu in der Lage.

Ich verrate Ihnen das große Geheimnis des Tantra: Für die Sinnlichkeit des Menschen ist die weibliche Energie, das Yin, tonangebend. Sollten Sie in einer gleichgeschlechtlichen Beziehung leben, bedeutet das aber keinerlei Hindernis. Folgen Sie einfach der Yin-lastigeren, passiveren Energiekurve; öffnen Sie sich mit ihr und lassen Sie sich von ihr in die Erfahrung geleiten.

Schlafen ist nicht etwas, das man einfach »machen« kann, und genauso können wir auch keine Orgasmen

»machen«. Natürlich können wir die Nerven extrem stimulieren und das Ganze auf die Spitze treiben, aber das ist nicht die Art von Energie, über die wir heute sprechen. Heute wollen wir die Erfahrung genießen und *zulassen*, dass wir uns innerlich öffnen.

Viele treffen dafür ein paar Vorbereitungen. Kerzen, gedämpftes Licht, sanfte Musik, vielleicht eine Flasche Wein – all diese Dinge schaffen eine schöne Atmosphäre. Es ist wichtig, dafür zu sorgen, dass Sie nicht gestört werden, sondern die gemeinsame Zeit wirklich genießen können. Telefone haben dabei nichts verloren!

Vielleicht müssen Sie warten, bis die Kinder schlafen. Völlig in Ordnung, aber sobald das der Fall ist, fangen Sie an! Vertrödeln Sie nicht drei Stunden vor dem Fernseher, um dann müde ins Schlafzimmer zu gehen und noch schnell miteinander zu schlafen. Darum geht es hier nicht. Die Praxis besteht darin, dass Sie sich einen ganzen Abend (oder Nachmittag) dafür Zeit nehmen. Los, nun gehen Sie ins Zimmer, schaffen Sie eine schöne Atmosphäre und nehmen Sie sich wirklich die Zeit, um sich genussvoll auf das Lieben einzulassen.

Viel zu oft begleitet uns das zielorientierte Denken bis ins Schlafzimmer, sodass wir auch dort, wo es vollkommen unpassend ist, die Dinge abhaken wollen. Aber nicht hier, nicht im Schlafzimmer! Falls sich Ihr Partner diesbezüglich etwas schwertut, könnten Sie ein kleines Spiel spielen, bei dem einer von Ihnen oder Sie beide keinen Orgasmus haben dürfen. Schauen Sie, wie es ist, Intimität zu genießen, ohne sie in einem plötzlichen Höhepunkt aufzulösen. Wenn Sie zu den Menschen gehören, die mehrere Orgasmen hintereinander haben und die Spannung halten können, umso besser für Sie (die heutige Lektion bietet Ihnen dann vermutlich auch keine bahnbrechenden Neuigkeiten).

Entspannen Sie sich.

Lassen Sie sich fallen.

Atmen Sie gemeinsam in den unteren Bauch und verbinden Sie sich mit Ihrem unteren Dantian (drei Fingerbreit unterhalb Ihres Bauchnabels). Das geschieht, wenn Sie Ihre Atmung miteinander in Einklang bringen. Dann *spüren* Sie, wie die Energie Ihre Wirbelsäule emporsteigt. Halten Sie diese Energie. Entspannen Sie sich. Die Energie wird Sie führen und Ihr inneres Universum erleuchten.

Legen Sie es nicht darauf an, zum Höhepunkt zu kommen.

Vielmehr geht es heute darum, sich auf den Raum einzulassen, den Sie gemeinsam geschaffen haben, und ihn zu genießen. Mit ein wenig Übung wird sich dadurch das *Verlangsamen der Zeit* für Sie von Grund auf verändern.

# TAG 52

## Zeit am Telefon

Wann haben Sie sich zuletzt einen Überblick darüber verschafft, wie viel Zeit Sie am Telefon verbringen? Müssen Sie den ganzen Tag lang telefonieren? Falls Sie nicht nach Stunden bezahlt werden und Ihr Job entsprechend strukturiert ist, verlieren Sie vermutlich kostbare Zeit, weil Sie ineffizient sind. Heute wollen wir etwas Neues ausprobieren.

Schauen Sie sich im Büro an, welche Telefontermine heute anstehen, und überlegen Sie, ob Sie diese um die Hälfte kürzen könnten. Angenommen, im Kalender ist ein Telefonat auf eine halbe Stunde angesetzt: Könnten Sie in 15 Minuten fertig werden? Oder in 25? Sie müssen nicht unhöflich werden, seien Sie freundlich und fassen Sie sich knapp. Schenken Sie Ihrem Gegenüber Ihre volle Aufmerksamkeit. Beginnen Sie mit einer freundlichen Bemerkung und kommen Sie dann gleich zur Sache. Arbeiten Sie sich zügig durch alle Themen hindurch, die Sie besprechen müssen. Versuchen Sie, das Telefonat etwas eher zu beenden, ohne dass dies Probleme aufwirft.

Die Sache ist doch so: Die Person am anderen Ende der Leitung hat ein genauso verrücktes, hektisches Leben wie Sie, und ihr macht das vermutlich nichts aus. Entscheidend ist aber, dass Sie alles, was Ihnen wichtig war, besprochen haben.

Was machen Sie nun mit der gewonnenen Zeit?

Wie steht es mit all den Dingen, die Sie *immer schon mal machen wollten*?

Bei der heutigen Übung nehmen Sie die gesparte Zeit und reinvestieren sie *in sich selbst*. Wenn Sie irgendwo fünf Minuten eingespart haben, können Sie ein paar Dehnübungen machen. Haben Sie zehn Minuten gewonnen? Dann machen Sie zehn Übungen fünfmal hintereinander, das bringt den ganzen Körper in Schwung. Leiden Sie momentan unter Schlafmangel? Stellen Sie sich einen Wecker und schließen Sie zehn Minuten lang die Augen.

*Es geht darum, dass Sie wertvolle Zeit zurückgewonnen haben, die Sie in einen Bereich Ihres Lebens investieren können, wo Sie diese Zeit gut gebrauchen können.*

Wie sieht es bei Ihren privaten Anrufen aus? Vielleicht rufen Sie Ihre Mutter auf Ihrem Heimweg an. Ist das gut für Sie, bereichert es Sie innerlich? Wunderbar, dann behalten Sie das bei. Aber was ist mit den anderen privaten Telefonaten? Könnten Sie stattdessen eine Textnachricht schicken? Oder die Gespräche kürzer halten und in der gewonnenen Zeit etwas tun, das Ihnen mehr gibt? Wahrscheinlich ist die Antwort ein lautes und deutliches *Ja*.

Es geht nicht darum, sich von der Welt abzukapseln und zum Einsiedler zu werden, sondern hier und da ein paar Minuten abzuzwacken und *diese Zeit für etwas zu nutzen*, das Ihnen Kraft gibt. Fragen Sie Ihren Körper, was er braucht, und nutzen Sie die Zeit, um etwas für sich selbst zu tun. Statt regelmäßig mit einem Freund zu telefonieren, könnten Sie zum Beispiel einmal in der Woche gemeinsam einen längeren Spaziergang machen: Win-win!

Wenn Sie erst einmal gemerkt haben, dass die Welt deshalb nicht untergeht, können Sie weitere Änderungen in

Ihrem Terminkalender vornehmen. Begrenzen Sie Telefonate, die normalerweise eine Stunde dauern, auf 30 Minuten, und kürzen Sie halbstündige Telefonate auf 15 Minuten herunter. Das allein kann Ihr Leben verändern.

Eines sollten Sie dabei aber beachten: Wenn Sie die neu gewonnene Zeit nicht in etwas *investieren*, das Ihnen körperlich und seelisch guttut, dann füllt sich Ihr Kalender in Windeseile mit irgendwelchen anderen Dingen. Vielleicht steigern Sie dadurch Ihre Produktivität beim Arbeiten, aber es kann auch dazu führen, dass Ihre Seele verkümmert, wenn Sie nicht in dieser Zeit (oder einem Teil davon) etwas für sich selbst tun!

# TAG 53

## Lockern Sie Ihren Nacken

In unserem Nacken speichern wir unglaublich viel Spannung, insbesondere am Hinterkopf, zwischen Halsübergang und Hirnschädel. Schlechte Haltung, zu viel Sitzen, genereller Bewegungsmangel und jede Menge Stress führen dazu, dass sich viel Energie im Nacken staut. Wir können die Spannung fühlen. Sie strahlt in unseren Kopf aus oder verwandelt sich in einen mürrischen Gesichtsausdruck. Das ist nicht schön.

Heute werden wir uns diese Angelegenheit näher anschauen und etwas dagegen tun.

Legen Sie sich flach auf den Boden – ganz egal wo, Hauptsache, Sie bleiben fünf Minuten lang ungestört. Holen Sie sich ein Buch, einen Ordner oder einen Yogablock, falls Sie einen haben. Sie benötigen eine feste Unterlage, etwas, das weder nachgibt noch zu groß ist, idealerweise 2,5 bis 7,5 Zentimeter hoch.

Legen Sie sich auf den Boden und schieben Sie sich den Gegenstand als Kissen unter den Kopf. Schließen Sie die Augen. Atmen Sie ungefähr eine Minute lang in Ihren unteren Bauch. Entspannen Sie sich, lassen Sie los.

Bringen Sie nun Ihre Aufmerksamkeit zu Ihrem Hinterkopf. Spüren Sie die Festigkeit Ihres Kissens und nehmen Sie wahr, wo es Ihren Schädel berührt. Lassen Sie sich ein wenig hineinsinken. Atmen Sie, entspannen Sie sich und lassen Sie Ihren Kopf schwer werden.

Wenden Sie dann den Kopf langsam von links nach rechts und atmen Sie ruhig weiter. Machen Sie dies circa eine Minute lang, bewegen Sie den Kopf hin und her und entspannen Sie Ihren Nacken.

Kommen Sie in die Mitte zurück, atmen Sie tief ein und aus. Spüren Sie wieder mögliche Spannungen und *verschmelzen* Sie mit Ihrem festen Kissen. Verweilen Sie hier noch einige Minuten.

Entspannen Sie Ihre Gesichtsmuskeln: Ihre Stirn, Ihren Kiefer und die Augenpartie. Entspannen Sie Ihren Mund, Ohren, Nase, Augenbrauen. Lassen Sie sich noch mehr fallen und entspannen Sie Ihren Kopf und Nacken vollständig. Sinken Sie tiefer ein. Atmen Sie tief ein und aus und sinken Sie noch tiefer. Wenn Sie so weit sind, nehmen Sie sich noch ungefähr eine Minute Zeit, um langsam die Augen zu öffnen und den Kopf nochmals von einer Seite auf die andere zu drehen; dann richten Sie sich sanft auf und wenden Sie sich wieder Ihrem Tag zu. Wie fühlen Sie sich?

Der Nacken ist eine Art Energie-Autobahn, wo sich viel *Qi* (also Energie) staut. Tatsächlich spiegelt sich Zeitverdichtung oft in dieser Körperregion. Wenn wir sie freigeben, entspannt sich unser Gehirn, und wir kehren in den gegenwärtigen Augenblick zurück. All jene Momente, in denen Sie in einen schnelleren Zeitrhythmus hineingesogen wurden, als Ihnen lieb war, finden sich in diesem Bereich.

Somit ist diese Stelle sehr gut geeignet, um auf Neustart zu drücken und wieder präsent zu werden. Wenn wir unseren Nacken entspannen, haben wir ein wirksames Mittel an der Hand, um die Zeit anzuhalten und tief in die Gegenwart einzutauchen. Sie können vergangene Verunreinigungen der Zeit fortspülen und erfrischt in den Tag starten.

# TAG 54

## Ein Tag ohne soziale Netzwerke

Heute wollen wir wertvolle Zeit für Sie zurückgewinnen. Für uns ist es mittlerweile so selbstverständlich, das Telefon mehrmals am Tag zu checken. Vermutlich ist es uns gar nicht bewusst, wie viel Zeit dabei draufgeht. Deshalb wollen wir weniger Zeit auf Dinge verwenden, die wir auf dem Smartphone (oder am Computer) tun und die eigentlich unnötig sind. Schauen wir, wie viel geistige Energie und Zeit Sie dadurch zurückgewinnen.

Denjenigen unter Ihnen, die bereits ihr Telefon in der Hand halten, sei gesagt: Ich hab schon verstanden. Durch die sozialen Netzwerke fühlen Sie sich mit Ihrer Welt verbunden und bleiben auf dem Laufenden. Allerdings kann der ständige Blick auf das Telefon zu einem gesellschaftlichen Tick werden, der Sie komplett von Ihrer Umwelt abschneidet. Jetzt ist es Zeit, diese Gewohnheit zu durchbrechen. Was ist also heute auf diesen Geräten tabu?

- alle sozialen Netzwerke – schauen Sie dort nicht vorbei und öffnen Sie keine Apps
- Nachrichten
- eigene Fotos oder Videos
- Chat-Apps, auf denen Sie mit Ihren Freunden herumblödeln.

Sagen Sie Ihren Freunden, dass Sie heute keinen Zugriff auf Ihr Telefon haben, und halten Sie die Übung durch.

Sie werden im Laufe des Tages vermutlich mehrmals nach Ihrem Telefon greifen wollen. In dem Fall erinnern Sie sich an Ihren Vorsatz und lassen Sie die Finger davon.

Nun schauen wir uns einmal an, in welchen Situationen Sie typischerweise einen Blick auf Ihr Telefon werfen:

- wenn Sie auf einen Fahrstuhl warten
- im Fahrstuhl
- beim Anstehen im Coffee Shop
- auf der Toilette
- vor einer roten Ampel
- in der U- oder S-Bahn
- beim Warten auf das Mittagessen
- im Bett
- auf dem Sofa
- während Sie das Essen warm machen
- zwischen zwei Telefonaten
- während eines Telefonats.

Kommt Ihnen irgendetwas davon bekannt vor? Die Sache ist aus dem Ruder gelaufen. Wenn wir gerade mal nichts zu tun haben, checken wir ständig unser Telefon. Das ist uns gar nicht mehr bewusst, und die Herausforderung besteht darin, uns etwas von dieser Zeit zurückzuholen.

Wir können uns nicht darüber beklagen, dass eine Ressource knapp ist, die wir Tag für Tag verschwenden. Holen Sie sich diese zurück. Kosten Sie sie aus und genießen Sie den Luxus der vielen freien Zeit, die Sie heute an Ihr Telefon verloren hätten.

Wann immer Sie merken, dass Sie in Versuchung geraten, halten Sie inne und atmen Sie ein paar Mal in Ihren unteren Bauch. Horchen Sie in Ihren Körper hinein und fragen Sie, was er braucht. Greifen Sie nach dem Telefon, weil Sie dringend eine Information von dort benötigen, oder weil Sie es nicht gewohnt sind, mit Ihren Gedanken allein zu sein? Nutzen Sie die sozialen Netzwerke, weil das Ihr Leben bereichert, oder sind sie eher etwas, das Ihnen Sicherheit vermittelt? Vielleicht hilft es schon, wenn Sie sich ein wenig strecken, einen Schluck Wasser trinken, Leute beobachten oder einfach aufstehen. Millionen von kleinen Zeitfitzeln verschwinden im Schlund dieses modernen Zeitlochs – Ihre Aufgabe ist es, sie vorm Verschwinden zu bewahren.

# TAG 55

## Fünf Atemzüge, die Ihnen gehören

Heute wollen wir ein kleines Spiel spielen. Stellen Sie sich einen Wecker, der alle 30 Minuten klingelt. Wenn Sie das Klingeln hören, unterbrechen Sie Ihre momentane Beschäftigung und atmen Sie fünfmal tief in Ihren unteren Bauch. Dies ist eine einfache Praxis, die eine große Wirkung haben kann (Sie müssen ohnehin atmen, also sehen Sie davon ab zu schummeln). Denken Sie immer wieder daran, halten Sie durch und tun Sie es, wenn der Wecker klingelt. Achten Sie im Laufe des Tages immer mal wieder darauf, wie Sie sich fühlen. Die Praxis ist nicht schwer. Konzentrieren Sie sich darauf, die Einatmung in die Länge zu ziehen und den Atem am Ende der Einatmung kurz anzuhalten. Dann atmen Sie lange, tief und gleichmäßig aus und halten am Ende der Ausatmung den Atem wieder kurz an. Machen Sie dies insgesamt fünfmal voller Achtsamkeit und kehren Sie dann zu Ihren Verrichtungen zurück. Der Wecker sagt Ihnen, wann es das nächste Mal so weit ist.

Es kann sein, dass sich bei den ersten paar Malen keine besondere Wirkung einstellt. Das ist normal. Bleiben Sie dabei. Wenn Sie weiterhin Ihren Körper und Geist trainieren, innezuhalten und den Atem in regelmäßigen Abständen zu kräftigen, wird sich etwas verändern. Vielleicht dauert es fast den ganzen Tag, aber irgendwann geschieht etwas.

Wir sind es so gewohnt, immer unter Anspannung zu stehen, dass wir gar nicht mehr wissen, wie sich ein friedlicher Moment anfühlt. Wir haben uns an die aufgedrehte Energie des Stresses gewöhnt. Irgendwie definiert uns das und hat sich in die Art und Weise, wie wir uns selbst sehen, eingeschlichen. Unsere zerstreute Aufmerksamkeit führt zu zerstreuter Energie, die sich ins Universum verflüchtigt. Kein Wunder, dass wir immer so müde sind.

»Ich habe so unglaublich viel zu tun, dass ich noch nicht einmal Zeit habe, um auf die Toilette zu gehen … hahaha.«

Nein. Das ist nicht witzig; das ist krank. Und jetzt reicht es.

In aller Ruhe fünfmal tief ein- und auszuatmen hilft uns schnell, diesen Rhythmus zu durchbrechen. Entscheidend ist, dass wir diese Atemzüge ernst nehmen. Denn hastig fünfmal zu hecheln entspricht *genau* der Energie, die wir zum Besseren wenden wollen. Vielleicht dauert richtiges Atmen 10 bis 15 Sekunden länger. Aber was ist das schon im Rahmen des großen Ganzen? Nichts. Das Problem ist nicht die Zeit, sondern das ganze emotionale *Szenario*, das in der Vorstellung von verdichteter Zeit zum Tragen kommt. Und dieses Bewusstsein will einen Tempowechsel nicht zulassen. Warum?

Weil wir dadurch bemerken könnten, dass der Zug, in dem wir dahinbrausen, anfällig ist. Es ist wie bei einer Alkoholikerin, die nach dem Mittagessen weitertrinken muss, damit sie nicht in ein Loch fällt. Genauso verhalten wir uns im Hinblick auf verdichtete Zeit. Aus irgendeinem Grunde haben wir uns beigebracht zu glauben, dass es in Ordnung ist, auf Teufel komm raus durchzuhalten, auch wenn wir dadurch Fehler bei der Arbeit machen, den Sport ausfallen lassen und unsere Familie oft vor den Kopf stoßen. Können Sie mir noch einmal erklären, inwiefern das besser ist, als täglich zehn Minuten zu entschleunigen?

Heute drücken Sie zweimal pro Stunde auf den Stopp-Knopf. Nehmen Sie fünf tiefe Atemzüge und nutzen Sie diese, um sich innerlich zu sammeln. Spüren Sie die Atemzüge in Ihrem ganzen Körper und werden Sie sich einige Augenblicke Ihres Selbst bewusst. Die Kontrolle über unseren Geist zu übernehmen und uns kurz mit uns selbst zu verbinden ist eine effektive Praxis, die mit dem Einfachen beginnt und zur Einfachheit führt.

Vielleicht sind die Lösungen Ihrer komplizierten Probleme ja gar nicht so kompliziert? Vielleicht sind sie ganz simpel, und Sie müssen einfach nur Ihr Tempo drosseln, damit Sie klarer denken können und mit mehr Gelassenheit agieren?

Heute werden Sie viel über sich erfahren.

# TAG 56

## Progressive Entspannung

Heute tauchen wir ganz tief in die Entspannung ein. Diese Praxis gibt es in vielen asiatischen Meditationstraditionen, und sie wird heutzutage auch in der Hypnotherapie angewendet. Möglicherweise haben Sie sich lange nicht gestattet, in diesen Zustand einzutreten. Für einige wird es sein, als kämen sie nach Hause, andere werden fremde Gefilde betreten. Vertrauen Sie auf den Prozess, lassen Sie uns gemeinsam in eine tiefe progressive Entspannung eintauchen.

Lesen Sie am besten dieses Kapitel erst einmal durch und suchen Sie sich dann einen bequemen Platz, an dem Sie sich für ungefähr 15 Minuten hinlegen können. Sorgen Sie dafür, dass Sie ungestört sind und sich geschützt fühlen. Sobald Sie dies gelesen haben, gehen Sie in Ihr Zimmer und machen Sie die Übung.

Stellen Sie einen Wecker, der fünf Minuten vor dem Ende klingelt, damit Sie voller Gelassenheit und Anmut aus der Übung herauskommen können. Wenn Sie also 20 Minuten Zeit haben, stellen Sie Ihren Wecker auf 15 Minuten, damit Ihnen fünf Minuten bleiben, um wieder im Raum anzukommen.

### Hier ist die Praxis:

Legen Sie sich bequem hin.
Atmen Sie einige Male tief in Ihren unteren Bauch
und entspannen Sie sich. Lassen Sie sich tief in den
Boden sinken.

* Wir beginnen beim Kopf.
  - Spüren Sie Ihre Kopfkrone, und wenn Ihr
    inneres Auge dieses Bereichs gewahr wird,
    sagen Sie ihm, dass er loslassen soll.
  - Spüren Sie, wie er schwerer wird und in
    Richtung Boden sinkt.
* Wandern Sie dann von Ihrer Kopfkrone hinab zu
  Ihrem Gesicht und entspannen Sie nacheinander
  alle Teile.
  - Entspannen Sie Ihre Stirn, Ihre Augen,
    Ohren, Nase, Wangen, Zähne und das Kinn.
  - Entspannen Sie Ihren Hinterkopf und das
    Genick.
  - Entspannen Sie Ihren ganzen Kopf. Lassen
    Sie ihn schwer werden und in den Boden
    sinken.
* Wandern Sie weiter Ihren Körper hinab.
  - Entspannen Sie Ihren Nacken, den Hals,
    die Schultern und die Arme bis in die
    Fingerspitzen.
  - Entspannen Sie Ihre Brust, die Rippen,
    das Brustbein und den oberen Rücken.
  - Entspannen Sie Ihren Bauch, Ihre inneren
    Organe, den mittleren Rücken und den
    unteren Rücken.

- Entspannen Sie Ihr Becken, Ihre Hüften,
  Ihre Geschlechtsorgane und das Kreuzbein.
- Gehen Sie weiter zu den Beinen, entspannen Sie
  alles, während Sie – langsam – immer weiter hinab
  gehen.
  - Entspannen Sie Ihre Knie, Schienbeine,
    Waden und Knöchel.
  - Entspannen Sie jeden einzelnen Knochen
    Ihrer Füße bis zu den Zehen.
- Fühlen Sie die Entspannung in Ihrem ganzen
  Körper.
- Wandern Sie mit Ihrer Aufmerksamkeit von oben
  nach unten und wieder von unten nach oben
  und prüfen Sie, ob sich noch irgendwo Spannung
  gehalten hat. Richten Sie Ihr inneres Auge auf
  diese Stelle und sagen Sie ihr einfach, dass sie
  loslassen soll.

Wenn Sie in diesem Zustand angekommen sind, verweilen Sie und lassen Sie alles noch tiefer in Richtung Boden sinken. Atmen Sie tief ein und aus und scannen Sie Ihren Körper weiterhin nach eventueller Spannung ab. Lassen Sie die Orte, an denen Sie auf Spannung stoßen, weich werden, und entspannen Sie sich immer mehr in den Boden.

### Wenn Ihr Wecker klingelt

Lassen Sie sich Zeit, um in den Raum zurückzukehren. Visualisieren Sie zunächst ein warmes, weißes Licht, das in Ihre Füße strömt. Dieses weiße Licht ist belebend und gibt allem, was es berührt, Energie. Lassen Sie das Licht sich langsam in Ihrem Körper ausbreiten, und zwar in umgekehrter Reihenfolge Ihrer Entspannung. Lassen Sie es langsam nach oben wandern, bis hin zu Ihrer Kopfkrone. Verweilen Sie und atmen Sie tief ein und aus, während das weiße Licht jede Zelle Ihres Körpers aufweckt. Wenn es ganz oben angekommen ist, nehmen Sie die Helligkeit hinter Ihrer Stirn wahr.

Wenn Sie so weit sind, öffnen Sie langsam die Augen, bewegen Sie Ihre Zehen, rollen Sie sich auf eine Körperseite und kehren Sie in den Raum zurück. Das hat Sie nicht wirklich viel Zeit gekostet, aber schauen Sie, wohin es Sie geführt hat!

# TAG 57

## Im Einklang mit den Jahreszeiten

Heute wollen wir innehalten und prüfen, wo wir im Hinblick auf die Zeit der Erde stehen. Was bedeutet das? Nun, welche Jahreszeit ist es? Wo befinden Sie sich gerade im Kreislauf der Natur? Sprießen die Blätter oder fallen Sie von den Bäumen herab? Ist es warm oder kalt? Was geschieht draußen in der Natur?

Unsere Vorfahren waren sich der Jahreszeiten sehr bewusst, weil ihr Leben davon abhing. Ob es um die Bewegung der Herden ging oder um die richtige Zeit zu pflanzen oder zu ernten, all das war wichtig – es ging um Leben und Tod. Heutzutage haben wir Klimaanlagen und fahren in Blechdosen umher, ohne zu merken, dass sich die Energien der Natur um uns herum verändern. Doch heute ist das anders!

Gehen Sie für ein paar Minuten nach draußen und machen Sie eine Bestandsaufnahme des Klimas. Schauen Sie sich die Bäume an und achten Sie darauf, wie sich die Luft anfühlt. Nehmen die natürlichen Energien um Sie herum ab, oder sind sie im Aufschwung begriffen? Wo regt sich das Leben? Atmen Sie ein paar Mal in Ihren unteren Bauch und verbinden Sie sich mit der Welt draußen. Treten Sie mit ihr in Einklang. Wenn es kalt ist, ziehen Sie sich einen Pullover über; fünf Minuten werden Sie schon überleben.

Mit dem Aroma der Natur in Einklang zu kommen, ist ein wesentlicher Teil unseres Seins. Dadurch gleichen wir unsere Energie an die der großen weiten Welt an; es stimmt uns auf die natürliche Wirklichkeit ein, in der wir leben.

Wann haben Sie das zuletzt gemacht?

Computerbildschirme, Nachrichten aus fernen Ländern und App-Updates beherrschen unseren Tag, während wir noch vor wenigen Hunderten von Jahren vor unserer Tür saßen und über das Wetter sprachen. Warum? Weil es *real* ist und uns unmittelbar betrifft. Es wirkt sich auf unsere Stimmung, unsere Hormonausschüttung, unseren Stoffwechsel und unseren Schlaf-Wachrhythmus aus. Die Wissenschaft fängt gerade erst an zu verstehen, auf welche Weisen es uns beeinflusst.

Die Moral von der Geschichte lautet: Stimmen Sie sich auf den Ort in der Natur ein, an dem Sie gerade stehen, und harmonieren Sie mit dem Flow dieser Jahreszeit. Die Sonne macht uns glücklich und stärkt unser Immunsystem. Die Pflanzen sondern im Frühling Gerüche ab, die hormonelle Veränderungen in uns auslösen.

Es wird Zeit, dass Sie sich bewusst machen, wo Sie in dieser Jahreszeit gerade stehen. Nehmen Sie mehrere tiefe Atemzüge und achten Sie auf das, was Sie in Ihrem Umfeld sehen, riechen und hören. Nehmen Sie die Farben, den Wind und die Tiere wahr. Dies stimmt Sie auf die wirkliche Zeit ein, in der die natürliche Welt, die Sie umgibt, existiert. Es wird Sie mit der Erde verbinden und mit der Lebenskraft, die die gesamte Natur durchdringt.

Das ist Ihr Zuhause. Das ist die Gegenwart.

Heute kehren Sie dorthin zurück, indem Sie sich die Jahreszeit erschließen, in der Sie gerade leben.

# TAG 58

## Reaktives Entscheiden

Wie oft müssen Sie im Leben wirklich große Entscheidungen treffen? Normalerweise kommt das nicht allzu oft vor, schon gar nicht jeden Tag. Nun können Sie natürlich sagen: »Ich habe beschlossen, heute nicht zu kündigen«, aber das wäre ja bloß Ausdruck einer gewissen Verzweiflung. Ein Berufswechsel, eine Scheidung, die Entscheidung, ein Kind zu bekommen oder aber in eine andere Stadt zu ziehen, die weit weg ist – das sind wirklich große Entscheidungen. Denken Sie an die wichtigsten Lebensentscheidungen, die Sie in den letzten Jahren getroffen haben. Meistens kann man sie an einer Hand abzählen, es sind höchstens zwei. Überlegen Sie nun, ob Sie damals körperlich und geistig gut beieinander waren. Hatten Sie sich die Sache reiflich überlegt? Hatten Sie die Vor- und Nachteile gegeneinander abgewogen und sich bei jeder Entscheidung genügend Zeit gelassen, um darüber nachzudenken und sich Rat zu holen? Falls das der Fall war, umso besser.

Leider müssen wir jedoch viele große Entscheidungen im Leben unter strapaziösen Umständen treffen. Wir sind total gestresst und dann katapultiert uns noch irgendeine Kleinigkeit in eine andere Wirklichkeit. Möglicherweise führte das zu einer rabiaten Kurskorrektur, sodass wir auf den Weg gelangen, auf dem wir sein sollten. Aber es kann sich auch als die schlimmste Entscheidung erweisen, die wir je getroffen haben. Wie fühlen sich Ihre Entscheidungen an?

Gehen Sie heute die großen Entscheidungen durch, die Sie in der Vergangenheit getroffen haben, und analysieren Sie diejenigen, bei denen es drunter und drüber ging. Was hätten Sie anders machen können, wenn Sie ruhig und gelassen gewesen wären? Wenn Sie tief ein- und ausgeatmet hätten und es Ihnen gelungen wäre, mit Ihrer Aufmerksamkeit ganz präsent zu sein, hätten Sie sich dann genauso verhalten? Wie könnte Ihr Leben aussehen, wenn Sie auf jene Situation besser vorbereitet gewesen wären?

Es geht bei dieser Übung nicht darum, vergangene Versäumnisse wieder hochkommen zu lassen, sondern vielmehr darum, Ihnen die Dinge künftig zu erleichtern. Denn Sie werden noch mehr wichtige Entscheidungen treffen müssen. Sie können die Weisheit, die Sie in der Vergangenheit gewonnen haben, auf künftige Ereignisse übertragen. Das gelingt Ihnen jedoch nur, wenn Sie *im betreffenden Augenblick ganz ruhig und präsent sind*. Das sind die Gelegenheiten, bei denen wir aus der Weisheit schöpfen. Sie kommt aus der friedlichen Stille einer Seele, die ganz bei sich ist. Wenn Sie merken, dass Sie panisch reagieren, Wut, Angst oder Eile Ihr Handeln bestimmen, dann treten Sie kurz einen Schritt zurück und nehmen Sie wahr, was gerade passiert.

Indem Sie sich heute mit diesen Dingen auseinandersetzen, können Sie sich innerlich für die nächste Runde wappnen. Sie begreifen, welch große Auswirkungen hastig getroffene Entscheidungen haben können. Denken Sie beim nächsten Mal an die heutige Praxis und atmen Sie tief durch. Entschleunigen Sie und denken Sie an vergangene Entscheidungen, die Sie in Eile getroffen haben. Beruhigen Sie Ihre Gefühle, sodass Sie nicht in Panik geraten, sondern gelassen handeln können. In der Regel ist es doch nicht der Fall, dass uns jemand die Pistole vor die Brust hält. Aber wir heben schon wehrlos die Hände, obwohl wir dies noch gar nicht müssten.

Nehmen Sie ein wenig Abstand von dem Ereignis, das Sie aufwühlt. Schlafen Sie eine oder mehrere Nächte darüber. Rufen Sie einen Freund an. Es gibt so viele clevere Dinge, die Sie tun können, bevor Sie sich zu etwas hinreißen lassen, das Sie später nicht mehr so leicht ungeschehen machen können. Drosseln Sie Ihr Tempo. Lassen Sie den gefühlten Zeitdruck hinter sich und nehmen Sie sich die Zeit, die Sie für den besten Ausgang brauchen. Und seien Sie beim nächsten Mal bereit.

# TAG 59

## Entgiften durch Schwitzen

Jeder von uns hat schon mal gehört, das Schwitzen gut für uns ist. Es hilft, den Körper zu entgiften, das Lymphsystem in Bewegung zu bringen und die Flüssigkeiten zirkulieren zu lassen. Das ist großartig, aber es gibt einen weiteren Aspekt, den wir heute erkunden wollen. Es geht darum, *Vergangenes zu reinigen*.

In Ihrem Körpergewebe lagert sich der Unrat von gestern ab. Vielleicht war Ihre Leber zu müde, um ihn abzubauen. Vielleicht haben Sie sich einem der unzähligen Umweltgifte ausgesetzt, und Ihr Körper weiß nicht, wie er es loswerden kann. Vielleicht haben Sie ein Schwermetall aufgenommen, das sich in Ihren Fettzellen abgelagert hat. Diese Dinge neigen dazu, sich festzusetzen und ziehen uns herunter – es ist, als müssten wir mit Gewichten an unseren Knöcheln ein Rennen bestreiten.

Stellen Sie sich nun vor, wie sich das Leben ohne eine solche Belastung anfühlen würde. Stellen Sie sich vor, wie Sie sich fühlen würden, wenn Sie die Herausforderungen von gestern nicht tragen müssten. Das ist der Grund, weshalb Sie kräftig schwitzen sollten.

Das Schwitzen ist wie eine Art Fluss, der durch Sie hindurchströmt. Es reinigt Sie, spült all den Müll aus Ihrem Inneren hinaus und sorgt so für ein gesünderes Milieu. Wenn die Vergangenheit (in Form von giftigen Gedanken, Chemikalien, Lebensmitteln oder Energien) keine Abflussmöglichkeit hat, bleibt sie in Ihrem System und wirkt sich negativ auf Ihre Gegenwart aus. Durch einen gesunden Körper zirkuliert fortwährend Wasser, und aufgrund unserer Physiologie ist die Haut hierbei ein wichtiger Ort.

Natürlicherweise wird Wasser mittels Urin, des Stuhls und Schweißes durch den Körper transportiert. Alle drei haben bestimmte Aufgaben, und jede davon ist wichtig. Die Leber entzieht in erster Linie dem Blut die Giftstoffe und befördert sie durch den Darm nach draußen, deshalb ist ein regelmäßiger Stuhlgang wichtig. Wir entgiften auch über die Haut, aber die meisten von uns schwitzen an einem normalen Tag kaum. Es ist, als würde man eine Toilette verstopfen und sich darüber wundern, dass es im Raum stinkt. Schwitzen über die Haut ist einer unserer Hauptleitwege, durch den wir schon seit Millionen von Jahren Abfall loswerden.

Sie müssen *täglich* schwitzen, und heute fangen Sie damit an. Wählen Sie einen Sport oder eine Bewegungsart, die Ihren Organismus kräftig ankurbelt, und halten Sie so lange durch, bis Sie tüchtig schwitzen. In die Sauna zu gehen, ist auch nicht schlecht, aber körperliche Bewegung birgt noch andere Vorteile, also machen Sie das zu Ihrem Goldstandard.

Denken Sie an einen Fluss, in dem das Wasser nicht mehr fließt. Er verschlackt und wird grün. Ein stehender Fluss ist ein kranker Fluss. Passiert das Gleiche gerade mit Ihnen? Dieser Fluss, der durch die Zeit fließt, ist in Ihrem Körper lebendig. Sie schauen nie auf den gleichen Fluss, und Ihr Körper ist fortwährend in Bewegung.

Geben Sie diesen Strom frei und lassen Sie die Herausforderungen von gestern aus sich herausfließen.

# TAG 60

## Zeit in der Sonne

Die Sonne hat in letzter Zeit einen schlechten Ruf bekommen. Ständig heißt es, dass die UV-Strahlen Hautkrebs auslösen. Wir sind so mit Informationen über die Gefahren des Bräunens bombardiert worden, dass viele Menschen aus lauter Angst erst gar nicht rausgehen oder aber einen lächerlichen Hut aufsetzen und ihr Gesicht zentimeterdick mit Sonnencreme einreiben. Natürlich kann eine übermäßige UV-Belastung zu Problemen führen, aber es besteht auch die Gefahr, das Kind mit dem Bade auszuschütten, denn wir brauchen das Sonnenlicht für die Vitamin-D-Synthese. Wir brauchen Vollspektrumlicht, um unsere Neurotransmitter auszubalancieren, und vermutlich brauchen wir noch viele andere Dinge, die die Sonne gibt und von denen die Wissenschaft noch nichts weiß.

Unsere Körper sind dazu gemacht, viel Zeit in der Sonne zu verbringen, und wir müssen uns achtsam darum bemühen, mehr im Freien zu sein, sodass wir in den Genuss dieser Vorzüge kommen.

Egal welche Jahreszeit herrscht oder wie warm es ist, in jedem Fall sollten Sie heute etwas Zeit an der frischen Luft verbringen. Sie müssen ja nicht übertreiben und sich dem Kältetod aussetzen oder in der Sonne versengen. Treten Sie unter den freien Himmel und lassen Sie die Sonne auf sich herabstrahlen. Auch wenn es bewölkt ist – das ist immer noch besser als nichts, und es tut Ihnen in vielfacher Hinsicht gut.

Okay, also einfach nur dastehen?

Nein – trinken Sie. *Trinken Sie das Licht.*

Das ist eine wirkungsvolle Praxis, die heutzutage in Vergessenheit geraten ist. Pflanzen nehmen Sonnenlicht auf und verwandeln es via Fotosynthese in Energie. Das zählt zu den Wundern des Lebens, und durch die Nahrungskette konnten wir auf diese Weise wachsen.

Trinken Sie heute das Sonnenlicht, als wären Sie eine Pflanze. Stellen Sie sich draußen hin und saugen Sie das Licht mit jeder Körperpore auf. Schließen Sie die Augen und visualisieren Sie, wie die Sonnenstrahlen durch jede einzelne Zelle in Ihren Körper strömen. Geleiten Sie das Licht mit jeder Einatmung tief in Ihr Körperinneres und erlauben Sie ihm mit jeder Ausatmung, dort weiterzuwandern.

Machen Sie dies ein paar Atemzüge lang, rekeln Sie sich im Licht, trinken Sie. Setzen Sie Ihre Haut den Elementen so lange aus, wie es für Sie angenehm ist. Am einfachsten ist es mit direktem Sonnenlicht, aber was soll's, nehmen Sie einfach, was Sie bekommen können. Mit etwas Übung werden Sie diese Praxis als unglaublich verjüngend empfinden. Vielleicht werden Sie sogar Reste von vorzeitlicher Pflanzen-DNA in den Tiefen Ihres Bewusstseins aufspüren, die interessante Fähigkeiten freisetzen können. Menschen, die diese Praxis erlernen und sie regelmäßig ausüben, gelingt es irgendwann sehr gut, ihren Körper, ihren Geist und ihre Seele mit frischer Energie zu versorgen.

Klingt das verlockend?

Großartig. Die Energiequelle allen Lebens auf diesem Planeten befindet sich unmittelbar über Ihnen. Vielleicht ist es an der Zeit, sich mit ihr zu verbinden und jenes innere Feuer wieder anzuzünden, das ihre Strahlen in Ihnen entfachen können. Trinken Sie Licht.

# TAG 61

## Teestunde einplanen

In vielen Kulturen wird die Teestunde sehr ernst genommen, und dafür gibt es einen guten Grund. Durch sie erhält der Tag eine vernünftige Struktur. In vielen westlichen Ländern haben sich die Menschen jedoch daran gewöhnt, den ganzen Tag lang ohne richtige Pausen durchzupowern. Auch das Mittagessen wird hinuntergeschlungen, damit man noch schnell zur Reinigung oder zur Bank gehen kann und noch Zeit für ein paar Telefonate bleibt. Es ist total verrückt.

Traditionelle Gesellschaften versahen den Tagesablauf mit bestimmten Ritualen, um allem ein wenig die Schärfe zu nehmen. Das hat es den Menschen leichter gemacht, zur Ruhe zu kommen, durchzuatmen und ein angenehmes Gespräch zu führen, ohne immerzu aufs Tempo zu drücken.

Wann haben Sie das zuletzt getan? Rasen Sie durchs Leben wie ein Verrückter, der nicht anhalten kann, weil er sonst zusammenbricht? Das ist alles andere als nachhaltig. Es geht darum, ein Ritual um die Teestunde zu schaffen, das Ihnen seelisch als *Anker* dient. Raucher machen ständig Pausen. Warum sollten Sie keine machen?

Nehmen wir uns heute ein paar Minuten Zeit, um eine Tasse Tee zu trinken. Wenn möglich, bereiten Sie gleich eine Kanne zu. Wenn Sie empfindlich auf Koffein reagieren oder es bereits nach 14 Uhr ist, dann nehmen Sie Kräutertee. Wählen Sie einen Zeitpunkt, der gut eine Stunde vor dem Moment liegt, an dem üblicherweise eine gewisse Überforderung einsetzt oder Sie sich erschöpft fühlen. Denn dann wandern Ihre Gedanken zum Wein, und für Tee wird es zu spät sein. Die Teestunde ist dazu da, um genau das zu verhindern und Ihnen zu helfen, etwas Dampf abzulassen, bevor sich innerlich zu viel Druck aufgebaut hat.

Dieses Ritual funktioniert nicht zuletzt deshalb, weil man Tee nicht auf die Schnelle trinken kann. Er muss etwas ziehen und ist zu heiß – man kann ihn nicht einfach hinunterkippen. Ich würde Ihnen eine etwas größere Teetasse empfehlen, die Sie mit beiden Händen umfassen können. Nehmen Sie kleine Schlucke und atmen Sie in Ruhe den Dampf ein. Am besten, Sie trinken eine Tasse am Vormittag und eine weitere nicht zu spät am Nachmittag. Das bricht den Tag etwas auf, sodass Sie Blöcke haben, um richtig ranzuklotzen, und kleine Pausen, in denen Sie sich ein wenig erholen können.

Sie müssen wegen der Teestunde nicht Ihr ganzes Leben umstellen, aber betrachten Sie den heutigen Tag als ein Experiment. Legen Sie zwei kleine Teepausen ein. Trinken Sie jeweils 10 bis 15 Minuten lang in aller Ruhe Ihren Lieblingstee und entspannen Sie sich, entweder allein oder zusammen mit jemand anders, der allerdings nicht über stressige Arbeitsthemen sprechen sollte.

Es kann ein paar Tage dauern, bis man sich daran gewöhnt, aber schon bald werden Sie das Ritual als aufmunternd empfinden und vermutlich feststellen, dass Sie produktiver werden. Denken Sie an die Briten. Sie waren die führende Wirtschaftsmacht und hatten das größte Imperium, das es je gab. Und sie nahmen sich Zeit, um Tee zu trinken. Vielleicht steckt darin eine Weisheit, die wir uns von ihnen abschauen können.

Achten Sie darauf, wie Sie sich heute fühlen. Wenn Ihnen die Sache gefällt, können Sie sich ein solches Ritual zulegen und abwarten, wohin Sie das führt.

Wir haben genug Zeit. Das Problem besteht darin, wie wir sie uns einteilen. Wenn Sie sich etwas Zeit für sich selbst nehmen, die Sie genießen können, wird die Arbeitszeit dadurch weniger anstrengend. Und wenn Sie nicht so angestrengt sind, verbrauchen Sie weniger Energie. Sie fühlen sich besser und sind produktiver. So einfach ist das. Fallen Sie nicht auf den Spruch herein: »Schlafen kannst du, wenn du tot bist.« Diese Einstellung bringt uns alle um, auch unseren Planeten. Heute wollen wir langsamer treten und etwas Tee trinken.

Genießen Sie das Leben: Was für eine neuartige Vorstellung!

# TAG 62

## Am Feuer sitzen

Heute müssen Sie sich ein Feuer organisieren. Ein Gaskamin ist nicht schlecht, aber am besten wäre ein gutes altmodisches Holzfeuer. Bereiten Sie alles vor, um es sich gemütlich zu machen und heute Abend Zeit davor zu verbringen. Feuer ist etwas Erstaunliches, auf das wir in der Regel kaum einen Gedanken verschwenden. Vor unseren Augen entfaltet sich auf der Basis eines Materials Energie. Das Holz (oder natürliches Gas) tritt mit Erreichen des Flammpunktes in einen Zustand ein, in dem die Energie zwischen den molekularen Verbindungen als Hitze freigesetzt wird. Diese Energie wurde vor langer Zeit gespeichert – bei natürlichem Gas ist es vermutlich richtig lange her.

Somit blicken Sie zurück in die Vergangenheit. Sie schauen auf einen Ausschnitt der Lebensenergie, die in einem Material gefangen war und nun wieder in die Atmosphäre entlassen wird. Der Vorgang ist alles andere als statisch. Es ist, als blickte man auf das strömende Wasser eines Flusses – immer wieder verbrennt neues Material, und die Flamme bildet sich fortwährend neu.

Setzen Sie sich vor das Feuer und denken Sie über seine Zeitlosigkeit nach. Versenken Sie sich in die Flammen und blicken Sie in die Vergangenheit. Sie beobachten uralte Energie: von der Sonne gefangen, durch pflanzliches Leben in chemischen Verbindungen gespeichert und vor langer,

langer Zeit in Kohle gebunden. Dieses Feuer ist somit das Sonnenlicht auf Erden vor sehr langer Zeit.

Wie fühlen Sie sich durch das Feuer? Die Zoroastrier nutzten einst das Feuer, um ihre Energie zu reinigen und ihre Seele zu läutern. An Festtagen sprangen sie über das Feuer hinweg und saßen davor, weil man der Auffassung war, dass das Feuer sie reinigen würde.

Kommen wir zur Praxis des heutigen Abends. Nehmen Sie vor Ihrem Feuer Platz und tauchen Sie in sein Licht ein. Lassen Sie die Energie des Feuers Ihre Gedanken, Gefühle und Ihre Stimmung reinigen. Lauschen Sie auf das Geräusch der Flamme. Lassen Sie sich darauf ein.

Sobald Sie auf diese Weise etwas Zeit vor einem Holzfeuer verbracht haben, werden Sie eine deutliche Veränderung des Zeitmaßes bemerken. Sobald ein neuer Holzscheit hinzugefügt wird, heizt sich alles auf, es entsteht gehörig Bewegung, bis der Ausstoß sich wieder beruhigt und verlangsamt. Wenn man zu lange mit dem Nachlegen wartet, geht es aus. Die Flammen verwandeln sich in rote Glut und werden schwächer.

Wie gehen Sie mit Ihrer Lebensflamme um? Müssen Sie den Tag über ständig neue Scheite nachlegen, um Ihr Feuer am Laufen zu halten? Vielleicht fällt es Ihnen schwer, Holz zum Anzünden zu finden? Wie brennt Ihre Flamme, und was könnten Sie ändern, um eine bessere Verbrennungsrate zu erreichen? Das sind Fragen, die nur Sie beantworten können. Vielleicht erfordern sie gründliches Nachdenken. Betrachten Sie das Feuer vor Ihnen als einen Mentor, dem Ihr Bewusstsein vertrauensvoll folgen kann. Lassen Sie sich in jenen entspannten Zustand sinken, den das Feuer hervorruft. Die Energie, die es erzeugt, kann nun

Ihren Geist reinigen. So entstehen gute Ideen. Machen Sie klar Schiff und finden Sie Inspiration in einem Zustand der Reinheit. Wenn Sie in diesem Zustand sind, denken Sie an Ihr eigenes Feuer und daran, was Sie ändern könnten, damit es Ihren Bedürfnissen besser gerecht wird.

# TAG 63

## Zeit und Licht

Zeit ist an die Qualität des Lichts gebunden, dem wir ausgesetzt sind. Wir Menschen haben eine Methode entwickelt, uns mittels der Sonnenbewegung und der Neigung unseres Planeten zu orientieren. So wissen wir, wie viel Uhr es ist, welche Jahreszeit herrscht. Alles hängt mit den Photonenstrahlen von oben zusammen.

Unsere Zeitwahrnehmung ist eng verknüpft mit der Menge an Licht, die uns umgibt. Sie sagt unserer Zirbeldrüse, wann es am Abend an der Zeit ist, den Organismus herunterzufahren. Seit Jahrmillionen folgen wir diesem Mechanismus, doch im letzten Jahrhundert hat eine Überfülle an Licht diesen Kreislauf infrage gestellt.

Wenn Sie früh am Morgen aus dem Haus gehen, achten Sie einmal darauf, in welcher Taktart alles um Sie herum schwingt. Sie ist langsam. Die Dinge beginnen sich langsam zu regen. Vielleicht singen die ersten Vögel, und in der Ferne lässt jemand sein Auto an. Alles ist friedlich und sanft. Atmen Sie einige Male tief durch die Nase ein und aus. Beobachten Sie, was um Sie herum geschieht, und wenn möglich gehen Sie barfuß.

Wenn die Sonne aufgeht, beschleunigt sich die Zeit. Unsere Bewegungen werden schneller, und die Welt um uns entfaltet Geschäftigkeit. Tatsächlich nimmt die Welt bis zum Nachmittag immer mehr Fahrt auf, doch dann fällt die Kurve wieder ab. Wir freuen uns darauf heimzugehen und das Tempo wieder etwas zu drosseln. Das abnehmende Licht signalisiert uns, zu verlangsamen und den Fuß vom Gaspedal zu nehmen.

Zumindest wäre das der Fall in einem vollkommenen Universum. Wo auch immer Sie leben – die Morgenstunden sind noch sanft und still. Die Menschen kommen langsam in die Gänge, und wenn wir früh genug aufstehen, können wir noch relativ große Ruhe erleben. Heutzutage stellen oftmals die Abende eine Herausforderung dar, denn selbst nach Sonnenuntergang sind wir noch viel Licht ausgesetzt, sei es durch die Beleuchtung bei uns zu Hause, durch elektronische Geräte oder durch den Fernseher. So sind wir mitunter viel länger wach, als es dem Rhythmus der Natur entspricht, an den sich unsere Körper seit Jahrmillionen angepasst haben.

Experimentieren Sie ein wenig mit diesen Rhythmen und schauen Sie, was passiert. Gehen Sie mittags in die Sonne, nehmen Sie ihre Strahlen in sich auf. Wie fühlt sich das an? Können Sie einen Unterschied in der Qualität der Zeit spüren? Das sollten Sie.

Lernen Sie heute wahrzunehmen, inwiefern Sie sich anders fühlen, wenn sich das Licht verändert. Fangen Sie mit den großen Umschwüngen an: Morgengrauen, Mittag, Abenddämmerung. Später werden Sie in der Lage sein, die Feinheiten anderer Zeitabschnitte wahrzunehmen. Achten Sie auf die rötliche Lichtverschiebung gegen Ende des Tages und spüren Sie dann, wie Sie sich im Dämmerlicht oder im Mondschein fühlen. Diese Dinge haben einen enormen Einfluss auf unsere Stimmung und auf das Gefühl innerer Weite. Entscheidend ist, dass Sie ins Freie gehen, um dies zu erleben. Tun Sie es heute.

Gehen Sie heute Abend in Ihren Garten oder zu einem nahe gelegenen Platz, wo Sie die Dämmerung erleben können. Schalten Sie so viele Lichtquellen aus wie möglich, oder gehen Sie gleich irgendwohin, wo es weniger hell ist. Kommen Sie zur Ruhe und verweilen Sie in diesem Übergang von Hell zu Dunkel, den Sie gerade erleben. Geben Sie Acht, wie sich das auf Ihren Geist auswirkt. Schauen Sie, wie es sich auf die Geschwindigkeit Ihrer Gedanken auswirkt. Manchmal dauert der Prozess bis zu 30 Minuten, also nehmen Sie sich die Zeit. In der Natur gibt es keinen Schalter, um Helligkeit in Dunkelheit zu verwandeln. Subtilität und Schönheit liegen gerade im Übergang.

# TAG 64

## Regelmäßige Pausen am Tag

Heute üben wir, viele Minipausen einzulegen. Stellen Sie am Computer oder auf Ihrem Telefon den Timer so ein, dass er alle 25 Minuten klingelt und Sie eine fünfminütige Pause machen können. Richten Sie Ihren Tag entsprechend ein und sorgen Sie dafür, dass Sie sich diese Pausen auch tatsächlich nehmen.

Anfangs werden Sie vermutlich etwas unwillig sein, weil Sie wie immer *so unglaublich viel zu erledigen haben*. Das ist in Ordnung. Vertrauen Sie mir. Wenn Sie alle 25 Minuten eine fünfminütige Pause einlegen, bedeutet das zwei Pausen pro Stunde.

Okay, und was jetzt?

Stehen Sie auf und strecken Sie sich eine Minute lang. Dehnen Sie den Körperteil, der gerade danach verlangt. Spüren Sie hin, ob Sie irgendwo verspannt sind, und entspannen Sie dann diese Stelle. Das können Sie ganz leicht tun: Atmen Sie in den betroffenen Körperteil hinein und dehnen Sie dabei diesen Bereich. Erlauben Sie Ihrem Bewusstsein, sich in dieser Körperregion ganz zu entspannen, während der Atem sie ausfüllt.

Überlegen Sie, was Ihnen jetzt guttut und machen Sie ein paar kurze Übungen. Etwa Kniebeugen, Ausfallschritte, Liegestütze, Hampelmänner oder die Yogaübung des nach unten gerichteten Hundes. Bewegen Sie sich zwei bis drei Minuten lang so, dass Ihr Blut wieder zirkuliert. Anschließend dehnen Sie sich noch ein paar Sekunden, holen sich frisches Wasser, gehen auf die Toilette oder tun, was auch immer Sie gerade brauchen.

Achten Sie darauf, die Pause auf fünf Minuten zu beschränken, damit Sie nicht aus dem Arbeitsrhythmus gerissen werden. Wenn Ihr Arbeitstag acht Stunden hat, werden Sie 16 solcher Pausen einlegen. Sollten Sie dabei etwas ausgelassen haben, müssen Sie nur 25 Minuten warten, bis Sie es nachholen können.

Und was bringt Ihnen das Ganze?

Viele Vorteile.

Erstens zirkuliert das Blut, sodass Ihre Kräfte nicht nachlassen. Sauerstoff wird ins Gehirn gepumpt, und die Muskeln verstoffwechseln Zucker. Weil Ihr Stoffwechsel aktiviert ist, bleibt auch Ihr Grundumsatz hoch. Sie verbrennen somit im Laufe des Tages mehr Kalorien, selbst im Sitzen.

Es hilft Ihnen, sich zu konzentrieren, klar und wach zu bleiben – oft funktioniert es besser als mit einer Tasse Kaffee.

Ein echter Gewinn ist die verbesserte Körperhaltung. Wenn wir sehr lange sitzen, sacken wir in uns zusammen. Unsere Schultern fallen nach vorne, die Hüftbeuger versteifen, und unser unterer Rücken spielt verrückt. Wenn wir aufstehen und etwas gegen diese Tendenz tun, gleichen wir die negativen Auswirkungen von zu vielem Sitzen aus.

Stellen Sie sich Ihren Timer und halten Sie die Praxis heute durch.

Im schlimmsten Falle bemerken Sie gar keine Verbesserung (was unmöglich ist) und machen morgen weiter wie bisher. Doch wenn Sie feststellen, dass Sie tatsächlich mehr

Energie und bessere Laune haben, wird diese Praxis zu einem unverzichtbaren Teil Ihres Tages, und sie wird Ihnen sehr helfen.

Investieren Sie etwas Zeit in sich selbst. Die Zeit, die Sie »verlieren«, gewinnen Sie schnell zurück, weil Sie produktiver werden und mehr Energie haben. Ihr Körper wird fitter und geschmeidiger und ist selbst nach einem langen Tag noch einsatzbereit.

# TAG 65

## Zeit unter der Dusche

Genießen Sie die Zeit unter der Dusche? Weshalb? Meistens liegt es daran, dass dies die einzige Zeit am Tag ist, die Sie wirklich für sich haben. Vielleicht lockert das heiße Wasser Ihre verspannten Schultern. Stimmt, das fühlt sich gut an, und wir genießen die kleine Auszeit, allerdings gibt es an der Sache einen Haken: Sofern Sie keinen Filter haben, der dem Duschwasser das Chlor entzieht, nehmen Sie das Chlor über Ihre Haut auf und atmen es über die Lunge ein. Das bringt Ihre guten Bakterien durcheinander und wirkt sich negativ auf Ihre Schilddrüse aus.

Selbst wenn Sie das Wasser filtern – lange heiß zu duschen mag sich großartig anfühlen, aber für die Umwelt ist es gar nicht gut. Frischwasser ist eine wertvolle Ressource, und weltweit gibt es diesbezüglich viele Probleme. Wahrscheinlich verbrauchen Sie Kohle, um heiß duschen zu können. Für diesen Brennstoff werden andernorts Kriege geführt.

Wie also können Sie mit gutem Gewissen etwas Privatsphäre haben, Ihren Körper entspannen, sich waschen und das Gefühl bekommen, dass Sie für den Tag gerüstet sind?

Langes Duschen ist oft die Folge eines *persönlichen Zeitmangels*. Es bedeutet, dass Sie sich zu wenig um sich selbst gekümmert haben, sodass Sie unter der Dusche trödeln und sich mehr Zeit nehmen, als Sie sollten. Überlegen Sie, in welchen Bereichen Ihres Lebens Sie etwas liebevoller mit sich umgehen könnten, damit Sie nicht das Gefühl haben, Ihnen stünde noch irgendetwas zu. Wie können Sie dieses Bedürfnis sonst noch stillen? Durch morgendliches Recken und Strecken? Indem Sie einmal in der Woche zur Massage gehen? Finden Sie heraus, was Sie brauchen und wo Sie es bekommen können. Das Ziel der heutigen Übung ist es, dass Sie bewusster auf Dinge schauen, die momentan im Autopilot stattfinden.

In der Regel duschen wir jeden Tag, es wird zur Routine, die wir unbewusst erledigen. Wir steigen in die Dusche, tun das, was man beim Duschen eben so macht. Doch oft sind wir mit den Gedanken woanders. Wir denken an irgendwelche verrückten Erlebnisse, die uns noch immer im Kopf herumschwirren, und so stehen wir unter der Dusche, verschwenden Wasser und vergeuden Geld. Es ist vollkommen in Ordnung, sich zu duschen, aber *tun Sie es bewusst*. Beispielsweise können Sie sich auf Ihren Körper konzentrieren und jedem Teil, den Sie waschen, besondere Aufmerksamkeit schenken – das kann zu einem bewussten Ritual werden.

Badewannen sind etwas Tolles, wenn Sie ausspannen wollen. Lassen Sie das Wasser ein, geben Sie einige Salze oder Öle hinzu, zünden Sie Kerzen an, und bereiten Sie alles vor, um Zeit nur für sich zu haben. Duschen Sie sich vorher kurz ab, um die Außenwelt abzuspülen, und baden Sie anschließend so lange, wie Sie Lust haben. Genießen Sie es. Wenn Sie genug haben, duschen Sie sich nochmals kurz ab; fertig.

Wenn Sie sich mehrmals pro Woche ein längeres Bad gönnen, welche Auswirkung hätte das auf die Zeit, die Sie unter der Dusche stehen? In Wirklichkeit geht es um die

Frage: *Was brauchen Sie wirklich*, um sich heil zu fühlen? Das Duschen kann Ihnen das nicht geben. Duschen ist nur ein Vorwand. Aber bei welchen Dingen sollten Sie sich Zeit nehmen, um sich ganz und heil zu fühlen? Finden Sie es heraus. Nehmen Sie sich die Zeit und genießen Sie sie. Sie werden merken, dass dies eine tiefgreifende Wirkung auf viele andere Dinge hat, bei denen Sie im Laufe des Tages Zeit vertrödeln.

# TAG 66

## Die Ringe eines Baumes

W enn Sie sich die Ringe eines Baumes anschauen, können Sie viele Informationen entschlüsseln. Sie blicken auf den visuellen Abdruck vergangener Jahre und können Unterschiede in den Jahreszeiten wahrnehmen. Schwere Zeiten, Herausforderungen und Wassermangel lassen sich genauso ablesen wie die guten Zeiten. Bei diesem Blick zurück in die Geschichte bieten uns die Baumringe einen interessanten Almanach, der die Geschichte der gefallenen Lebensform vor uns aufblättert.

Denken Sie in diesem Zusammenhang an Ihre Zeit auf Erden. Wenn auch Sie konzentrische Ringe hätten, die für Ihre gelebten Jahre stehen, wie sähen sie aus? Denken Sie an die schwierigen Zeiten, die Sie durchgemacht haben. Welche Spuren haben sie hinterlassen? Gab es besonders stressige Jahre, die ihren Tribut gefordert haben? Wie sieht es mit Krankheiten und anderen gesundheitlichen Problemen aus, mit denen Sie zu Rande kommen mussten? Jeder von uns hat andere Dinge erlebt, und deren Auswirkungen lagern irgendwo in unseren Zellen; auf diese Weise ergibt sich ein Almanach, ganz wie bei den Ringen eines Baums.

Schauen Sie in den Spiegel und studieren Sie die Falten in Ihrem Gesicht, die Sie möglichweise sehen. Stammen Sie aus glücklichen oder traurigen Zeiten? Waren Sie viel an der frischen Luft, oder sind Sie nicht so oft im Freien, wie Sie es gern wären? Gibt es Narben oder künstliche Eingriffe, die im Laufe der Zeit stattgefunden haben?

Heute wollen wir uns einen Überblick über unser Leben verschaffen und die Jahre zusammenstellen, die für uns besonders wichtig waren. Wandern Sie Ihren Zeitstrahl entlang und notieren Sie jene Jahre oder Phasen, die für Sie von Bedeutung waren. Gehen Sie von der Gegenwart zurück und arbeiten Sie sich dann nochmals von der Geburt bis zur Gegenwart vor. Auf diese Weise erinnern Sie sich an mehr Dinge und können Details entsprechend einfügen. Aber halten Sie sich an die wichtigen Aspekte, denken Sie an die Dellen und Beulen in den Ringen eines hundert Jahre alten Baumes.

Schauen wir uns nun an, wie Sie momentan leben. Steuern Sie auf die nächste unerfreuliche Markierung zu? Sind es für Sie gute oder schlechte Zeiten?

Diese Übung hilft uns, den Gesamtzusammenhang des Lebens in den Blick zu nehmen. Jeder von uns ist ein hoher Baum, der irgendwann umfällt. Wenn das geschieht – wie wird unsere biologische Signatur aussehen? Die eigentliche Übung besteht darin, vergangene Lehren zu beherzigen und etwas geschickter durchs Leben zu navigieren. Große Krisen verlangen uns sehr viel ab. Viele harte Winter mögen uns abhärten, aber es kann auch sein, dass sie unsere Lebenskraft zu schnell aufzehren.

Wie können Sie Ihr Wachstum steuern, um einige dieser Wechselfälle aufzufangen? Welche Vorstellung haben Sie für die fernere Zukunft, und haben Sie dafür schon Pläne geschmiedet? Angst rührt aus Unsicherheit hinsichtlich der Zukunft her. Überlegen Sie heute, was Sie tun könnten, um diesbezüglich zur Ruhe zu kommen. Können Sie Geld anders anlegen, um für schlechte Zeiten gewappnet zu sein? Können Sie eine Angewohnheit aufgeben, die Ihnen auf lange Sicht schadet? Überlegen Sie, wo Sie künftig möglicherweise auf Probleme und Herausforderungen stoßen, und nehmen Sie heute diesbezüglich kleine Änderungen vor.

Stellen Sie sich vor, Sie blickten in vielen Jahren zurück auf Ihr gegenwärtiges Leben. Würden Sie finden, dass das Problem, mit dem Sie sich gerade herumschlagen, die Sache wert war? Es ist Ihre Entscheidung.

# TAG 67

## Ein Vermächtnis aufbauen

Denken Sie jemals an Ihr Vermächtnis? Nun, heute werden Sie das tun! Wenn Sie nur noch eine begrenzte Zeit auf diesem Planeten haben, dann geht es Ihnen wie dem Rest von uns. Ob Sie nun Grünkohl entsaften, Eisbäder nehmen, auf industriell verarbeitete Lebensmittel verzichten oder Ginseng schnupfen – Tatsache ist, dass Sie diesen Ort eines Tages verlassen werden. Was werden Sie langfristig zurücklassen?

Die meisten Menschen verweisen bei dieser Frage auf ihre Kinder. Sie finden, dass sie nette Kinder großgezogen haben und sich nun zurückziehen können, da ihre Erziehung eine solide Hinterlassenschaft darstellt. Es ist schön, dass Sie das auf sich genommen haben. Aber was haben Sie sonst noch geleistet? Was haben Sie persönlich getan, was haben Sie bewirkt, um Ihren Flecken Erde zu verändern? Heute beschäftigen wir uns mit den Dingen, die in Ihrem Leben noch anstehen.

Was ist Ihnen am Allerwichtigsten? Welche Ungerechtigkeit ertragen Sie nicht? Gibt es Dinge in Ihrem Umfeld, die Ihnen den Schlaf rauben?

*Es ist Zeit, Ihren Hut in den Ring zu werfen.*

Es gibt auf der Welt viele Probleme, und sie werden immer mehr, weil zu viele Menschen nur zuschauen und denken, dass die Herausforderungen zu groß sind oder dass sich jemand anders darum kümmern wird.

Es gibt niemand anderen.

Jene Leute sehen entweder fern oder sind mit ihren eigenen Sachen beschäftigt. Wenn etwas Ihr Interesse weckt oder Sie frustriert, ist das ein guter Hinweis darauf, dass dies etwas ist, worum Sie sich kümmern sollten. Es ist Ihre karmische Arbeit.

Was soll eines Tages auf Ihrem Grabstein stehen? Sind Sie zufrieden damit, wie Ihr Leben momentan verläuft, oder finden Sie, dass es ihm an Substanz fehlt? Angenommen Sie wüssten, dass Sie ohnehin bald sterben, gibt es etwas, dem Sie sich mit Haut und Haar verschreiben würden und dadurch wirklich einen Unterschied bewirken könnten? Welche Worte auf Ihrem Grabstein würden Sie glücklich und stolz machen? Schreiben Sie diesen Text jetzt auf. Nicht morgen, sondern heute. Egal ob Sie bereits auf ein staunenswertes Vermächtnis hinarbeiten oder sich noch immer nicht im Klaren sind, was Sie bewerkstelligen möchten. Heute ist genau der richtige Tag, um etwas Wichtiges zu tun, das Sie diesem Ziel näher bringt. Machen Sie einen Schritt, und sei er noch so winzig, durch den sich die Welt ein kleines bisschen auf jene positive Veränderung zubewegt, die Sie sich wünschen.

Möglicherweise dachten Sie, dass Sie sich erst mit dieser Frage beschäftigen, wenn Sie in den Ruhestand gehen. Nichts da. Denn dann werden Sie weniger Energie haben, sich mit mehr Zipperlein herumschlagen, weniger motiviert sein, und bis dahin wird es auch kaum noch Bäume mehr geben, die Sie anschauen können. Tun Sie heute etwas.

Fangen Sie sofort an. Denken Sie gründlich darüber nach, welches Vermächtnis Sie der Welt hinterlassen wollen, und entwerfen Sie heute einen Plan, damit es Wirklichkeit werden kann. Machen Sie eine kleine Sache, von der Sie das Gefühl haben, sie würde Sie in die richtige Richtung führen. Vielleicht haben Sie momentan auch nur ein paar Stunden pro Woche Zeit, um sich mit Projekten, die Ihr Vermächtnis betreffen, zu befassen. Aber das ist in Ordnung. Sie müssen mit irgendeiner Aktion etwas Lebensenergie anfachen, und dann bekommt die Sache ein Eigenleben. Das Leben nicht in Angriff zu nehmen ist die größte Sünde überhaupt. Je länger Sie warten, desto mehr Ausreden werden Sie finden, *um weiterhin nichts zu tun.* Und dann? Wollen Sie einfach so sterben, ohne der Welt etwas Bleibendes zu hinterlassen?

Denken Sie heute darüber nach, wie Ihr Vermächtnis letzten Endes aussehen soll, und entwerfen Sie dann einen Plan, um sich den Spruch auf Ihrem Grabstein zu verdienen. Schätzen Sie ab, wie viele Jahre Ihnen noch ungefähr bleiben. Überlegen Sie, was Sie tun müssen, um die Wirkung zu erzielen, die Sie sich wünschen. Möglicherweise erfordert das eine ziemlich große Anstrengung, und Sie werden andere Menschen brauchen, die Ihnen helfen. Das ist in Ordnung. Menschen folgen Anführern, die eine klare Vision und Begeisterungsfähigkeit haben und in deren Auge der Lebensfunke blitzt. Wo ist Ihr Funke?

Finden Sie ihn. Fachen Sie ihn an.

# TAG 68

## Zeit im Bett

Das Bett ist dafür da, um zu schlafen oder Sex zu haben. Mehr nicht. Aber allzu oft betreiben wir dort Multitasking, so wie überall sonst in unserem Leben. Deshalb werden Sie heute alles, was Sie sonst noch im Bett erledigen, woandershin verlagern. Das Bett ist ein heiliger Ort, an dem Ihr Verstand weiß, dass es Zeit ist, seine Tätigkeit einzustellen und sich in den Schlafmodus zu begeben. Ein wenig leichte Lektüre ist okay, aber es ist mit Sicherheit keine gute Idee, im Bett noch irgendwelche Überweisungen zu erledigen. Wenn Sie auf einen Bildschirm starren, versetzen Sie sich in einen Zustand, in dem das Einschlafen schwerfällt.

Deshalb befassen wir uns heute mit Ihrer Schlafhygiene. Drosseln Sie am Abend auf angemessene Weise Ihr Tempo und bereiten Sie sich aufs Schlafen vor? Halten Sie den ganzen Wahnsinn der Welt da draußen von Ihrem Schlafzimmer fern? Die Nacht ist eine *Zeit der Langsamkeit*.

Schauen Sie sich heute in Ihrem Schlafzimmer um. Ist es unordentlich? Wenn ja, beeinflusst das Ihr Gehirn. Räumen Sie heute vor dem Schlafengehen gründlich auf. Steht im Schlafzimmer ein Fernseher? Es ist an der Zeit, ihn ein für allemal rauszustellen. Die besten Schlafexperten sind sich darin einig, dass der Fernseher Ihren Schlaf extrem beeinträchtigt. Außerdem macht er Intimität zunichte und aktiviert Ihr Gehirn, wo Sie doch zur Ruhe kommen sollten.

Wie kühl ist es in Ihrem Schlafzimmer? Die optimale Temperatur liegt bei ungefähr 20 Grad Celsius, wobei das von Mensch zu Mensch variiert. Ein kühleres Zimmer ist dem Schlaf förderlich. Sehen Sie sich dort um und ziehen Sie die Stecker von unnötigen elektrischen Geräten aus der Steckdose. Wer weiß schon, was all diese Geräte, die unter Spannung stehen, mit uns machen? Wir sind so betäubt und verletzlich, wenn wir schlafen. Deshalb wollen wir lieber nicht inmitten schädlicher Strahlungen schmoren.

Wenden Sie sich nun der Frage der Sicherheit zu. Wie sicher fühlen Sie sich nachts? Gibt es laute Geräusche, die Sie hochschrecken lassen? Gibt es eine Lösung für das schnarchende Ungeheuer, das da neben Ihnen liegt? Wenn in Ihrer Gegend die Kriminalitätsrate hoch ist, müssen Sie an Ihrer Tür vielleicht einen Sicherheitsriegel anbringen. Oder Sie schaffen sich einen Hund an (wobei es natürlich auch sein kann, dass Ihr Hund derjenige ist, der schnarcht, und sich deshalb daran gewöhnen sollte, im Wohnzimmer zu schlafen). Entscheidend ist, dass Sie sich zu Hause sicher fühlen, damit Sie sich dem Schlaf hingeben können. Beim Schlafen geht es darum, dass wir loslassen und uns in die stille Dunkelheit der Nacht fallen lassen.

Es klingt so offensichtlich, dass Dunkelheit das Gegenteil von Licht ist, aber schauen Sie sich heute in Ihrem Schlafzimmer um. Halten Sie nach allem Ausschau, was Licht absondert, selbst wenn es nicht viel ist. Das ist Lichtverschmutzung und beeinträchtigt auf subtile Weise Ihren Schlaf. Machen Sie dem ein Ende.

Als Nächstes überlegen Sie, welche Aktivitäten Sie im Bett erledigen. Telefonieren Sie? Schauen Sie in den sozialen Netzwerken vorbei? Was tun Sie sonst noch im Bett, außer schlafen und Sex haben? Schreiben Sie eine Liste und überlegen Sie, wie Sie die Dinge anders handhaben könnten. Sie können sie gerne tun, aber *nicht im Bett*. Wenn Sie sich daran halten, geschieht etwas Wunderbares. Ihre Nächte werden ruhiger, und Sie können sich insgesamt besser ausruhen und regenerieren. Nachts verstreicht die Zeit langsamer. Sie bekommen bessere Laune und mehr Energie, und Ihr Bewusstsein weitet sich. Sie haben mehr Zeit, um nachzudenken und sich um sich selbst zu kümmern; zudem schaffen Sie mehr am Tag.

Meistens sind es im Leben die kleinen Dinge, die mit der Zeit Großes in unserem Leben bewirken. Erobern Sie sich heute Ihr Schlafzimmer zurück. Verwandeln Sie es in einen Zufluchtsort, an dem Sie richtig gut schlafen können und wo mehr Raum für Nähe ist. Probieren Sie dies einige Nächte hintereinander aus. Sie werden sehen, dass es einen riesigen Unterschied gibt.

# TAG 69

## Wie viele Herzschläge habe ich noch?

Ihr Herz schlägt ungefähr 100.000 Mal am Tag. Das macht 35 Millionen Mal im Jahr, und im Laufe eines Lebens sind es durchschnittlich 2,5 Milliarden Herzschläge. Das ist alles. Mehr haben Sie nicht.

Wenn Sie viel Geld hätten – sagen wir 2,5 Milliarden Euro – würden Sie sich reich fühlen. Derzeit liegt die durchschnittliche Lebenserwartung der Menschen weltweit bei 71 Jahren. Angenommen Sie sind 46 Jahre alt, dann haben Sie schon 1,6 Milliarden Euro an Lebensbargeld ausgegeben. Es bleiben Ihnen noch 900 Millionen Euro übrig. Das ist immer noch eine ganze Menge, aber ab wann beginnen Sie sich Sorgen zu machen? Nun, wenn Sie nicht das Leben führen, das Sie gern hätten, dann sollte die Antwort ungeachtet Ihres momentanen Alters »jetzt« lauten.

Schauen wir uns an, wie Sie durchs Leben gehen. Ist Ihre derzeitige Entwicklung so, dass Ihre Herzschläge Ihre Zufriedenheit und Ihr Glück fördern? Wenn Sie in irgendeiner Warteschleife stecken, aus der Sie erst in sechs Jahren herauskommen, gehen 210 Millionen Herzschläge in die falsche Richtung – fast zehn Prozent Ihres Nettozeitwerts. Ist das sinnvoll, oder sollten Sie lieber sofort etwas ändern?

Schauen Sie sich heute Ihre Herzschlag-Bilanz an. Welche sind Ihnen am meisten in Erinnerung geblieben? Wie viele Tage sind einfach so ins Land gegangen, an denen nichts Besonderes passiert ist oder Sie vor allem mit Sorgen oder irgendwelchen unwichtigen Dingen beschäftigt waren, die Ihre Herzschläge nicht wert sind? Wahrscheinlich waren sie ganz in Ordnung, aber anders gefragt: Wie viele Herzschläge sind schon für schlechte Zeiten draufgegangen? Wie viele für extremen Stress und andere Zwänge? Wie viele glückliche Herzschläge müssten Sie investieren, um diese Tage oder Jahre aufzuwiegen?

Darauf gibt es keine eindeutige Antwort, man kann nur die Perspektive ändern. Es ist eine gute Übung, von Zeit zu Zeit über diese Idee nachzudenken, falls uns das Leben abgelenkt haben sollte. Denn oft verlieren wir uns im Trubel des Lebens und vertrödeln irgendwo Zeit, wo wir eigentlich gar nicht sein wollen. Ist das gerade der Fall? Wenn ja, wie entwickeln Sie einen Plan, um die Richtung zu ändern?

Entscheidend ist zu begreifen, dass Ihre Zeit auf Erden ein Geschenk ist. Wenn Ihre Herzschläge aufgebraucht sind, ist Ihre Zeit um. Was würden Sie noch auf diesem Planeten tun oder erleben? Wohin möchten Sie noch unbedingt reisen? Wenn Sie gern einen berühmten Berg besteigen würden, wie fit müssten Sie dafür sein? Mit einigen Dingen kann man nicht bis zur Pensionierung warten. Denken Sie heute gründlich über diese Fragen nach und fangen Sie an, einen Plan zu entwickeln, der Ihnen hilft, Ihre Träume und Ziele zu verwirklichen.

Sie besitzen noch genügend Herzschläge, um auf der Welt echte Freude und wahres Glück zu erleben. Sorgen Sie in den nächsten Tagen dafür, dass jeden Tag etwas passiert, damit Sie genau dies spüren.

# TAG 70

## Ein Bad nehmen

D as heutige Programm wird wahrscheinlich bis zum
Abend warten müssen. Finden Sie mindestens 30 bis
60 Minuten Zeit, um ungestört genüsslich zu baden. Vielleicht geht das erst, wenn die Kinder schon im Bett sind
oder während sie in der Schule sind. Für diese Art Dinge
*findet* man nicht einfach Zeit, vielmehr muss man sie sich
*nehmen.*

Schaufeln Sie sich idealerweise eine Stunde Zeit frei, um
in aller Ruhe zu baden. Sie brauchen dafür ein paar Dinge,
die Sie in jeder Drogerie bekommen.

1. Bittersalze

2. Ätherisches Lavendelöl (oder Weihrauchöl);
   es gibt viele Mischungen, die entspannend
   wirken. Aromatherapie ist etwas Fantastisches.

3. Eine Kerze

4. Beruhigende Musik

Duschen Sie sich kurz ab, bevor Sie das Badewasser einlassen. Geben Sie ein bis zwei Tassen Bittersalz hinzu und
lassen Sie die Wanne vollaufen. Kurz bevor Sie in die
Wanne steigen, geben Sie das ätherische Öl ins Wasser.
Zünden Sie eine oder mehrere Kerzen an und stellen Sie
die Musik an. Falls Sie diese von Ihrem Handy abspielen,
vergewissern Sie sich, dass der Flugmodus eingeschaltet
ist. Diese Zeit gehört wirklich nur Ihnen!

Stellen Sie sich den Wecker, falls Sie nicht unbegrenzt Zeit haben. So behalten Sie die Zeit im Auge und können sich ganz auf den Raum, den Sie geschaffen haben, einlassen und sich entspannen.

Steigen Sie langsam ins Wasser und machen Sie es sich bequem.

Beginnen Sie, in Ihren unteren Bauch zu atmen, ganz ruhig und langsam. Atmen Sie mindestens 20-mal tief ein und aus und halten Sie dann kurz inne, um zu spüren, wie es Ihnen geht. Wenn sich irgendwo etwas nicht gut anfühlt, entspannen Sie diesen Bereich. Geben Sie die Anspannung frei, sodass sie sich im Badewasser auflösen kann.

Wenn Sie sich wieder wohlfühlen, kehren Sie zurück zur Atmung in den unteren Bauch. Absolvieren Sie mehrere Zyklen mit dieser Atmung, um sich immer weiter zu entspannen. Gelegentlich taucht etwas auf; beobachten Sie es einfach und lassen Sie es dann ziehen. Lassen Sie diese Dinge einfach abblättern, wie die Schichten einer Zwiebel. Stellen Sie sich bildhaft vor, wie das Badewasser alle Gifte von Ihnen aufnimmt, während das Magnesium (das in Bittersalzen natürlicherweise enthalten ist) durch Ihre Haut eindringt. Magnesium steigert die Aktivität der Mitochondrien, wodurch Sie mehr Energie bekommen. Zudem beruhigt es Ihre Nerven und hilft Ihnen einzuschlafen.

Wenn Sie fertig sind, lassen Sie das Wasser ablaufen und stehen langsam auf. Duschen Sie sich nochmals ab und achten Sie darauf, dass die Temperatur etwas niedriger ist als die normale Körpertemperatur. Das Wasser muss nicht eisig sein, sondern bloß kühl genug, um alle Ihre Energiezentren zu verschließen und Ihr *Qi* (also Ihre Energie) zu beleben.

Sich Zeit für sich selbst zu nehmen, wirkt vielleicht etw
schwelgerisch. Aber achten Sie einmal darauf, wie Sie sic..
in der Woche, in der Sie sich mit so viel Selbstliebe belohnt
haben, fühlen. Sie werden feststellen, dass die Zeit, die wir
in etwas Schönes investieren, sehr viel bewirkt.

Die meisten von uns leben so dahin und klagen über Er-
schöpfung oder darüber, dass sie keine Zeit für sich haben.
Wenn das zu lange so geht, fangen wir an, uns nach fernen
Ländern, rabiaten Reinigungskuren oder nach einem Job-
wechsel zu sehnen. Doch vielleicht sind regelmäßige kleine
Streicheleinheiten alles, was wir brauchen, um ausgegli-
chen zu bleiben. Wir empfinden Zeitwohlstand, wenn wir
auf »Pause« drücken und uns Zeit für uns selbst nehmen.
So sind Ihre Batterien geladen, und Sie können die ganze
Woche über eine bessere Version Ihrer selbst sein.

# TAG 71

## Den Kreislauf in Schwung bringen

S chnell« wird in unserer Kultur oft mit mentaler Geschwindigkeit verbunden. Wir jonglieren mit mehreren Bällen in der Luft, rackern uns für irgendwelche Fristen ab, lassen Mahlzeiten aus. Das ist eine dumme Form von Geschwindigkeit. Die Geschwindigkeit, die unsere Herzfrequenz auf gesunde Weise erhöht, ist eine ganz andere Geschichte. Dadurch kommt unsere Physiologie in Schwung. Wir schütten mehr Endorphine aus, Gifte werden über unser Lymphsystem ausgeschwemmt, unsere Mitochondrien und unsere Leistungsfähigkeit werden kräftig angekurbelt. Das ist die gute Methode.

Heute wollen wir uns also mit der Herzfrequenz beschäftigen und schauen, inwiefern sich dadurch die Qualität der Zeit verändert. Gehen Sie in einen Park oder ins Fitness-Studio oder finden Sie zu Hause einen geeigneten Platz, um mal so richtig loszulegen. Wärmen Sie sich auf und dehnen Sie sich, damit Sie sich nicht verletzen.

Cardio-Training ist gut für das Herz und das allgemeine Wohlbefinden: Das ist nicht wirklich etwas Neues. Doch heute wollen wir Cardio-Training einmal anders betrachten. Das wird Ihnen eine etwas andere Perspektive eröffnen, die sich im Alltag als nützlich erweisen kann.

Wenn wir unsere Herzfrequenz erhöhen, ist es wie mit einer Uhr, die schneller zu ticken beginnt. Das Blut wird von ionischen Gradienten durch die Gefäße geleitet, und das Herz unterstützt den Blutfluss im Körper. Dessen Geschwindigkeit nimmt zu, und dadurch kann mehr Energie, Sauerstoff und Nährstoffe effektiver ins Gehirn und zu den Muskeln gelangen.

Außerhalb Ihres Körpers verläuft die Zeit möglicherweise genau wie vorher, aber im Innern hat sie sich mit Sicherheit beschleunigt. *Dadurch erhalten wir ein größeres Möglichkeitsspektrum.* Es ist so viel leichter, das eigene Tempo zu drosseln, wenn man weiß, was echte Geschwindigkeit ist.

Wenn Sie bereit sind, beginnen Sie zu laufen, zu radeln, zu rudern oder zu schwimmen. Wärmen Sie sich circa zehn Minuten lang auf. Dann legen Sie los, um Ihre maximale Intensität zu erreichen. Jagen Sie Ihre Herzfrequenz so richtig in die Höhe und halten Sie dieses Maximum für ein bis zwei Minuten (das hängt von eventuellen früheren Krankheiten ab und davon, wie fit Sie momentan sind). Für die meisten Menschen bedeutet das um die 160 bis 180 Schläge pro Minute. Sie können sich in einem Fitness-Studio in Ihrer Nähe testen lassen, um herauszufinden, bei welchem Wert Ihre maximale Sauerstoffkapazität liegt. Ihre maximale Herzfrequenz errechnen Sie, indem Sie Ihr Alter von der Zahl 220 abziehen. Dieses Wissen kann mitunter hilfreich sein, aber im Grunde haben Sie sie erreicht, wenn Ihr Herz gegen den Brustkorb hämmert und das Atmen Ihnen schwerer fällt.

Dann verlangsamen Sie gehörig, sodass Ihre Herzfrequenz wieder auf circa 110 Schläge pro Minute herabsinkt. Das kann einige Minuten dauern, je nachdem, in welcher Verfassung Sie sind; achten Sie also darauf, wie sich Ihr Körper anfühlt.

Wenn Sie bei 110 angekommen sind, geben Sie wieder Gas, bis Sie Ihr Maximum erreicht haben, und halten Sie das einige Minuten. Dann kommen Sie wieder herunter, um sich zu erholen. Machen Sie das Ganze zwei- bis fünfmal und dehnen Sie sich anschließend. Kommen Sie zur Ruhe und schöpfen Sie Atem. Und, wie fühlen Sie sich?

Diese Übung ist wunderbar, um uns zu zeigen, wie unterschiedlich wir die Qualität der Zeit wahrnehmen können. Die Zeit beschleunigt und verlangsamt sich in Abhängigkeit von unserem körperlichen Zustand. Darin liegen zwei wichtige Lektionen. Erstens lehrt es uns, dass wir, wenn wir fitter sind, mehr aktiven Spielraum haben, sowohl physisch als auch psychisch. Zweitens verändert sich unser Bewusstsein im Einklang mit unserer Verbrennungsrate. Kurze, beherzte körperliche Aktivität kann unsere Wahrnehmung der Realität tiefgreifend beeinflussen. Auf diese Weise können Sie viel über sich selbst lernen. Zudem erlangen Sie mehr Kontrolle darüber, wie Sie das Schiff, genannt Leben, steuern. Genießen Sie Ihre Verbrennungsrate.

# TAG 72

## Zeit im Dunkeln

Die heutige Aktivität muss tatsächlich bis zum Abend warten, wenn es allmählich dunkel wird. Unsere Vorfahren haben über Generationen hinweg schöne Stunden bei wenig Licht verbracht. Wenn die Sonne unterging, entspannten Sie sich bei Kerzenschein oder saßen um ein Feuer herum.

Früher waren die Menschen an die Dunkelheit gewöhnt, sie beruhigte den Geist und war heilsam für den Körper. Inwiefern? Die Dunkelheit signalisiert unserem Gehirn, dass es allmählich herunterfahren und sich auf den Schlaf vorbereiten kann. Unsere Körpertemperatur sinkt ab, wir können in den Standmodus übergehen. Gewebe kann sich regenerieren und wachsen. Wir verarbeiten den betriebsamen Tag und kehren in die Ausgangslage zurück. Wir brauchen die Dunkelheit, damit all das geschehen kann.

Nehmen Sie sich heute Abend ein paar Minuten Zeit, um im Dunkeln zu entschleunigen. Wenn Ihre Familie in der Nähe ist, gehen Sie vielleicht in einen separaten Raum, oder, was noch besser ist, Sie beziehen die anderen mit ein. Schalten Sie das Licht aus und setzen Sie sich einen Moment lang hin.

Atmen Sie in Ihren unteren Bauch und halten Sie die Augen während der ersten ein bis zwei Minuten geschlossen. Wenn Sie sich gesammelt haben, ist es Zeit, die Augen wieder zu öffnen. Blicken Sie in die Dunkelheit, schauen

Sie durch sie hindurch. Geben Sie Ihren Augen Zeit, um sich anzupassen. Gibt es ein schwaches Licht, das Sie wahrnehmen? Vielleicht sondert eine Uhr, ein elektronisches Gerät oder irgendetwas, das an der Wand hängt, Licht ab? Möglicherweise fällt Licht von der Straße herein, oder Sie nehmen einen Lichtstreifen unter der Tür zum Flur wahr. Können Sie das Mondlicht sehen?

Atmen Sie tief und ruhig in Ihren unteren Bauch und nehmen Sie die subtilen Nuancen des Lichts in dem dunklen Zimmer wahr. Macht die Dunkelheit Ihnen Angst, oder fühlen Sie sich dadurch unwohl? Warum? Sie sind in Ihrem eigenen Haus, und vor Kurzem fühlte sich noch alles vollkommen sicher an. Warum sorgt das Fehlen von künstlicher Beleuchtung dafür, dass das gleiche Zimmer bedrohlich wird? Atmen Sie dort hinein. Entspannen Sie Ihren Körper.

Viele von uns versteinern im Dunkeln förmlich, ohne dass es dafür einen Grund gibt. Da Sie nicht herumlaufen, müssen Sie nicht befürchten, dass Sie sich verletzen. Sobald wir fertig sind, können Sie das Licht Ihres Handys nutzen, um aufzustehen und zum Lichtschalter zu gehen. Alles ist in bester Ordnung, bleiben Sie einfach sitzen und verweilen Sie so. Entspannen Sie sich in der Dunkelheit des Zimmers.

Mit der Zeit werden Sie merken, wie beruhigend es ist, wenn einmal *kein Licht scheint*. So sollte es nachts im Grunde sein, dies entspricht unserer biologischen Prägung. Wenn wir ein paar Minuten in der Dunkelheit verbringen, versteht unser Gehirn die Botschaft und gibt dem Körper zu verstehen, dass er *verlangsamen* und für die Nacht zur Ruhe kommen soll. Das wirkt sich tiefgreifend auf unsere Zeitwahrnehmung aus.

Überlegen Sie, ob Sie aus dieser Übung ein nächtliches Ritual machen wollen. Achten Sie darauf, wie sich dadurch Ihre Abläufe am Abend und auch Ihr Schlafverhalten verändern. Stellen Sie sich vor, wie friedlich es sein könnte, wenn Sie am Ende des Tages mit den natürlichen Rhythmen des Lichts im Einklang wären, anstatt dass das Licht des Fernsehers beim Einschlafen noch leuchtet oder Sie beim Lesen im Bett in die Helligkeit Ihres elektronischen Geräts blicken. Die Dunkelheit ermöglicht es Ihrem Energiepegel herunterzufahren. Lassen Sie sich darauf ein und atmen Sie tief ein und aus. Anfangs mag Ihnen das noch schwerfallen, aber wenn Sie auf diese Weise bewusst etwas Zeit verbracht haben, werden Sie in der Lage sein, die Dunkelheit zu nutzen, um die Zeit zu verlangsamen und Körper und Geist effektiv zu entspannen.

# TAG 73

## Hilfe in Anspruch nehmen

Leiden Sie unter Zeitmangel, weil Sie zu viel zu tun haben? Haben Sie das Gefühl, Sie erhielten gar keine Unterstützung und müssten Ihre gesamte Zeit darauf verwenden, das Leben am Laufen zu halten und in der Familie, im Büro und in Ihrem Freundeskreis alles zu schmeißen beziehungsweise einer Mischung davon gerecht zu werden? Tja, Sie sind nicht der einzige Mensch, dem es so geht. Aber so muss es nicht sein.

Es ist nicht leicht, Hilfe in Anspruch zu nehmen, denn jeder von uns ist auf die eine oder andere Weise ein Kontrollfreak. »Ich will, dass es so und in dieser Reihenfolge getan wird.« Vielleicht fühlt es sich so an, als sei es unser Job, die Räder hinter den Kulissen zu ölen, und möglicherweise sind wir uns nicht sicher, was wir tun würden, wenn wir nicht immer mit der Logistik beschäftigt wären.

Aber es ist anstrengend. Können wir keine Hilfe bekommen und bitten wir nicht darum, führt das zum Burn-out. Lassen Sie uns heute etwas dagegen unternehmen.

Denken Sie an gestern (oder an einen anderen Tag, der besonders typisch ist) und schreiben Sie auf, was Sie vom Aufwachen bis zum Schlafengehen getan haben. Versuchen Sie jede Einzelheit zu berücksichtigen, von der Zeit im Badezimmer bis hin zu irgendwelchen Besorgungen. Das kann mehrere Minuten dauern, aber es lohnt sich. Schreiben Sie jede Tätigkeit in eine neue Zeile und lassen Sie es einfach fließen. Falls Sie etwas ausgelassen haben, schreiben Sie die Sache auf, sobald sie Ihnen einfällt, und machen Sie weiter. Notieren Sie rechts hinter jeder Tätigkeit, wie lange sie ungefähr gedauert hat.

Sobald Sie Ihre Liste haben (richtig, sie ist nie wirklich vollständig, da wir jeden Tag Millionen von Dingen tun), gehen Sie die Aufstellung durch und lesen nochmals jeden einzelnen Punkt. Setzen Sie einen kleinen Stern neben jede Tätigkeit, von der Sie denken, dass Sie jemanden finden können, der Ihnen dabei hilft. Je nach Ihren finanziellen Möglichkeiten kann dies von »auf die Kinder aufpassen« oder »einkaufen« bis hin zu »meine Steuererklärung machen«, »das Abendessen zubereiten« oder »herausfinden, wann der Film losgeht« reichen. Gehen Sie die Liste zügig durch und schauen Sie, bei welchen Punkten Sie sich prinzipiell helfen lassen könnten. Selbst wenn Sie glauben, dass Sie sich die Unterstützung nicht leisten können, machen Sie vorerst trotzdem einen Stern, um diejenigen Aufgaben zu markieren, die Sie nicht unbedingt selbst erledigen müssen.

Machen Sie dann einen zweiten Durchgang und setzen Sie bei jenen der bereits markierten Aufgaben einen weiteren Stern, wenn Sie glauben, Sie könnten dort ohne großen Aufwand Hilfe organisieren. Vielleicht hilft Ihnen ein Freund, ein Verwandter, oder Sie gründen mit Nachbarn eine Fahrgemeinschaft. Vielleicht müssen Sie gar nicht jeden Abend etwas anderes kochen, sodass Sie zweimal in der Woche um diese Tätigkeit herumkommen. Vielleicht übernimmt ein anderer hin und wieder die Planung. Mit den folgenden Dingen befassen Sie sich zuerst.

Der Trick dabei ist folgender: Heutzutage kann man die meisten Dinge zu einem vernünftigen Preis im Internet bestellen. Das bedeutet, dass Sie weniger oft zum Einkaufen fahren müssen. Denken Sie an die ganze Fahrerei, die Parkplatzsuche und den anderen Kram, den Sie dadurch vermeiden. Und schon haben Sie wieder etwas Zeit gewonnen. Oder was ist mit fachlicher Unterstützung? Sie können sich im Internet einen virtuellen Assistenten organisieren, manche gibt es schon für wenige Euro pro Stunde (schauen Sie bei *www.upwork.com; www.brickworkindia.com; www.my-vpa.com*).

Benötigen Sie im Beruf Unterstützung? Vielleicht brauchen Sie einen zusätzlichen Mitarbeiter oder einige Praktikanten. Denken Sie darüber nach. Die 80/20-Regel (das Pareto-Prinzip) besagt, dass Sie 80 Prozent Ihres Ertrags durch 20 Prozent Ihres Einsatzes erreichen. Welches sind die 20 Prozent, die Sie wirklich voranbringen? Wo verschwenden Sie Zeit, und wo können Sie Hilfe in Anspruch nehmen?

Falls Sie auch zu Hause überfordert sind, können Sie dieses Prinzip anwenden. Worauf sollten Sie Ihre Zeit verwenden, und was passiert tatsächlich mit ihr? Was können Sie weglassen, und wo bekommen Sie Hilfe? Viele Menschen übernehmen gern die untergeordneten Aufgaben, die Sie nicht machen sollten. Gewinnen Sie diese Zeit zurück – lassen Sie sich von anderen helfen. Wählen Sie heute einen Punkt aus Ihrer Sternchenliste aus und überlegen Sie, wie Sie ihn am besten delegieren. Nehmen Sie sich fest vor, dass Ihnen jemand hilft, diese Aufgabe zu erledigen. Dann streichen Sie den Punkt von Ihrer Liste und sorgen dafür, dass er dort nicht wieder auftaucht. Wenn Ihre erste Idee für das Delegieren nicht funktioniert, finden Sie einen anderen Weg, durch den die Sache erledigt wird, ohne dass Sie sich damit beschäftigen müssen.

# TAG 74

## Zeit in einem See

Haben Sie sich jemals gefragt, warum ein See so viel Friedlichkeit ausstrahlt? Ein Grund dafür ist, dass er das Anhalten der Zeit repräsentiert. Denken Sie darüber nach. Das Wasser kommt herunter, fließt durch den Boden und weiter in einen Bach oder Fluss. Wasser bewegt sich und steht für das Vergehen der Zeit. Man blickt nie auf den gleichen Fluss. Im See hingegen kommt dieses Fließen zum Stillstand (zumindest verzögert es sich). Das Wasser sammelt sich und verweilt. Es ernährt die Pflanzen am Ufer sowie Fische, Käfer, Algen und vieles mehr. All das verströmt eine Gelassenheit, die uns in ihren Bann zieht: Es verlangsamt uns.

Wasser mag Ruhestätten, und wir auch. Probieren Sie heute, den Fluss Ihres Tages zu unterbrechen. Suchen Sie sich einen See oder einen Teich und setzen Sie sich an sein Ufer. Wenn Sie nicht wissen, wo sich ein Gewässer befindet, schauen Sie auf eine Karte Ihrer näheren Umgebung. Vermutlich liegt es näher, als Sie gedacht hätten. Es muss nicht groß sein. Nehmen Sie sich für diese Übung die Zeit, um dorthin zu gehen.

Betrachten Sie das Wesen der Schönheit vor Ihnen. Atmen Sie mehrmals tief in Ihren unteren Bauch und verbinden Sie sich mit Ihrem Körper. Stellen Sie sich den Ablauf Ihres Tages wie einen rauschenden Strom vor. Denken Sie an die Ereignisse seit dem Morgen und sehen Sie, wie das

Wasser an Ihrer Zeitleiste entlangströmt. Bringen Sie Ihre Aufmerksamkeit zum gegenwärtigen Moment und visualisieren Sie an dem Punkt, an dem Sie nun den Lauf Ihres Tages gestoppt haben und sich Zeit zum Nachdenken nehmen, einen schönen See. Der See ist tiefer als der Fluss. Sein Wasser ist still, und es ist ruhig. Machen Sie sich den Unterschied bewusst und lassen Sie sich gedanklich auf diese Metapher ein. Verlangsamen Sie das eigene Fließen und »baden« Sie in Ihrem See. Verweilen Sie hier ein paar Minuten und geben Sie dieser Veränderung der Geschwindigkeit Raum. Es ist das Wasser, das Sie kennen, doch die Qualität der Zeit hat sich verändert. Jetzt ist es an Ihnen, sich ebenfalls zu verändern.

Verlangsamen Sie Ihre Atmung und genießen Sie die heitere Ruhe Ihres Sees. Falls Gedanken an Ihren restlichen Tag auftauchen, lassen Sie einfach Ihre Augen ans andere Ende des Sees schweifen, wo das Wasser eine Abflussmöglichkeit hat. Sie können sehen, wie das Wasser dort an Geschwindigkeit zunimmt und wieder zu einem Bach wird. Das ist in Ordnung – Sie werden früh genug dorthin gehen. Sie kennen die Geschwindigkeit. Lächeln Sie und kehren Sie mit Ihrer Aufmerksamkeit zur Geborgenheit und Stille in der Mitte Ihres Sees zurück.

Verweilen Sie hier so lange wie möglich. Wenn Sie nicht an einen echten See gehen konnten, stellen Sie sich vor, was Sie dort sehen und hören würden. Wenn Sie das Glück haben, an einem realen See zu sitzen, nun, dann genießen Sie ihn noch ein wenig länger.

Bleiben Sie hier und spüren Sie das verlangsamte Fließen. Dieses Wasser ist ein perfektes Spiegelbild Ihrer Beziehung zur Zeit. Es kann langsamer und schneller fließen.

Im Moment befinden Sie sich in einem ruhigen See. Vielleicht werden Sie flussabwärts durch turbulentes Wasser navigieren müssen, aber denken Sie dann daran, dass sich diese Erfahrung aus dem gleichen Wasser speist, in dem Sie jetzt »baden«.

Wenn wir begreifen, dass das Wasser unterschiedliche Stadien hat und sich verändert, können wir jedes einzelne Stadium genießen. Jedes hat seinen eigenen Geschmack und seine eigene Stimmung. Die Zeit ist die Gleiche.

Wenn Sie bereit sind, in Ihren Tag zurückzukehren, wandern Sie mit Ihrer Aufmerksamkeit zum Ausgang Ihres Sees und visualisieren Sie, wie Sie erneut einen Fluss hinabfließen. Nicht zu schnell: Genießen Sie die Fahrt und finden Sie gelassen in Ihren Tag zurück.

# TAG 75

## Vögel beobachten

Haben Sie sich jemals Zeit genommen, um die Vögel zu beobachten? Wann war das letzte Mal, dass Sie sie wahrgenommen haben – dass Sie die Vögel beobachtet, ihrem Gesang gelauscht oder ihren Flug verfolgt haben?

Es gibt eine unglaubliche Sprache des Lebens überall um uns herum, und sie wird von den Vögeln gesungen. Früher in der Wildnis achteten unsere Vorfahren sehr genau auf den Gesang der Vögel. So erfuhren Sie, ob sich ein Raubtier näherte, ob Regen sich ankündigte oder wo es Nahrung gab. Vögel verständigen sich über wichtige Ereignisse in der Natur. Wir müssen nur lernen, ihnen zuzuhören. Es gibt Warnrufe, Liebeslieder und vieles mehr.

Die heutige Praxis besteht darin, dass Sie sich einige Minuten lang für dieses erstaunliche Reich öffnen.

Gehen Sie ins Freie und suchen Sie sich ein bequemes Plätzchen, um einfach hinzuhören. Atmen Sie einige Male in Ihren unteren Bauch und zentrieren Sie sich. Schärfen Sie Ihr Ohr für die Geräusche, die Sie umgeben. Lassen Sie sich dafür eine Minute Zeit. Vermutlich werden Sie Geräusche hören, die von Menschen oder Maschinen stammen, und noch viele andere Dinge. Das ist in Ordnung.

Schärfen Sie nun Ihr Ohr für die Laute der Vögel. Lauschen Sie ihnen und blenden Sie die anderen Geräusche aus. Wenn Sie das Glück haben, nahe an der Natur zu wohnen, wird das sehr viel leichter sein.

Atmen Sie weiterhin tief und gleichmäßig und entspannen Sie sich. Hören Sie hin. Blenden Sie alles andere aus und machen Sie den Gesang der Vögel ausfindig. Sie brauchen sie zunächst gar nicht zu beobachten, sondern folgen Sie einfach ihren Klängen.

Wie viele können Sie wahrnehmen? Wie viele unterschiedliche sind es? Klingen sie glücklich oder angestrengt, sind sie nah oder fern?

Es gibt hierbei nichts zu gewinnen, sondern Sie können einfach in eine andere Welt eintauchen. Atmen Sie weiterhin langsam und ruhig und verbringen Sie einige Minuten mit Ihren gefiederten Freunden.

Demnächst können Sie ihnen auch gern beim Spielen zuschauen, aber in dieser Praxis geht es vor allem um die *Klänge*. Erkunden Sie den Vogelgesang, horchen Sie heute auf ihr Gezwitscher und ihre Lieder. Wenn Sie sich diese Praxis einmal erschlossen haben, können Sie jederzeit an diesen magischen Ort zurückkehren. Je länger Sie so zubringen, desto feiner wird Ihr Gehör und desto mehr subtile Unterschiede treten hervor. Es ist eine erstaunliche Sprache voller Nuancen, auf die wir in der Regel nicht achten. Wenn es Ihnen gefällt, laden Sie sich eine App herunter, durch die Sie lernen können, die Vogelrufe in Ihrer Gegend zu unterscheiden.

Vögel sind rein. Sie kommen aus der Schönheit der Natur, und im Gegensatz zu anderen wilden Tieren leben Sie nach wie vor mitten unter uns. Sobald wir gelernt haben, uns auf ihre Welt einzulassen, können wir uns auf unkomplizierte Weise erneut mit *unserer natürlichen Daseinsform* verbinden. Hören Sie hin und erfreuen Sie sich daran.

# TAG 76

## Zeit im Auto

Heute holen wir uns die Zeit zurück, die wir im Straßenverkehr verbringen.

In Amerika etwa verbringt jeder Mensch am Tag durchschnittlich eine Stunde im Auto. In Deutschland sitzt fast jeder dritte Autofahrer (31 Prozent) mindestens eine Stunde pro Werktag im Auto. Zeit also, in der Ihre Wirbelsäule gestaucht wird, Ihre Hüften verspannen, Sie körperlich zusammensacken und Ihr Stoffwechsel herunterfährt. Wenn wir die Zeit im Auto nicht sinnvoll nutzen, kommt das einem langsamen Selbstmord gleich. Heute werden Sie dagegen etwas unternehmen.

Beim Zurückgewinnen von Zeit geht es darum, dass man diejenigen Aspekte ausfindig macht, in denen die Zeit tot und verschwendet ist, und sie etwas anderem zuführt, das einem nutzt.

Eine einfache Methode, die Sie vermutlich schon nutzen, ist die, Ihre Telefonanrufe im Auto zu erledigen. Aber nur, wenn Sie eine Freisprechanlage im Auto installiert haben. Jede Verwendung des Handys während des Fahrens ist verboten. Der Plausch mit Freunden oder Angehörigen kann das Pendeln erträglicher machen. Manche Leute erledigen auch berufliche Telefonate. Die Zeit kann man sicherlich so effizient nutzen. Ich behaupte aber, dass das nicht hilft, Ihren Stress zu mindern. Wie viel Gesprächszeit ist sinnvoll, und wie viel davon ist leeres Gerede, bei dem Sie Ihren Atem verschwenden? Das können nur Sie beantworten.

Gibt es Bücher, die Sie schon immer mal lesen wollten? Hörbücher sind für das Auto großartig. Überlegen Sie doch mal, wie viel es Ihnen bringen würde, wenn Sie Ihren Arbeitsweg nutzten, um schlauer zu werden, etwas Neues zu lernen, sich unterhalten zu lassen oder zumindest auf dem Laufenden zu sein. Sie können Podcasts hören, an universitären Vorlesungen teilnehmen oder eine Sprache lernen. Wenn irgendetwas davon zu Ihren längerfristigen Zielen passt, dann nichts wie ran: Laden Sie sich heute ein Programm herunter, leihen Sie sich etwas aus, oder kaufen Sie es für das nächste Mal, wenn Sie im Auto oder mit der Bahn zur Arbeit fahren.

Angenommen aber Sie sind erschöpft und müssen erst einmal Atem schöpfen. Okay. Dann sollten Sie im Auto beruhigende Musik hören und generell eine entspannende Atmosphäre schaffen. In dem Fall ist das Telefon störend, da es die kostbare Zeit der Stille, in der Sie sich entspannen, unterbricht. Wenn Sie diese Pause nötig haben, dann *nehmen Sie sich diese Zeit*. Das heißt, Sie werden oftmals die Taste »Anruf ablehnen« drücken müssen, wenn das Telefon läutet.

Ein weiteres Schlüsselelement, um die Zeit im Auto zu optimieren, ist dafür zu sorgen, dass Ihr Körper und Ihre Rumpfmuskulatur während des Sitzens aktiv bleiben. Drücken Sie also mit dem linken Fuß gegen die Fußauflage, sodass Ihr Becken gerade ausgerichtet ist und beide Beine aktiviert sind. Außerdem sollten Sie die untere Trapezmuskulatur zusammenziehen und Ihren Nacken aufrichten, um nicht ganz in sich zusammenzusacken.

Diese Muskeln aktivieren Sie, indem Sie die Hände seitlich hochhalten, die Ellenbogen nach unten zeigen und Sie diese in Richtung Ihrer Gesäßtaschen ziehen. Es sieht aus, als formten Sie ein »W« – ziehen Sie die Ellenbogen heran und entspannen Sie sie dann wieder. Wenn Sie im Stau oder an der Ampel stehen, können Sie diese Übungen gut machen. Die folgenden Übungen sollten ganz automatisch bei Ihnen ablaufen, damit Sie beim Fahren nicht abgelenkt werden. Ziehen Sie beim Sitzen im Auto Ihren Bauch ein und aktivieren Sie die Muskulatur der Körpermitte. Und wenn Sie dem Ganzen noch die Krone aufsetzen wollen, spannen Sie mehrmals pro Minute den Schambereich an, indem Sie den Beckenboden-Muskel (Pubococcygeus-Muskel) zusammenziehen. Das ist die sogenannte Kegel-Übung. Sie kräftigt Ihren Beckenboden, stärkt Ihre Körpermitte und verbessert Ihr Sexualleben. Das hört sich doch gut an.

Im Endeffekt geht es darum, dass Sie die Zeit im Auto nicht vergeuden. Es ist *Ihre Zeit*. Gehen Sie respektvoll mit ihr um und nutzen Sie sie für das, was Sie gerade brauchen. Möglicherweise ist das jeden Tag etwas anderes – kein Problem. Es ist Ihre Zeit, und Sie bestimmen jeden Tag, wie Sie sie am besten ausfüllen.

Also: Was brauchen Sie heute, um ausgeglichen zu sein? Wie können Sie die Zeit am besten nutzen, um sich heil zu fühlen? Der Verkehr ist für viele von uns eine bittere Realität, aber das heißt nicht, dass wir in uns zusammenfallen und kapitulieren müssen.

# TAG 77

## Zeit und Gewichtszunahme

Heutzutage ringen so viele Menschen mit Ihrem Gewicht, dass sich daraus ein ganzer Industriezweig entwickelt hat. Lassen Sie uns diese Frage heute aus dem Blickwinkel der Zeit betrachten und sehen, ob wir etwas Kraft freisetzen können.

Fett ist im Wesentlichen Energie, die in unserem Körper gespeichert wird. Wenn wir mehr Kalorien aufnehmen als wir verbrauchen, wandelt der Körper die überschüssige Energie in Fett um und speichert sie für Krisenzeiten. Früher war die Nahrung knapp, und wir Menschen wussten nie, wann wir wieder etwas zu essen bekommen würden. Heute ist das nicht der Fall.

Abgesehen davon, dass sich Gewichtszunahme nach der Aufnahme und dem Verbrauch von Kalorien richtet, wissen wir mittlerweile auch, dass der Körper Fett nutzt, um uns vor giftigen Umwelteinflüssen zu schützen. Fett lagert sich um unsere Organe herum ab, um diese vor chemischen Eindringlingen zu schützen, und dieses Viszeralfett ist ungesund. Es bringt unseren Blutzuckerspiegel, unseren Stoffwechsel und unser Selbstbild durcheinander.

Lassen Sie uns die Angelegenheit noch etwas näher anschauen. Fett ist gespeicherte Energie, die wir noch nicht verbraucht haben und die genutzt wird, um uns vor Umweltgiften zu schützen. Dieses Wissen können wir uns zunutze machen.

Die Energie, die wir gestern aufgenommen haben, ist noch nicht durch irgendwelche Aktivitäten verbraucht worden. Setzen wir hier an. Es ergibt sich folgende Rechnung: Wenn wir heute aktiver sind und zugleich weniger Kalorien aufnehmen, führt das dazu, dass wir an unsere Energiereserven gehen. Das entspricht dem herkömmlichen Modell der Gewichtsabnahme. Zwar wissen wir mittlerweile, dass die Dinge etwas komplizierter sind, aber das Prinzip gilt natürlich immer noch. Wichtig ist, dass Sie sich mehr bewegen und weniger Kalorien in Form von leeren Kohlenhydraten zu sich nehmen (falls Sie übergewichtig sind).

Der heutige Gong besteht in einem langen Spaziergang. Nehmen Sie sich dafür eine Stunde Zeit und schlagen Sie ein flottes Tempo an. Wenn möglich, dehnen Sie den Spaziergang noch länger aus. Entscheidend ist, dass Sie sich bewegen und Ihren Stoffwechsel ankurbeln. Längere Phasen konsequenter Anstrengung können den Fettverbrennungsmodus einschalten, in dem Ihr Körper gern wäre. Wenn Sie für den Gong in die Natur gehen können, umso besser.

Stellen Sie Ihr heutiges Gewicht fest und überlegen Sie, wie viel davon auf das Konto von gestern geht. Wie können Sie Ihre Verbrennungsrate regeln, damit sie ins Gleichgewicht kommt? Falls Sie noch zusätzliche Pfunde von gestern mit sich herumschleppen, dann ist heute genau der richtige Tag, um sie freizugeben, sodass Ihr Körper Zeit aufholen kann. Wie Sie das machen? Sie bringen Ihr System auf Touren und heizen Ihren Stoffwechsel an.

# TAG 78

## Verbringen Sie Zeit mit einem Baum

Heute müssen Sie sich einen Baum suchen. Schauen Sie sich um und wählen Sie einen aus, bei dem Sie sich wohlfühlen. Wenn Sie in der Wüste sind, nehmen Sie einen Kaktus. Wenn Sie auf dem Mond sind, wie zum Teufel haben Sie dieses Buch in die Finger bekommen? Suchen Sie sich einen Baum, mit dem Sie auf einer Wellenlänge sind, und dann wollen wir hier ein wenig verweilen.

Bäume sind majestätisch. Ihre Wurzeln reichen tief in den Boden, und das ist der Ort, an dem das Wunder des Lebens stattfindet. Hier nämlich arbeiten die Bakterien, Protozoen, Viren und eine Vielzahl anderer Lebewesen gemeinsam an den Wurzelknollen der Pflanzen, um anorganische Materie aufzuspalten und IHNEN Leben zu ermöglichen. Genau so ist es. Durch das Wunder, das sich an der Wurzel des Baumes vollzieht, kann er die Energie der Sonne in Zucker umwandeln, den wir zum Leben brauchen. Zudem ist es die Voraussetzung dafür, dass der Baum aus dem Kohlendioxid der Atmosphäre jenen Sauerstoff produziert, den Sie gerade einatmen.

Hey, danke!

Das ist die heutige Praxis. Lassen Sie uns ein paar Momente dankbar sein, dass es diesen Baum gibt. Schließen Sie die Augen und atmen Sie einige Sekunden tief in Ihren unteren Bauch. Gehen Sie jetzt zu Ihrem Baum hin und berühren Sie ihn, wenn das möglich ist. Falls nicht, lassen

Sie einfach Ihren Blick auf ihm ruhen, während Sie diese Übung machen.

Stellen Sie sich vor, dass Ihnen Wurzeln aus den Fußsohlen wachsen. Mit der nächsten Ausatmung schieben Sie diese Wurzeln ein paar Meter in den Boden. Atmen Sie mit der nächsten Einatmung Energie und Licht durch diese Wurzeln hoch bis zur Krone Ihres Kopfes. Spüren Sie den Baum, der vor Ihnen steht. Verbinden Sie sich mit ihm, während Sie durch Ihre imaginären Wurzeln ein- und ausatmen. Fahren Sie damit für ein bis zwei Minuten fort.

Als Nächstes visualisieren Sie, wie sich Ihre Wurzeln mit denen des Baumes verschlingen und sie einander umranken. Verbinden Sie sich.

Und nun beginnen Sie, mit dem Baum im Einklang zu atmen. Sie sind gerade größer geworden und stärker verwurzelt. Nehmen Sie mehrere Atemzüge, um sich auf diese Weise mit dem Baum zu verbinden; nutzen Sie ihn als eine verlängerte Antenne für Ihr Leben. Entspannen Sie sich und spüren Sie dies wirklich.

Wenn Sie bereit sind weiterzugehen, stellen Sie sich vor, wie sich Ihre Wurzeln wieder von denen des Baumes lösen. Atmen Sie noch mehrmals entlang Ihrer Wurzeln in den Boden und nehmen Sie von dort Energie auf. Lösen Sie jetzt langsam Ihre Hände und/oder Ihren Blick vom Baum. Danken Sie ihm und segnen Sie ihn, bevor Sie die Übung verlassen. Belassen Sie Ihre eigenen Wurzeln im Boden, halten Sie Kontakt zu ihnen und spüren Sie den ganzen Tag die Erde unter Ihren Füßen.

Nachdem Sie auf diese Weise Zeit mit Ihrem Baum verbracht haben, experimentieren Sie mit anderen Arten von Bäumen und Pflanzen. Sie werden feststellen, dass sie unterschiedliche Energien und Schwingungen haben. Suchen Sie sich eine Eiche oder einen schönen Lindenbaum, und vielleicht haben Sie ja Glück und stoßen auf einen Mammutbaum – viel Spaß!

# TAG 79

## Ihre Löffelliste

Heute geht es um die Dinge, die Sie gern erleben würden, bevor Sie den Löffel abgeben. Gegenstände sind davon ausgenommen (Sie können sie ohnehin nicht mitnehmen). Vielmehr wollen wir uns all den amüsanten, erfüllenden, bereichernden oder dekadenten Erfahrungen widmen, die Sie noch machen möchten, bevor Sie abtreten. Es kann etwas dauern, bis Sie die entsprechende Liste erstellt haben, deshalb wollen wir uns ganz entspannt auf diese Übung einlassen und tief graben.

Denken Sie zunächst an die offensichtlichen Dinge, bei denen es darum geht, irgendwo hinzufahren. Vielleicht wollen Sie in Paris ein Abendessen genießen, den Machu Picchu besuchen oder sich in die Umlaufbahn der Erde katapultieren lassen. Vielleicht wollen Sie ein Jahr in Afrika leben oder die Heißluftballons in New Mexico anschauen. Überlegen Sie, was Sie schon immer mal erleben wollten, und schreiben Sie die Dinge auf, die wirklich auf Ihre Liste gehören.

Durchstöbern Sie Ihren Geist und schreiben Sie immer mehr Sachen auf. Durchforsten Sie auch Ihre Vergangenheit, gehen Sie zurück bis in die Kindheit. Von welchen Erlebnissen haben Sie damals geträumt? Schreiben Sie auch die auf. Möglicherweise stellen Sie fest, dass viele Ihrer momentanen Wünsche ein Widerhall von Wünschen aus Ihrer Kindheit sind und somit in Ihrer Seele im Dauerloop sind. Überlegen Sie weiter und ergänzen Sie noch ein paar Minuten lang Ihre Liste.

Wenn Sie fertig sind, wollen wir einmal schauen, wie viel Zeit nötig wäre, um all diese Dinge zu tun. Schreiben Sie rechts neben jede Position, wie viel Zeit Sie sich ungefähr nehmen müssten, um diese Erfahrung zu machen, und zwar richtig. Sie kann nur als erledigt abgehakt werden, wenn die Erfahrung Sie zufriedenstellt. Deshalb achten Sie darauf, dass Sie nicht bloß einen Tag angeben für ein entlegenes Abenteuer. Einige Sachen können tatsächlich an einem halben Tag getan werden. Zum Beispiel Fallschirmspringen: Für die meisten Leute ist das zeitlich nicht mehr als ein Tagesausflug, auch wenn uns die Angelegenheit ziemlich entfernt vorkommt.

Gehen Sie Ihre Liste durch, ordnen Sie jeder Position eine Dauer zu und denken Sie eine Weile über die Liste nach. Wie lange würde es insgesamt dauern, bis Sie alle Punkte zu Ihrer Zufriedenheit erfüllt haben? Es könnten Monate oder Jahre sein. Das ist in Ordnung. Nun berücksichtigen wir Ihr momentanes Alter und Ihren Gesundheitszustand. Schätzen Sie – und zwar ehrlich! – wie viele Jahre Sie noch hier auf Erden haben werden. Sagen wir, es sind 20 Jahre.

Nun überlegen wir, was Sie tun müssten, um die meisten der von Ihnen angestrebten Erfahrungen, wenn nicht alle, in dieser Zeitspanne unterzubringen. Vermutlich ist es sinnvoll, die körperlich anstrengenderen Erlebnisse früher anzugehen und nicht zu warten, bis Sie dafür zu alt sind. Sie könnten sich pro Vierteljahr etwas von Ihrer Liste vornehmen und einmal im Jahr eine größere Reise planen. Möglicherweise ist Ihre Liste ziemlich lang. Wenn das so ist, müssen Sie jeden Monat ein Abenteuer in Angriff nehmen.

Hier kommt die Realität ins Spiel. Für viele Dinge werden Sie Zeit *und* Geld brauchen. Das ist in Ordnung. Wenn diese Erfahrungen Sie seelisch bereichern und glücklich machen, müssen wir uns anschauen, worauf Sie momentan Ihre Zeit und Ihr Geld verwenden. Wie können Sie diese Ressourcen so umverteilen, dass Sie Ihnen helfen, Ihre Liste abzuarbeiten?

Derlei Berechnungen mögen nicht einfach sein, aber es zwingt Sie, über die wichtigen Dinge nachzudenken. Wie können Sie für Ausgewogenheit in Ihrem Leben sorgen, sodass bei dem, was Sie tun, zugleich Platz für Begeisterung, Abenteuer und Erfüllung ist? Warum probieren Sie es nicht einfach?

Überlegen Sie, wofür Sie momentan Zeit, Geld und Energie ausgeben, und finden Sie heraus, wohin Sie diese Ressourcen lenken müssten, um Ihre Träume zu realisieren? Auf diese Weise wird Ihnen viel deutlicher bewusst, wo Sie Zeit vergeuden. Sie werden begreifen, wie wertvoll die Zeit ist.

Investieren Sie Ihre Zeit in Ihre Träume, dann werden Sie ein erfülltes Leben führen.

# TAG 80

## Heilen Sie Ihren Körper

Unser Körper braucht Zeit, um zu sich zu kommen und zu heilen. Wann haben Sie dem zuletzt etwas Raum gegeben? Normalerweise stolpern wir voran und versuchen, irgendwie durch den Tag zu kommen, was zu Beulen, Schrammen, Schmerzen und Erschöpfung führt. Wir denken immer, dass wir irgendwann Zeit haben werden, um unsere Wunden zu lecken und zu heilen – bloß wann? Die Antwort lautet: Wenn wir krank werden –, und dann ist es oft zu spät. Unsere Körper sind erstaunlich belastbar. Sie nehmen für uns so viel auf sich, und wir halten selten inne, um das anzuerkennen oder ihnen etwas Zeit und Raum zu geben, damit sie wieder zu Kräften kommen.

Nehmen Sie sich heute ein paar Minuten Zeit und verbinden Sie sich mit Ihrem Körper. Atmen Sie tief in Ihren unteren Bauch und entspannen Sie sich. Fragen Sie Ihren Körper, was er braucht. Bleiben Sie ruhig und hören Sie genau hin, was er Ihnen sagt.

Möglicherweise weist er Sie auf Schmerzen im Nacken- und Schulterbereich hin. Vielleicht nehmen Sie einen Muskelkater wahr, den Sie sich kürzlich beim Training zugezogen haben, oder Sie bemerken ein Drücken infolge eines unbequemen Gürtels oder Schuhs. Vielleicht bekommen Sie zu hören, dass Sie erschöpft sind, und Sie spüren es in Ihren Knochen. Das kommt oft vor.

Also was ist nötig, um heute Ihren Körper wieder etwas aufzupäppeln?

Nehmen Sie sich fünf bis 15 Minuten Zeit (gern auch mehr, wenn das möglich ist), die Sie ganz Ihrem Körper widmen. Tun Sie, was immer Ihnen als Antwort auf diese Frage einfällt. Wenn Ihr Rücken schmerzt oder müde ist, legen Sie sich auf den Fußboden und strecken Sie sich, wälzen Sie sich herum, machen Sie etwas Yoga oder was Ihnen intuitiv hilfreich erscheint. Das ist vielleicht nicht die ultimative Antwort auf Ihre Rückenprobleme, aber es ist endlich ein Schritt in die richtige Richtung. Welche Richtung? Eine Orientierung hin zur Selbstfürsorge. Von dort aus können Sie professionelle Hilfe in Anspruch nehmen und auf eine Lösung hinarbeiten.

Falls Ihr Nacken schmerzt, wenden Sie den Kopf von rechts nach links, aktivieren Sie Ihre Trapezmuskeln und überprüfen Sie Ihre körperliche Ausrichtung. Am besten stellen Sie sich dafür an eine Wand und schauen, ob Ihr Kopf bequem gegen die Wand aufliegen kann. Wenn Sie aus dem Lot sind, schauen Sie sich an, wie Sie am Schreibtisch oder im Auto sitzen.

Knie und Knöchel brauchen etwas liebevolle Zuwendung. Wenn sie entzündet sind, ist Eis möglicherweise Ihr Freund und Helfer. Oft liegt die Lösung für diese Gelenke in der Kräftigung der umliegenden Muskeln. Finden Sie heraus, welches Heilmittel geeignet ist, gehen Sie zu einem Fachmann und tun Sie letztendlich das, was nötig ist, um Ihren Körper instand zu setzen.

Selbstfürsorge ist dasjenige, was bei unserem heutigen Lebensstil notorisch zu kurz kommt. Wir glauben irrtümlicherweise, dass wir Tag für Tag durchpowern und dann einfach zum Arzt gehen können, der uns schnell wieder fit macht. Das ist Wahnsinn, und doch handelt jeder von uns auf die eine oder andere Weise so. Heute nicht!

Heute ist der erste Tag vom Rest Ihres Lebens. Ihre Aufgabe ist es, in Ihren Körper hineinzuspüren und zu fragen, was er braucht. Und dann *geben Sie ihm auch, was er braucht.* Wenn Sie dies regelmäßig tun, wird es Ihr Leben leichter machen. Zu lernen, wie man die Zeit verlangsamt und *in sich hineinhorcht*, entspricht einer grundlegenden Neuausrichtung. Dadurch treffen Sie künftig bessere Entscheidungen, die ihre Früchte tragen werden.

Ihr Körper braucht Ruhe. Er braucht Raum und Zeit, um sich zu erholen. Heute würdigen wir das. Schauen Sie, was das bewirkt.

Gute Dinge widerfahren denen, die liebevoll mit Ihrem Körper umgehen. Heute sind Sie an der Reihe.

# TAG 81

## Einfach schweigen

Heute steht ein interessanter Tag an. Die spirituelle Praxis, ein Schweigegelübde abzulegen, ist therapeutisch. Tag für Tag verschwenden wir unsere Energie von morgens bis abends darauf, unnötige Wörter von uns zu geben. Diese Praxis wird Ihnen helfen, damit wieder ins Reine kommen. Wir leben in einer Welt voller Lärm, und wir haben uns daran gewöhnt, ebenfalls Lärm zu machen, um unseren Beitrag zu dieser verrückten Symphonie zu leisten.

Heute hören wir damit auf. Das Nonplusultra wäre natürlich, uns davonzumachen und allen Leuten aus dem Weg zu gehen, aber das ist vielleicht nicht praktikabel. Wenn Sie die Sache eine Stufe niedriger hängen wollen, vermeiden Sie heute alle Gespräche, die nicht notwendig sind. Teilen Sie den Menschen in Ihrem Umfeld mit, was Sie tun, damit diese Sie nicht den ganzen Tag mit Fragen wie »Was ist los?« nerven. Bleiben Sie für sich und sprechen Sie nur, wenn es unbedingt notwendig ist. Wenn Sie bei der Arbeit angerufen werden, gehen Sie natürlich ans Telefon, aber machen Sie sich dabei bewusst, wie viel Sie sprechen. Seien Sie den ganzen Tag über sparsam in Ihren Äußerungen, wenn Sie überhaupt reden müssen. Überlegen Sie sich gut, was Sie sagen wollen, und äußern Sie sich klar und auf den Punkt. Es gibt keinen Grund, weniger freundlich zu sein – Sie brauchen sich nicht merkwürdig zu verhalten. Nehmen wir das Wort »Hi«. Auf wie viele Weisen kann man es sagen? Versuchen Sie, Ihr Herz mit Liebe und Begeisterung zu füllen, bevor Sie das Wort aussprechen. Inwiefern klingt das anders? Achten Sie darauf, wie sehr die Energie hinter einem einzelnen Wort die Stimmung und den Tonfall einer Begegnung insgesamt verändern kann. Weniger ist mitunter mehr. Augenkontakt und ein Lächeln bedeuten weitaus mehr als leere Worte.

Ziehen Sie sich zurück und schweigen Sie, so oft das heute möglich ist. Sparen Sie sich Ihren Atem und lassen Sie ihn tief in Ihrem unteren Bauch kreisen. Machen Sie sich bewusst, wie viel Sie sonst von diesem lebensnotwendigen Atem vergeuden. Achten Sie darauf, wie viel Sie sonst reden bloß um des Redens willen. Warum? Meistens ist es eine Angewohnheit aus der Kindheit, oder aber wir sind einfach nur bestrebt, die Leere ringsum zu füllen. Heute hingegen lernen wir, die Zeit anzuhalten und die reduzierte Geschwindigkeit der Stille zu genießen. Lernen Sie, sich in diesem Zustand einzurichten. Wenn irgendwelche Themen auftauchen, schreiben Sie sie auf und überlegen Sie, warum das der Fall ist. In der Stille machen sich gewisse unterschwellige Schatten bemerkbar. Wir bekommen die unbequemen Dinge zu sehen, die uns auf Trab halten und uns Energie rauben.

Wenn Sie mehr Zeit und Energie zur Verfügung haben wollen, müssen Sie sich der parasitären Gedanken und Gefühle bewusst werden, die Sie bremsen. Allerdings können Sie sie nicht sehen (oder in diesem Fall hören), wenn Sie darauf bestehen, Tag für Tag inmitten von Chaos und Lärm zu leben.

Wenn Sie einmal die Gelegenheit haben, sich ganz auf diese Praxis einzulassen, wählen Sie einen Tag, an dem Sie wissen, dass Sie nicht gestört werden, und sagen Sie allen Leuten, dass Sie den ganzen Tag lang schweigen werden. Wenn jemand mit Ihnen spricht, antworten Sie auf einem Block oder mittels Ihres Telefons, dass Sie heute nicht sprechen. Lächeln Sie und ziehen Sie sich in Ihren eigenen Raum zurück. Im Idealfall organisieren Sie die Dinge so, dass Sie sich wirklich zurückziehen können, um diesen Prozess zu genießen. Er hilft uns, den Geist zu stabilisieren und das Chaos zu reduzieren. Tatsächlich werden Sie zunächst überrascht sein, wie laut es in Ihrem Oberstübchen ist, aber je mehr Stunden vergehen, desto besser wird es. Sie werden den Unterschied spüren.

Genießen Sie die Stille.

# TAG 82

## Zeit als Tauschmittel

Jeden Tag tauschen wir Zeit gegen irgendetwas ein. Wir tauschen sie gegen Geld, Beziehungen, Gefälligkeiten oder ein zukünftiges Vergnügen (z. B. Ferien oder den Ruhestand). Wir können die gegenwärtige Zeit in einen späteren Urlaub investieren, indem wir eine gewisse Anzahl von Stunden am Schreibtisch horten, um sie in Stunden (normalerweise sind es weniger) an einem schönen Strand zu verwandeln. Das alles funktioniert und ergibt im Großen und Ganzen durchaus Sinn, solange wir bei diesem Tausch tatsächlich bekommen, was wir brauchen.

Sind Sie jemals in die Ferien gefahren und wollten so richtig ausspannen? Doch dann wurden Sie mit touristischen Aktivitäten und logistischen Komplikationen behelligt, mussten sich mit irgendwelchen Verpflichtungen daheim herumschlagen und hatten insgesamt einen ziemlich mittelmäßigen Urlaub. Das passiert oft. Sie hatten sich darauf verlassen, dass Sie endlich etwas Zeit haben würden, um neuen Atem zu schöpfen, die Dinge langsamer angehen zu lassen und sich zu entspannen. Sie haben Hunderte von Stunden hart gearbeitet, um diese Reise zu ermöglichen, und nun stellt sich heraus, dass Sie sich diese Erfahrung auch hätten schenken können. Das ist echt übel.

Vielleicht wischen wir solche Dinge im Moment des Geschehens beiseite, aber in den Monaten, die auf unsere Rückkehr folgen, sollten wir darüber nachdenken, was mit unserem Leben geschieht. Von Reisen wie diesen kommen wir mit weniger Energie, Begeisterung und Schwung nach Hause zurück. Wir brauchten eine Pause, um unsere Gesundheit zu pflegen, und als wir zurückkamen, ging es uns noch schlechter. In der Folge haben wir noch weniger Geduld und Energie, um jeden Tag zur Arbeit zu gehen, und bis zum nächsten Urlaub ist es noch lange hin. All das führt zu Niedergeschlagenheit, schlechter Laune und deutlich erhöhtem Kaffeekonsum.

Lassen Sie uns heute über diese Angelegenheit nachdenken. Bekommen Sie für die Zeit, die Sie eintauschen, den richtigen Gegenwert? Ist der Austausch fair und gerecht, oder ziehen Sie im Hinblick auf Ihre Bedürfnisse den Kürzeren? Es geht hier um eine individuelle Gleichung, die für Sie und Ihre persönlichen Bedürfnisse stimmen muss. Denken Sie an die Zeit, die Sie sich für sich selbst nehmen, und an den Tausch, der dazu dient, diese Zeit zu bekommen. Stimmt die Gleichung für Sie?

Die gute Gleichung:
investierte Zeit < erhaltener Wert

Die schlechte Gleichung:
investierte Zeit > erhaltener Wert

Interessant wird der Tausch, wenn Sie die Qualität und den Wert der Zeit, die Sie jeden Tag verbrauchen, steigern, sodass diese nicht zu einer so teuren und schweren Bürde wird. Auf diese Weise müssen Sie in Ihren Pausen weniger kompensieren. Irgendwann werden Sie ein paar schöne Ferien machen und die negative Zeitbilanz wieder aus-

gleichen, und dann bekommt das Leben einen neuen Geschmack: Es macht wieder Spaß.

So kann auch wieder neue Begeisterung entstehen.

Prüfen Sie, wogegen Sie heute Ihre Zeit eintauschen.
Ändern Sie, was nötig ist, um den Wert zu maximieren,
den Sie im Gegenzug erhalten.

# TAG 83

## Zeit im Mondlicht

Wann haben Sie zuletzt den Mond betrachtet? In welcher Phase befand er sich? Wissen Sie noch, wie Sie sich bei seinem Anblick gefühlt haben? Meistens ist es ein besonderer Moment, wenn wir nachts den Blick nach oben richten. Vielleicht denken wir darüber nach, was wir erlebt haben, halten inne, um uns zu bedanken, oder atmen einfach nur tief ein und aus und lassen die Herrlichkeit des Mondes auf uns wirken.

Der Mond ist ein Gestein, das über 400.000 Kilometer von uns entfernt schwebt, und dennoch können wir ihn mit bloßem Auge deutlich sehen. *Stellen Sie sich das einmal vor.* Nehmen Sie sich einen Moment Zeit, um sich die Größe und Dimension dieses Gegenstands zu vergegenwärtigen, der dort oben hängt und geduldig darauf wartet, dass Sie innehalten und zu ihm hochblicken, damit er zu Ihnen zurücklächeln kann.

Die Menschen früher sprachen dem Mond Weiblichkeit zu, genau wie der Erde. Sterne leuchten; feste Planeten und der Mond geben dieses Licht wieder. Was Sie also sehen ist Sonnenlicht, das von der Oberfläche eines riesigen Gesteins dort oben am Himmel reflektiert wird. Dieses Gestein beeinflusst die Gezeiten, die Stimmungen und die Gedanken der Menschen. Es zerrt an uns.

Jahrtausendelang haben unsere Vorfahren die Zeit und die Jahreszeiten mithilfe des Mondes bestimmt. Die Menstruation der Frauen glich sich oftmals seinem Zyklus an, und die Männer gingen bei Mondschein nachts auf die Jagd. Der Mond spielte in unserer Kultur eine zentrale Rolle und beeinflusste unsere zeitliche Planung von Ereignissen. Heute vergessen wir in der Regel, nach oben zu schauen. Vielleicht sehen wir hin und wieder zu ihm hin, aber normalerweise nehmen wir uns nicht die Zeit, um seinen Anblick zu genießen. Das ist töricht.

Heute Abend geht es darum, dass Sie den Mond entdecken und sich mindestens zehn Minuten mit ihm befassen. Wann geht der Mond auf, wann geht er unter? Falls gerade Neumond ist, finden Sie heraus, wo er sich befindet. Nimmt er zu oder ab? Ist er voll? Betrachten Sie den Glanz des Mondlichts auf den Dingen (idealerweise natürlichen Dingen) um Sie herum. Nehmen Sie diese in dem neuen Licht wahr und halten Sie einen Moment inne, *um über ihre Reflexion zu reflektieren*. Der Mond reflektiert die Sonnenstrahlen so stark, dass er ihr Licht auf uns herabstrahlt. Und die Erde reflektiert Sonnenlicht auf den Mond, das wiederum von dort reflektiert wird. Wie lässt diese mehrfache Reflexion die Dinge erscheinen? Bringt sie an den Objekten, die Sie betrachten, andere Qualitäten zum Vorschein?

Nehmen Sie sich etwas Zeit und lernen Sie, bei Mondschein zu sehen. Die Dinge wirken im Mondlicht weicher und friedlicher. Die Zeit verlangsamt sich, und wir auch. Unsere Vorfahren mussten dies nicht lernen, weil es ein natürlicher Bestandteil ihres Lebens war. Wir müssen uns erneut darum bemühen. Glücklicherweise finden Sie heute Abend wieder dorthin zurück. Heute Abend können Sie eine uralte Beziehung mit einem liebevollen Freund wieder aufleben lassen, der geduldig auf Sie gewartet hat.

# TAG 84

## Fährten lesen und Tiere beobachten

Unsere Vorfahren bezogen unglaublich viele Informationen aus den Fährten von Tieren. Sie konnten erkennen, ob ein Tier trächtig war, verletzt, in Eile oder gar verspielt. Auch das Lesen der Spuren anderer Menschen war offensichtlich eine wichtige Fähigkeit, die wir einst besaßen. Wenn wir in der Natur sind, erzählen uns die Spuren von Vögeln, Säugetieren, Insekten und Reptilien eine eindrucksvolle Geschichte darüber, was in der Gegend vor sich geht. Die Fährten zeichnen sich meistens im Boden ab und zeigen die Auswirkungen von Wetter, Wind und Sonne. Anhand der Spuren lässt sich ungefähr ablesen, wann ein Tier an dieser Stelle vorbeikam und in welche Richtung es unterwegs war.

Kurz gesagt, es gibt eine Menge an Informationen, die in der Natur gespeichert sind und die das Vergehen der Zeit dokumentieren. Lassen Sie sich heute einmal auf diesen Aspekt ein und achten Sie auf die Spuren, denen Sie begegnen. Wenn Sie genau hinschauen, werden Sie welche entdecken – vielleicht sogar schon am Straßenrand. Oder Sie müssen in einen Park gehen, falls Sie im Großstadt-Dschungel leben.

Spuren – es gibt sie. Wann haben Sie diese Spuren zuletzt bemerkt?

Darin besteht Ihre heutige Praxis. Es geht darum, dass Sie Ihre Komfortzone verlassen und lernen, Ihre Umgebung zu beobachten. Entdecken Sie einige Fährten und beschäftigen Sie sich mit ihnen. Raten Sie, von welchem Tier sie stammen könnten, und tun Sie dann etwas, was unseren Vorfahren nicht möglich war (was sie aber auch nicht brauchten): Schauen Sie nach. Wahrscheinlich haben Sie ein Smartphone bei sich, also stellen Sie eine Vermutung an und suchen Sie dann nach einem Bild von der Fährte des Tieres, die Sie Ihrer Meinung nach vor sich haben. Hatten Sie recht? Wenn nicht, recherchieren Sie die gängigen Tiere Ihrer Umgebung und suchen Sie nach deren Spuren. Welches Tier ist es? Sogar Tauben hinterlassen Abdrücke. Schalten Sie einen Gang herunter und schauen Sie richtig hin.

Möglicherweise ist das für Sie etwas völlig Neues. Das ist gut. Es wird Ihnen helfen, sich intensiv mit einem Aspekt der Wirklichkeit zu verbinden, der all die Jahre vor Ihrer Nase lag. Machen Sie sich bewusst, dass diese Informationen vor nicht allzu langer Zeit von entscheidender Bedeutung waren. In den Wald zu gehen konnte durchaus gefährlich sein, und wenn man frische Wolfsspuren entdeckte, lag darin möglicherweise eine konkrete Bedrohung. Gibt es so etwas noch in Ihrem Leben? Vielleicht das ferne Geräusch eines Martinshorns, das Sie nicht unmittelbar betrifft? Der drohende Tod erweckt uns zum Leben. Der Tod ist real.

Es geht darum, dass Sie sich heute in etwas Realem verankern und darüber etwas lernen. Situationsbewusstsein half uns weiterzuleben. Heutzutage haben wir es deaktiviert, und deshalb sind wir weniger präsent.

Diese Übung bewirkt, dass Sie in die Vergangenheit blicken: Etwas ist geschehen, und Sie sehen jetzt die Reflexion dieses Ereignisses auf dem Erdboden. Vielleicht handelt es sich bloß um das Hin- und Hergewusel eines Eichhörnchens. Halten Sie dennoch inne und genießen Sie die Schönheit dieses Augenblicks. Wir sind alle so mit uns selbst beschäftigt, dass wir die Pflanzen und Tiere um uns herum nicht weiter beachten. Kein Wunder, dass wir den Klimawandel haben. Wenn jeder von uns das Leben, das uns umgibt, zu schätzen wüsste, würden wir nicht einfach zu Seite schauen, wenn die Laster unsere Abfallmengen zur Müllkippe fahren.

Verlangsamen Sie heute und entdecken Sie einige Fährten. Finden Sie heraus, zu welchem Tier sie gehören, und freuen Sie sich einige Minuten über Ihre neuen Fähigkeiten. Vielleicht bemerken Sie in den folgenden Wochen noch viel mehr Spuren, was daran liegt, dass Sie sich für diese neue Welt geöffnet haben. Prima. Diese Informationen aktivieren das genetische Gedächtnis in Ihnen – die *gesunden* Gene, die wissen, wie man die einfachen Freuden des Lebens genießt.

# TAG 85

## Zeiten des Schlafmangels

Vielleicht war es nach der Geburt Ihres Kindes, oder Sie mussten sich im Studium abrackern oder es war eine andere Phase in Ihrem Leben: Jedenfalls sind Sie mit Zeiten, in denen Sie zu wenig geschlafen haben, vermutlich vertraut. Manchmal stürmt das Leben auf uns ein, und wir haben generell weniger Zeit, um uns zu regenerieren. Doch wenn wir zu wenig schlafen, sind wir müde, abgeschlagen, launisch, weniger begeisterungsfähig und unkonzentriert. Wenn dieser Zustand zu lange anhält – das wissen Sie wahrscheinlich nur zu gut – wirkt sich das negativ auf Ihre Karriere, Ihre Beziehungen, Ihre Gesundheit oder Ihre Stimmung aus; vielleicht sogar auf all diese Dinge. Für die meisten Menschen bedeutet wenig Schlaf alles, was unter sieben bis acht Stunden liegt.

Schwierige Zeiten lassen sich auf vielfache Weise überstehen. Überlegen Sie, wann Sie das letzte Mal eine Phase der Schlaflosigkeit durchgemacht haben (vielleicht stecken Sie auch gerade mittendrin). Wie sind Sie damit umgegangen? Haben Sie viel Kaffee getrunken? Haben Sie Tabletten eingenommen? Haben Sie mehr Sport gemacht, um das Schlafdefizit zu kompensieren? Denken Sie an diese Zeit zurück und erinnern Sie sich, wie Sie sich innerlich fühlten. Überlegen Sie nun, durch welche Veränderungen die Phase der Schlaflosigkeit ausgelöst wurde. Vielleicht hatten Sie gute Rituale, die Sie nicht mehr regelmäßig ausgeübt haben? Vielleicht gab es eine große Lebensveränderung wie die Geburt eines Kindes oder den Umzug in eine lautere Gegend? Hatten Sie Stress bei der Arbeit oder Probleme mit einem anderen Menschen?

In solchen Phasen der Zeitverdichtung denken wir mitunter, dass das immer so weitergeht. Die Schlaflosigkeit macht uns verrückt. Wir geben die Hoffnung auf, unsere Energie schwindet, und wir geraten ins Schlingern. Was mussten Sie innerlich leisten, um diese schweren Zeiten durchzustehen? Haben Sie sich gewünscht, dass die Zeit schneller oder langsamer vergehen möge?

In der heutigen Praxis geht es darum, etwas Klarheit über den psychischen Zustand zu gewinnen. Wie fühlten Sie sich, als Sie zuletzt unter Schlafmangel und Schlaflosigkeit litten und kurz vorm Explodieren waren? Wie hat sich das auf Ihr Verhältnis zur Zeit ausgewirkt? Haben Sie damals das Gefühl für die Zeit verloren? Waren Sie so frustriert, dass Sie gar nicht mehr daran dachten, den Duft der Rosen aufzunehmen? Wahrscheinlich war es genau so. Jeder von uns macht solche Zeiten durch.

Die wahre Lektion ist jedoch die folgende. Wenn Sie an jene schwierigen Tage zurückdenken: Was würden Sie angesichts dessen, was Sie mittlerweile wissen, anders machen? Wie können Sie die Dinge künftig besser handhaben? Ihr momentanes Ich ist weiser geworden und kann die Dinge aus der Distanz betrachten. Erforschen Sie jene Phase Ihres Lebens und analysieren Sie mögliche Fehler. Wollten Sie irgendwo etwas optimieren oder einsparen, was Sie im Endeffekt mehr Zeit gekostet und Ihnen mehr Kummer bereitet hat? Haben Sie Menschen verletzt, die Ihnen besonders nahestehen? Vermutlich lassen sich manche Dinge nicht rückgängig machen, aber Sie können auf jeden Fall dafür sorgen, dass sich Ihre Schlafhygiene künftig verbessert. Wie können Sie in Ihrem Zeitplan mehr Raum für Schlaf und Erholung schaffen?

Zeitverdichtung kann unsere schlimmsten Seiten hervorkehren. Doch wenn Sie Rückschau halten und aus jenen Zeiten zumindest eine Lehre ziehen, hilft Ihnen das möglicherweise, mit künftigen Stürmen besser umzugehen. Das Leben wird Ihnen noch mehr Knüppel zwischen die Beine werfen. Das ist der Lauf der Dinge. Entscheidend ist, ob Sie das nächste Mal vorbereitet sind. Inwiefern würden Sie sich jetzt anders verhalten?

Denken Sie heute darüber nach und schreiben Sie alles auf, was Ihnen dazu einfällt. Es wird Ihre Perspektive auf künftige Stressfaktoren ändern. Zudem trägt es dazu bei, dass Sie mit der Zeit wieder ins Reine kommen.

Inwiefern?

Wenn wir wissen, wie wir in Notzeiten reagieren, können wir versuchen, unsere Wahrnehmung zu steuern und somit vermeiden, dass wir in die Turbulenzen des Chaos hineingerissen werden. Sollten wieder chaotische Zeiten anbrechen, denken Sie an Ihre Erfahrungen bei diesem Ereignis zurück und beziehen Sie daraus Weisheit. Was machen Sie dieses Mal anders? An welchen Punkt wollen Sie nie wieder geraten? Wie können Sie Ruhe bewahren und jetzt bessere Entscheidungen treffen?

Das sind Dinge, die nur Sie beantworten können. Die Antworten stellen sich ein, wenn Sie beharrlich nachforschen und Lehren aus Ihrer Vergangenheit ziehen.

# TAG 86

## Zeit zum Lesen

Heute wollen wir uns einmal bewusst machen, was das Lesen bewirken kann. Es gibt uns *Handlungsspielraum*. Bücher verdichten die Lebenserfahrung eines Menschen zu prägnanten Lektionen, Geschichten, Erfahrungen und Anekdoten, durch die wir mehr über das Leben erfahren können. Sie führen uns in neue Ecken und Winkel der Welt und liefern uns Informationen, Einblicke und Wissen.

Lassen Sie diesen Gedanken sacken. Sie bekommen Lebenserfahrung in verdaulicher Form serviert. Das bedeutet, dass irgendwo auf der Welt jemand ist, der *ganz konkret Zeit aufgewendet hat*, um diese Erfahrung für Sie zusammenzufassen, mit Ihnen zu teilen und zu verpacken.

Es ist wie ein komprimiertes Zeitpaket, durch das man mit deutlich weniger Zeitaufwand Zugang zu Wissen erhält. Das nennt sich Handlungsspielraum.

Alle erfolgreichen Leute, die ich kenne, sind begeisterte Leser. Sie haben sich lebenslangem Lernen verschrieben und sich oft das Schnelllesen angeeignet, um ihre Leistungsfähigkeit zu steigern und noch mehr aufzunehmen. Klingt das in Ihren Ohren verrückt? Dann sollten Sie wissen, dass die meisten dieser Leute viel mehr Zeit am Pool verbringen als der Durchschnittsmensch – und unterdessen mehren sie noch ihre Fähigkeiten.

Schnappen Sie sich heute ein Buch, das Sie sich schon lange vornehmen wollten, und lesen Sie mindestens 30

Seiten. Lassen Sie sich entspannt darauf ein, etwas aus einem Buch zu lernen. Es kann ein Roman sein, etwas Historisches oder ein Ratgeber. Wählen Sie ein Buch, das nach Ihnen ruft, und sorgen Sie dafür, dass Lesen wieder zu einem Teil Ihres Lebens wird. Sobald Sie Büchern wieder Raum geben, werden Sie merken, dass Ihr Leben mehr Richtung bekommt. Je mehr Sie lesen, desto besser für Sie.

Lesen ist sinnvoll genutzte Zeit.

# TAG 87

## Zwischenmahlzeiten

Snacks sind großartig, um unseren Blutzucker stabil zu halten. Sie versorgen unser Gehirn zwischen den Mahlzeiten mit Energie und liefern uns den Treibstoff, den wir brauchen, um während unserer arbeitsreichen Tage aufmerksam und konzentriert zu bleiben. Heute wollen wir einen Blick auf diese Zwischenmahlzeiten werfen und unsere Perspektive möglicherweise ein wenig verändern.

Es geschieht schnell, dass wir eine ganze Packung von irgendetwas aufessen, sei es am Schreibtisch oder im Auto. Überlegen Sie einmal, wie oft Sie gedankenlos eine Kleinigkeit zu sich nehmen, während Sie mit etwas anderem beschäftigt sind. Möglicherweise geht das schon seit Jahren so, und vielleicht merken Sie noch nicht einmal, wie viel Sie essen, weil es mittlerweile ganz automatisch passiert.

Wenn wir uns einer Tätigkeit nicht bewusst sind, geraten wir in einen nebulösen Geisteszustand, der vom gegenwärtigen Moment abgespalten ist. Zwischen unserem Essverhalten und unserem Hunger gibt es keinerlei Verbindung, vielmehr haben wir uns angewöhnt, alle möglichen Dinge in uns hineinzustopfen, ohne es zu merken.

Heute durchbrechen wir diese Gedankenlosigkeit, mit der wir Zwischenmahlzeiten zu uns nehmen. Wann immer Sie Ihren Snack herausholen – ob im Büro, im Kino oder an einem anderen Ort – fragen Sie sich, was in dem Essen drin ist. Es geschieht schnell, dass wir nicht so sehr auf die

Dinge achten, wenn wir sie in uns hineinschaufeln, aber schauen Sie genauer hin. Ist es sauber? Ist es natürlich? Ist es gut für Sie?

Der nächste Schritt ist die Frage: Nehmen Sie Ihren Snack überhaupt wahr? Wenn wir mit einer Sache beschäftigt sind und nebenbei etwas essen, bemerken wir weder den Geruch noch die Textur, noch den Geschmack oder die Temperatur des Nahrungsmittels. All das bleibt unbewusst. Wir würdigen nicht das Leben, das wir zu unserem eigenen Vorteil aufnehmen. Also nehmen Sie diese Qualitäten wahr, sodass Sie bewusster sind, wenn das Vergnügen allmählich nachlässt.

Schauen wir uns jetzt die schiere Menge an. Es geschieht schnell, dass wir beim Fernsehen eine ganze Tüte Chips oder die komplette Eispackung verdrücken. Egal ob es sich um Pita-Chips oder um Kokosnusseis ohne Zuckerzusatz handelt. Sie pumpen immer noch viel zu viele Kalorien in Ihr System und können heute so lange aufs Laufband gehen, wie Sie wollen – diese Ladung werden Sie nicht mehr wettmachen. Wie können Sie also die Portion, die Sie essen wollen, am besten »auftischen«? Statt die ganze Tüte auf den Tisch zu legen, sollten Sie lieber eine Schale finden, die für eine Einzelportion passend ist, und alles andere wegpacken, damit Sie nicht in Versuchung kommen, doch die ganze Menge aufzuessen.

Die nächste Frage ist, ob Sie genug kauen und langsam genug essen, um die Nahrung zu würdigen. Sie können sich ihretwegen glücklich schätzen. Auch hier ist es so, dass unser Geist abdriftet, wenn wir eine Zwischenmahlzeit einfach hinunterschlingen, ohne gründlich zu kauen; doch das ist nötig, damit unsere Verdauungsorgane die Nahrung aufspalten und aufnehmen können. Kauen ist ein wesentlicher Schritt der Verdauung. Nutzen Sie Ihre Zwischenmahlzeiten als Pause. Sie werden überrascht sein, wie viel Sie über sich lernen, wenn Sie wirklich darauf achten, wie Sie sich beim Essen und durch das Essen fühlen. Sie werden schneller bemerken, wenn Sie satt sind oder Ihnen das Essen weniger gut schmeckt oder sogar wenn Ihr Kiefer vor lauter Kauen zu schmerzen beginnt.

Setzen Sie heute all diese Schritte um, wann immer Sie zwischendurch etwas essen. Selbst wenn es nur ein paar Mandeln sind – nehmen Sie sich eine Minute Zeit, um sie gut zu kauen und zu genießen. Das fördert das Sättigungsgefühl (somit naschen Sie weniger), und Sie können die Nahrung besser aufnehmen und verdauen. Sie haben die Wahl: Entweder Sie nehmen sich am Anfang der Verdauungskette bewusst einen Moment Zeit, oder Sie müssen später viel mehr Zeit aufwenden, um das Essen aufzuspalten beziehungsweise um die Kalorien abzuarbeiten. Wofür entscheiden Sie sich?

# TAG 88

## Zeit für Ihre Nachbarn

Wann haben Sie zuletzt mit Ihren Nachbarn zusammengesessen? Meistens sagen wir nur schnell Hallo und stürzen uns wieder in unser hektisches Leben. Ein kurzes Winken oder ein Lächeln – und schon sind wir weg.

Früher war das nicht so. Wir kannten die Menschen um uns herum und sahen nach ihnen. Sie kümmerten sich um unseren Garten, unsere Kinder, Hunde und Briefkästen, und wir taten das Gleiche für sie. Wir unterstützten einander gegenseitig und waren wie eine Gemeinschaft. Heute ist das bei vielen von uns anders.

Probieren Sie heute, mit einem Ihrer Nachbarn in Kontakt zu treten. Vielleicht ist das nicht so leicht, weil auch sie unglaublich viel zu tun haben und daran gewöhnt sind, an Ihnen vorbeizudüsen, aber *machen Sie sich die Mühe*. Sie müssen den anderen ja nicht 20 Minuten lang festnageln. Lassen Sie sich einfach einen Moment auf eine Begegnung ein. Mobilisieren Sie etwas Entschlossenheit und Energie.

Wie das gehen soll? Fangen Sie mit Blickkontakt und einer herzlichen Begrüßung an. Fragen Sie Ihre Nachbarin, wie es ihr geht, und sagen Sie ihr, dass es schön ist, sie zu treffen. Möglicherweise ist sie in Eile, also übertreiben Sie es nicht. Treten Sie einfach als jemand auf, der Energie für andere hat, und stellen Sie mit ihr Kontakt her, wie es ein Mensch tun würde, der nicht total in Hetze ist.

Vielleicht schlagen Sie Ihrer Nachbarin vor, dass sie im Laufe der Woche mit ihrer Familie auf einen Tee vorbeikommen sollte. Oder Sie gehen später gemeinsam in den Park, schauen sich einen Film an oder essen auswärts zu Abend – je nachdem, was angemessen ist.

Der Punkt ist, dass Sie mit den Menschen in Ihrem Umfeld in Kontakt treten und die gehetzte, fremdbestimmte Haltung, die für unsere heutige Welt so typisch ist, hinter sich lassen. Halten Sie die Zeit an und erweisen Sie ihnen die Ehre, sie wahrzunehmen. Möglicherweise ist das alles, was Sie heute hinbekommen, aber es setzt ein Zeichen für zukünftige Begegnungen. Angesichts einer solchen Geste ist es gut möglich, dass Ihre Nachbarin Ihnen später in diesem Monat ein Lächeln entgegenbringt – genau dann, wenn Sie es wirklich brauchen.

Wir neigen dazu, die Menschen, die in unserer Nähe sind, zu übergehen und sie für selbstverständlich zu halten. Heute nicht. Achten Sie auf die Menschen in Ihrer Straße und überlegen Sie, wie Sie bisher mit ihnen als Nachbar umgegangen sind. Sind Sie ein guter Nachbar oder begehen auch Sie den üblichen Fehler, indem Sie den Eindruck erwecken, Sie seien furchtbar beschäftigt und hätten keine Zeit für die Menschen um Sie herum? Das ist okay. Wir sind alle der Hektik der heutigen Zeit verfallen, doch wir können schnell wieder zurückkommen. Es braucht nur einen Menschen, und zwar SIE, um die Kluft zu überbrücken und Sie beide wieder in den gegenwärtigen Moment zu bringen.

Sie wissen nicht, was Sie sagen sollen? Das ist einfach. Machen Sie einfach eine positive Bemerkung über die Natur: Wow, diese Blätter sehen schön aus; erstaunlicher

Sonnenuntergang; nette Brise; haben Sie schon die Vögel dort bemerkt? – was auch immer. Die Natur ist *real*, und sie verankert uns in der Gegenwart. Auf diese Weise können Sie zusammmen einen authentischen Augenblick teilen und daran Freude haben. Dann können Sie sich wieder Ihrem Alltag zuwenden, aber diese Praxis fördert eine gute Angewohnheit, die wachsen und gedeihen kann.

Das Ziel ist es, die Zeit anzuhalten und einfach einen Moment mit einem Nachbarn zu genießen. Sie werden merken, dass Sie das immer öfter tun, und eines Tages haben Sie vielleicht sogar das Gefühl, in einer guten Nachbarschaft mit vielen netten Leuten zu leben. All das sind positive Dinge. Wir müssen uns nur die Zeit dafür nehmen.

# TAG 89

## Absolute Entspannung lernen

Haben Sie sich jemals absolut entspannt gefühlt? Das bedeutet: keine Angst oder Beklommenheit, keine Sorgen und Befürchtungen und auch nicht das Gefühl, dass die Zeit verdichtet sei. Manche Leute haben sich noch nie sicher genug gefühlt, um loszulassen und in diesen Zustand einzutreten. Vielleicht liegt es an Erlebnissen aus der frühen Kindheit, oder man ist Überlebender eines Krieges oder wohnt in einer gefährlichen Gegend. Es gibt viele Gründe, warum wir uns nicht entspannen können, und sie hindern uns daran, uns voll zu entfalten.

Loslassen ist ein wesentlicher Teil der Selbstfindung. Wir müssen uns unsere innere Kraft erschließen, doch irgendetwas ist uns im Wege. Es stört. Es ist wie ein kribbeliger Zustand, den man nicht wirklich auflösen kann. Möglicherweise nehmen Sie ihn als Muskelverspannung in den Schultern oder im Kiefer wahr. Manche spüren es im Nacken. Viele bekommen ein Engegefühl im Bauch oder in der Brust.

Wo spüren Sie es?

Haben Sie jemals innegehalten, um sich diesem Gefühl zu stellen? Haben Sie es jemals aufmerksam betrachtet und akzeptiert, dass es da ist und dass es einen Grund dafür gibt? Darum geht es in der heutigen Praxis.

Richten wir zunächst unsere Aufmerksamkeit nach innen auf die Bereiche unseres Körpers, denen es schwerfällt loszulassen. Legen Sie sich auf den Boden und atmen Sie mehrmals in Ihren unteren Bauch. Atmen Sie langsam in diesen Bereich und blasen Sie ihn auf wie einen Ballon. Versuchen Sie, Ihren gesamten Körper zu entspannen, vom Kopf bis zu den Füßen, und nehmen Sie sich ein paar Minuten Zeit, um anzukommen und sich gut und schwer zu fühlen.

Suchen Sie nun Ihren Körper nach Stellen ab, in denen Sie Widerstand spüren. Doch anstatt zu versuchen, an diesen Stellen etwas zu »tun«, wollen wir die Sache anders angehen. Wenn Sie irgendwo Enge spüren, atmen Sie dorthin und fragen Sie diesen Bereich, warum er sich nicht entspannen kann. Das klingt vielleicht abwegig, aber Sie werden bald feststellen, dass es weitaus verrückter ist, Ihrem Körper keine Beachtung zu schenken.

Fragen Sie Ihren Körper, warum er dort Spannung und Widerstand hält. Atmen Sie weiter in diesen Bereich und geben Sie Acht, ob irgendwelche Dinge hochkommen. Regt sich eine bestimmte Erinnerung? Hatten Sie an der Stelle je eine Verletzung? Ist Ihnen plötzlich etwas eingefallen, wovor Sie als Kind Angst hatten, etwas, das Ihnen nur allzu vertraut ist?

Fragen Sie und seien Sie geduldig. Möglicherweise lässt sich die Angelegenheit schwer in Worte fassen. Bleiben Sie bei Ihrer Atmung und erlauben Sie dem Gefühl, welches Ihr Körper Ihnen vermitteln möchte, zum Vorschein zu kommen. Spüren Sie hin und bleiben Sie bei dem Gefühl. Es dauert einige Zeit, bis wir einen Rhythmus gefunden haben, in dem wir darauf vertrauen können, dass die Informationen aus unserem Körper authentisch sind und es sich nicht bloß um das Geplapper unseres Geistes handelt.

Entspannen Sie sich, lassen Sie sich darauf ein. *Bleiben* Sie dann bei dem Gefühl. Erkunden Sie die Weite jenseits des Widerstands.

Die Herausforderung liegt in einer gewissen Gegensätzlichkeit. Unser ganzes Leben lang haben wir um unangenehme Gefühle einen großen Bogen gemacht. Wir haben uns von diesen Bereichen *distanziert,* und nun hat sich dort energetische Schlacke gebildet. Das Wegrücken von den Unannehmlichkeiten hat uns nichts gebracht. Es ist an der Zeit, dass wir uns mit ihnen befassen.

Schicken Sie Ihren Atem in den jeweiligen Bereich und entspannen Sie sich tief. Alle Empfindungen, Emotionen oder Gedanken, die auftreten, sind natürlich. Sie waren jahrelang in Ihrem Gewebe gespeichert. Erlauben Sie ihnen, Ausdruck zu finden und durch Sie hindurchzugehen. Sie brauchen sich nicht mehr zu verstecken. Lassen Sie sie los.

Je mehr Sie annehmen, desto tiefer können Sie sich in einen Zustand der absoluten Stille entspannen. Je mehr Sie dies zulassen können, desto besser wird es Ihnen gelingen, die Zeit anzuhalten. Nur wenn wir wirklich loslassen, können wir uns für die Ewigkeit öffnen, die uns verjüngt und uns neue Kraft schenkt.

Sie können Vergangenes nicht noch länger mit sich herumschleppen. Stellen Sie sich ihm und akzeptieren Sie es. Dann können Sie es loslassen.

# TAG 90

## Richten Sie
## das Licht des Gewahrseins
## nach innen

Ein zentraler Grundsatz meines taoistisch-alchemisti-
schen Systems (*theurbanmonk.com/about/*) lehrt uns,
das Licht des Gewahrseins auf die Beobachtung unseres
wahren Selbst zu richten. Das ist die ultimative Praxis,
wenn wir lernen wollen, wie man die Zeit verlangsamt. Ihr
wahres Selbst existiert nicht in der Zeit; Ihr wahres Selbst
blickt von der Warte der Unendlichkeit herab und ist zu
jeder Zeit an jedem Ort. Das ist das große Geheimnis der
Mystiker. Es reicht aber nicht, das gehört zu haben. So viele
Menschen sind vom spirituellen Konsumismus infiziert
und denken: »Okay, okay, das kenne ich schon. Erzählen
Sie mir etwas Neues.« Wenn wir einen Gedanken nur an-
satzweise intellektuell begreifen und zugleich glauben, wir
hätten ihn vollständig erfasst, machen wir in spiritueller
Hinsicht einen großen Fehler. Es ist der Fehler, der in der
New-Age-Bewegung weit verbreitet ist und zu Egoismus
und vermeintlicher spiritueller Überlegenheit geführt hat.

Die *Erfahrung* der Zeitlosigkeit ist derjenige Moment,
der das eigene Leben am grundlegendsten verändert. Der
Weg dorthin erfordert sehr viel Übung, und ein Großteil
des spirituellen New-Age-Geredes will Ihnen bloß ein paar
Tricks andrehen, damit Sie die Sache abkürzen können.
Aber es gibt keine Abkürzungen.

Heute tauchen wir in unser Inneres ein. Suchen Sie sich einen ruhigen, dunklen Ort, an dem Sie circa 15 bis 20 Minuten ungestört sind. Machen Sie es sich bequem und setzen Sie sich mit aufgerichteter Wirbelsäule hin.

Beginnen Sie nun, den Atem in Ihren unteren Bauch zu schicken. Nehmen Sie sich ein paar Minuten Zeit und lassen Sie den Atem tief und gleichmäßig kommen und gehen. Das stabilisiert den Geist und verankert ihn in unserem bioelektrischen Feld.

Von hier aus richten wir unsere Aufmerksamkeit auf das dritte Auge. Das ist der Bereich zwischen den Augenbrauen. Bringen Sie mit der Einatmung weißes Licht dorthin und lassen Sie dieses Licht mit der Ausatmung in alle Richtungen ausstrahlen. Wiederholen Sie das mehrere Atemzüge lang. Spüren Sie, wie das Licht in Ihre Stirn hinein- und hinausströmt.

Wenn die nächste Ausatmung kommt, lassen Sie eine Lichtkugel ungefähr 15 Zentimeter nach außen vor Ihre Stirn wandern. Mit der Einatmung stabilisieren Sie diese Kugel, atmen Sie noch mehr weißes Licht zu ihr hin. Mit der nächsten Ausatmung verlagern Sie Ihr Bewusstsein von der Stirn in die Lichtkugel. Mit der nächsten Einatmung konzentrieren Sie sich darauf, Ihr Bewusstsein von dort auf Ihre Stirn zu richten; schauen Sie (aus einem Abstand von 15 Zentimetern vor Ihrer Stirn) zurück in Ihr Inneres.

Bleiben Sie mit Ihrem Bewusstsein in dem Lichtball vor Ihnen und praktizieren Sie diese Übung einige Minuten. Ihr Bewusstsein ruht in der Lichtkugel und blickt hinter Ihre Stirn nach innen. Verweilen Sie hier, versuchen Sie dabeizubleiben. Wir lassen uns so leicht ablenken – man muss viel üben, um diese Ausrichtung halten zu können. Erhaschen Sie einen Einblick. Schauen Sie mit dem Licht Ihres Gewahrseins nach innen und sehen Sie, was Sie *sehen*.

Wenn Sie bereit sind, zum Ende zu kommen, holen Sie mit der nächsten Einatmung Ihr Bewusstsein wieder hinter Ihre Stirn zurück. Atmen Sie erneut weißes Licht ein und lassen Sie es mit der Ausatmung in alle Richtungen ausstrahlen. Behalten Sie den Fokus im Innern und atmen Sie noch einige Minuten zu diesem Energiezentrum hin.

Wenn Sie bereit sind, die Übung zu beenden, legen Sie Ihre linke Hand auf die Stirn und die rechte darüber. Nehmen Sie noch ein paar stabilisierende Atemzüge (Ihre Handflächen zeigen nach innen). Öffnen Sie Ihre Augen und achten Sie darauf, wie Sie sich fühlen.

# TAG 91

## Dehnübungen
## befreien gefangene Zeit

Heute entspannen wir uns.
Die vielfältigen Belastungen des Lebens machen sich in unserem Körper bemerkbar, und nach einigen Jahrzehnten scheinen sie sich dort dauerhaft niedergelassen zu haben. Vielleicht ist es der Nacken, die Hüften, der untere Rücken oder auch die hinteren Oberschenkelmuskeln, die irgendwie immer verkürzt sind.

Stellen Sie sich Ihren Körper als eine Feder vor, die nachgeben soll, wenn die Spannung nachlässt. Haben Sie die Spannung so lange festgehalten, dass die Feder irgendwo klemmt? Laufen Sie dermaßen angespannt umher, dass Sie jeden Moment zerspringen könnten? Das gibt es oft.

Vielleicht ragt Ihr Kopf zu weit nach vorn, weil Ihr Trapezmuskel versteift ist.

Vielleicht ist Ihr Becken schief, weil Sie zu viel sitzen.

Oder Ihre Knie schmerzen, weil Sie joggen waren, obwohl Ihre Rumpfmuskulatur schwach ausgebildet ist.

Es gibt viele Wege, wie wir ein physisches Trauma in unserem Gewebe noch verstärken. Doch welche Möglichkeiten haben wir, um es wieder aufzulösen?

Die traurige Tatsache ist, dass wir das selten tun. Sicherlich hilft uns eine gelegentliche Massage, und wenn ein Problem zu weit fortgeschritten ist, bekommen wir vielleicht ein paar Stunden Physiotherapie verschrieben. Aber zu dem Zeitpunkt sieht die Entwicklung meistens ziemlich übel aus, wie bei einer geladenen Spule, die kurz vor der Entladung steht.

Wenn Sie sich angewöhnen, sich regelmäßig zu strecken und zu dehnen, können Sie dagegen arbeiten. Jede Minute, in der Sie sich stretchen, ist eine Art Zeitreise. So können Sie zu einem Erlebnis, einem Aufprall, einem Stressfaktor oder einer Reaktion, die Sie vor einiger Zeit hatten, zurückkehren und die Sache jeweils loslassen. Im Gewebe speichert unser Körper Stressoren. Wir sind der lebende Beweis dafür, dass diese Dinge nicht von alleine verschwinden. Wir häufen unzählige kleine Mikrotraumen an, bis sich ganze Muskelketten verändern.

Bereits wenige Minuten Stretchen am Tag können das Blatt wenden. Wenn Sie wirklich erschöpft sind, dann mögen eine Massage, Physiotherapie, Akupunktur oder der Besuch beim Orthopäden eine Option sein. Heute wollen wir jedoch Verantwortung übernehmen und die Dinge selbst in die Hand nehmen.

Wann immer wir bewusst in unseren Körper hineinatmen, tätigen wir eine großartige Investition. Dehnübungen und das Öffnen verspannter Körperbereiche lösen verfestigte Spannungen und vergangene Traumen auf, sodass wir in der *Gegenwart* davon frei werden.

Lassen Sie diesen Gedanken sacken. Den nörgelnden, steifen Rücken haben Sie vielleicht schon seit einigen Jahren, oder aber sein Zustand hat sich allmählich verschlimmert. Was auch immer die Ursache sein mag, der steife Rücken *ist jetzt hier, ist ein Teil Ihres Körpers, und er beeinträchtigt Ihre Gegenwart*. Tatsächlich entspricht das überlastete Gewebe einer Art energetischer Trägheit, die Sie davon abhält, Ihr Leben auszuschöpfen und fit und munter zu sein.

Dehnen hilft uns, diese Verankerung in der Vergangenheit zu kappen. Es setzt Energie frei, die im Gewebe eingeschlossen ist, und hilft uns, in die Gegenwart zu kommen. Es verbindet uns mit unserem Körper, sodass wir unseren momentanen Zustand besser wahrnehmen können. Wenn wir einmal anfangen, die Verspannung in bestimmten Muskelgruppen zu lösen, fühlen wir uns zum einen besser, zum anderen wird uns deutlicher bewusst, wie wir an diesen Punkt gekommen sind. Wir ändern unsere Gangart, korrigieren unsere Haltung, tauschen unseren Stuhl aus oder denken daran, uns vor dem Laufen zu dehnen. Wir entwickeln Achtsamkeit, wodurch wir weitere (oder zukünftige) Gewebeverhärtungen vermeiden.

Der Druck des Lebens zwingt uns regelmäßig in die Knie. Er sorgt dafür, dass wir erschöpft und nicht in der Lage sind, uns im gegenwärtigen Moment voll zu entfalten. Wenn wir diese Energien lösen, befreien wir uns von vergangenen Belastungen und können frei und unbeschwert in der Gegenwart leben. Ich würde sagen, das ist gut investierte Zeit.

Beginnen Sie heute damit, Ihre hintere Oberschenkelmuskulatur zu dehnen, indem Sie sich aus den Hüften nach vorne beugen. Machen Sie das ein paar Minuten lang, kommen Sie dann in den Ausfallschritt, setzen Sie das hintere Knie auf den Boden und stützen Sie sich auf dem vorderen Knie ab, sodass Sie Ihre Leisten dehnen können. Machen Sie das auf jeder Seite zwei Minuten. Stehen Sie auf, stellen Sie sich mit dem Gesicht zur Wand und legen Sie eine Hand an die Wand. Drehen Sie sich mit dem Oberkörper nach außen, um Ihren Brustkorb zu dehnen. Bleiben Sie eine Minute in dieser Position. Dann wechseln Sie die Seiten. Als Nächstes gehen Sie zum Nacken über. Drehen Sie Ihren Kopf zur einen Seite und dann zur anderen. Gehen Sie langsam vor und bewegen Sie die Bereiche, die verspannt sind, ganz vorsichtig.

Spüren Sie am Schluss nochmals in sich hinein, ob noch irgendwo etwas verspannt ist, und dehnen Sie auch diese Bereiche sorgfältig. Sie werden schon merken, wo Sie etwas tun müssen. Tatsächlich kann Ihr Körper es kaum erwarten, Verspannungen zu lösen und sich zu entspannen. Nehmen Sie sich dafür etwas Zeit und geben Sie Ihrem Körper die Möglichkeit dazu.

# TAG 92

## Traumatische Erlebnisse verarbeiten

Ist Ihnen schon einmal aufgefallen, dass besonders traumatische Ereignisse der Vergangenheit in Ihrer inneren Zeitordnung ein gewisses Gewicht haben? Sie prägen sich unserem Gedächtnis (und auch unseren Körperzellen) ein und haben eine emotionale Ladung, die uns an das Ereignis bindet. Stellen Sie sich eine Zeitleiste vor, auf der sich eine Reihe von Pluszeichen befinden; ein traumatisches Ereignis zeichnet sich dort als Minuszeichen ab, das die Pluszeichen aus jener Zeit ins Gegenteil verkehrt.

Wenn Sie heute ein unangenehmes Gefühl empfinden, das mit einer unerfreulichen Erinnerung zusammenhängt, schließen Sie die Augen und wandern Sie auf der Zeitleiste zurück, um zu sehen, wie es dort aussieht. Gibt es dort eine Umpolung, die sich aus der Zeit des Ereignisses bis in die Gegenwart verfolgen lässt? Das gibt es oft.

Alfred Korzybski hat darüber in *Science and Sanity* geschrieben. Seine bahnbrechende Arbeit lehrt uns, zum ursprünglichen Ereignis zurückzukehren und es dort zu heilen, also an jenem Ort und zu jener Zeit, als es passierte. Wenn Sie sich fragen, wie Sie dazu Zugang erhalten sollen, folgen Sie einfach Ihren Gefühlen. Kehren Sie zu der Erinnerung zurück und achten Sie darauf, welche Emotionen sie auslöst. Das mag unangenehm sein, aber bleiben Sie einfach dabei. Atmen Sie tief ein und aus und geben Sie Acht, wo Sie die Gefühle in Ihrem Körper spüren. Versuchen Sie, zu dem Bereich Ihres Körpers hinzuatmen, in dem Sie die Emotion spüren. Stellen Sie fest, wo Sie in eine Sackgasse geraten sind.

Ein Teil von Ihnen ist von dem damaligen Ereignis nie weggekommen. Er bindet uns nach wie vor an jene Energie und *jene Zeit,* und deshalb sind wir in unserem Leben nie wirklich präsent. Wie können wir *hier* sein, wenn wir *dort* stecken geblieben sind? Wie können wir im *Jetzt* sein, wenn wir zum Teil noch in der *Vergangenheit* sind?

Das ist unmöglich. Dieser Ort schluckt ungeheuer viel von unserer Energie. Mit anderen Worten, wir verlieren heutige Energie an vergangene Probleme.

Diese Energie wollen wir uns zurückholen. Nehmen Sie sich Zeit, um in Ihrem Gedächtnis nach Orten und Anlässen zu suchen, bei denen Sie das Gefühl haben, Sie steckten dort irgendwie fest. Wie können Sie das ursprüngliche Ereignis heilen? Reisen Sie in Gedanken zurück und versetzen Sie sich in das damalige Szenario. Schauen Sie zu, doch diesmal frieren Sie die Szene ein und umhüllen sie mit Liebe. Dann *schreiben Sie die Szene um,* und zwar so, wie Sie sich ihren Ablauf gewünscht hätten. Das können Sie tun. Gehen Sie also zurück, vergeben Sie, heilen Sie und lassen Sie jene Situation anders ausgehen. Anschließend kehren Sie von dem traumatischen Ereignis *zurück in den gegenwärtigen Augenblick* und reinigen Sie weitere Energien, die Sie möglicherweise beeinträchtigen.

Vielleicht stellen Sie fest, dass es Ketten von Ereignissen oder Vorfällen gibt, die eine ähnliche Qualität haben. Sie stehen oft unter dem Einfluss der unguten Energie des ursprünglichen Ereignisses und müssen ebenfalls geheilt werden. Das erfordert ziemlich viel Übung, ist aber extrem befreiend. Sobald Sie den Bogen raushaben, werden Sie in Ihrem Innern noch viele Stellen finden, an denen Sie in einer vergangenen Zeit feststecken, die Sie mit der Energie eines emotionalen Traumas befrachtet hat.

Das klingt zwar nach gehörig viel Arbeit, doch viel anstrengender ist es, diese Last den ganzen Tag mit sich herumzuschleppen, tagaus tagein. Reisen Sie heute also in die Vergangenheit zurück und reinigen Sie Ihre Zeitleiste. Sie werden sich um Tonnen leichter fühlen.

# TAG 93

## Die Radieschen von unten betrachten

Haben Sie sich je Gedanken darüber gemacht, was nach Ihrem Tod mit Ihrem Körper passiert? Sie kennen sicher den Ausspruch: »Du wirst die Radieschen von unten betrachten.« Er kommt daher, dass man die Menschen in der Erde begrub. Bis auf die Knochen verweste der gesamte Körper und diente dem Leben in der Umgebung als Nahrung. Heute umgibt meist Beton unsere Särge, oder wir verbrennen die Toten, aber das Prinzip ist das Gleiche.

Wenn wir tot sind, sind wir tot. Unser Geist kehrt ins ewige Licht zurück, doch unser Körper wird zur Nahrung für das Leben ringsum. Die Erde frisst uns. Bakterien, Protozoen, Fadenwürmer, Viren und viele andere Organismen machen sich über die Biomasse her, die wir einst waren. Klingt das gruselig? Tut mir leid, so ist die Wirklichkeit.

Wie können wir also mit der Tatsache umgehen, dass wir eines Tages sterben?

Wir halten inne und sind dankbar für die Zeit, die wir haben. Morgen könnte die Welt in die Luft gehen. Menschen werden von Bussen überfahren. Der Tod ist allgegenwärtig. Also, wie führen Sie Ihr Leben?

Der Gedanke an den Tod sollte Sie nicht niederdrücken. Vielmehr sollte er Sie anstiften, sich für die Zeit, die Sie hier auf Erden haben, zu begeistern – sie noch mehr auszuschöpfen und jeden Augenblick zu genießen.

Was hat das mit Radieschen zu tun? Eine ganze Menge.

Wie rein war Ihr Körper bei der Beerdigung? Werfen Sie einen Blick voraus und stellen Sie sich dieser Frage. War er vollgestopft mit Junkfood, Quecksilber, giftigem Make-up und ekelhaften Chemikalien? Wollen Sie damit die hübschen Blumen ernähren, die auf Ihrem Körper erblühen? Ich bin mir nicht sicher, ob sie dann blühen würden.

Bevor der ganze Wahnsinn mit den chemischen »Innovationen« losging, war das meiste von dem, was wir gegessen, angebaut und auf unsere Haut geschmiert haben, natürlichen Ursprungs. Weder wir noch unser Planet waren giftigen Einflüssen ausgesetzt. Heute ist das anders. Wären Sie stolz auf den Bio-Kraftstoff, den Sie der Erde wieder zuführen, oder leuchten Sie im Dunkeln?

Jetzt ist es an der Zeit, darüber nachzudenken und etwas zu ändern. Sie können Ihre Leber entgiften, Schwermetalle aus Ihrem Gehirn und Ihren Knochen ausleiten, sämtliche Chemikalien von Ihrem Speiseplan streichen und darauf achten, dass auch alle Haushaltsartikel frei davon sind. Sie könnten innerhalb weniger Monate klar Schiff machen. Wie würde eine reine Version Ihrer selbst aussehen und sich anfühlen? Welche Auswirkungen hätte das auf den Planeten und künftige Generationen? Wenn die Blumen auf Ihrem Grab essbar wären, würden Sie wollen, dass Ihre Urenkel sie essen?

Sie sind nicht nur um Ihrer selbst willen hier. Sie sind Teil eines riesigen Ökosystems und Ihre Zeit ist geliehen. Denken Sie heute über Ihren ökologischen Fußabdruck nach und überlegen Sie, wie Sie ihn verbessern könnten. Chemikalien werden nicht mehr hergestellt, wenn niemand sie kauft. Was können Sie jetzt tun, um Ihr Vermächtnis auf diesem Planeten positiver zu gestalten?

Wie würden die Blumen im Ökosystem Ihres Lebens aussehen?

Wie sauber ist Ihr Heckwasser?

Nehmen Sie heute flussaufwärts einige Änderungen vor. Sorgen Sie dafür, dass nur saubere Dinge in Ihren Körper und auf Ihre Haut gelangen. Das ist ein revolutionärer Akt, der die Welt verändern wird.

# TAG 94

## Verlorene Zeit investieren

Was geschehen ist, ist geschehen. Dennoch ist es nicht schlecht, über einen unglückseligen Vorfall nachzudenken und zu überlegen, wie man künftig derartiges vermeiden kann. So ist es nun einmal mit verlorener Zeit. Sie bekommen sie nicht zurück, aber sie enthält eine Lektion, die ziemlich lehrreich sein kann.

Jeden Tag verlieren wir Zeit. Ob wir das Haus zehn Minuten zu spät verlassen und in schlimmen Verkehr geraten oder unaufmerksam sind und die richtige Ausfahrt verpassen – es gibt viele Stunden, die wir im Straßenverkehr verschwenden.

Und wie ist es mit der Zeit, in der Sie etwas suchen? Zusammengenommen bringen Sie möglicherweise Stunden damit zu, nach Dingen zu suchen, die in Ihrem Haus verloren gegangen sind. Die Zeit ist weg, und wenn das Gesuchte nicht wieder auftaucht, entsteht in Ihrem Kopf eine Art Endlosschleife und erhöht Ihren Stress.

Schauen wir uns also an, wo Sie kürzlich Zeit verloren haben. Blicken Sie auf den vergangenen Monat zurück und denken Sie über verlorene Zeit nach. Was ist bei den betreffenden Anlässen passiert? Waren Sie leichtsinnig und haben nicht auf das geachtet, was Sie tun wollten und wann Sie es tun wollten? Gab es keine klaren zeitlichen Regeln? Wie engagiert waren Sie bei der Bewältigung dieser Aufgabe? Sind Sie am Ende in einer Situation gelandet, die sich endlos in die Länge zog? Gehen Sie alle Beispiele durch, in denen Sie Zeit verloren haben, und listen Sie sie auf. Graben Sie in Ihrer Erinnerung und fischen Sie die Fälle heraus, in denen Sie wegen unnötiger Warterei besonders frustriert waren. Wie viel Zeit, glauben Sie, haben Sie an die Dinge verloren, die auf Ihrer Liste stehen?

Nun überlegen Sie, inwiefern Sie die Situation hätten vermeiden können. Haben Sie nicht auf die Zeit geachtet? Haben Sie Ihre anderen Verpflichtungen vergessen? Gab es in sozialer Hinsicht einen heiklen Grund, dass Sie nichts gesagt haben oder einfach gegangen sind?

Es gibt zahlreiche Gründe, warum wir stecken bleiben und wertvolle Zeit auf Dinge verschwenden, die es nicht wert sind. Ihre heutige Aufgabe besteht darin, eine chronische Quelle des Zeitverlusts in Ihrem Leben zu identifizieren und sich zu überlegen, wie Sie diese künftig meiden können. Überlegen Sie, wie Sie einen Teil der verlorenen Zeit *in Zukunft* wettmachen könnten, indem Sie verstehen, wie Sie ticken und lernen, wo Sie strengere Kontrollen auffahren müssen. Das bedeutet nicht, dass Sie sich rücksichtslos verhalten, wenn es zum Beispiel in Ihrem Leben einen Menschen gibt, der sich nur langsam bewegen kann und Sie öfters aufhält. Es bedeutet, dass Sie im Voraus planen: Finden Sie heraus, was Sie tun können, um die Situation zu verbessern. Schauen Sie, wie Sie Ihre Planung so modifizieren können, dass Sie jene unvermeidlichen Kräfte, die einen immer irgendwie bremsen, berücksichtigen.

Schauen Sie sich an, wo Sie kürzlich Zeit verloren haben und ziehen Sie daraus Ihre Lehren. Die Zeit ist weg, aber sorgen Sie dafür, dass Sie das nächste Mal präsent sind, um nicht den gleichen Fehler noch einmal zu machen.

# TAG 95

## Kreativität zulassen

Ist Ihnen schon einmal aufgefallen, dass man Kreativität nicht erzwingen kann? Oft muss man warten, bis einen die Muse küsst. Was ist aber, wenn Sie heute kreativ sein müssen? Wie können Sie in einen solchen Zustand gelangen, obwohl man ihn technisch nicht erzwingen kann? Das wollen wir üben.

Kreativität entsteht, wenn unser Herzzentrum und unser drittes Auge geöffnet sind. Diese Energiezentren neigen allerdings dazu dichtzumachen, wenn uns der Stress übermannt. Leider ist das bei den meisten Menschen viel zu oft der Fall. Dann werden wir missmutig und haben noch weniger Zugang zu jenen kreativen Eingebungen, die sich einstellen, wenn wir entspannter sind.

Auch ist es problematisch, wenn man sich bemüht, kreativ zu sein, anstatt in einen Zustand der Empfänglichkeit einzutreten. Kreativität kann man nicht »machen«, man kann sie nur zulassen. Die Herausforderung besteht also darin, genau die Haltung zu vermeiden, die sagt: »Okay, jetzt sind wir kreativ.« Das funktioniert nicht. Entspannen Sie sich, versuchen Sie in Ihren Urzustand einzutreten und *lassen* Sie Kreativität *zu*. Das kann ein wenig dauern. Sie versuchen nun, sich eine andere Qualität der Zeit zu erschließen, die ihren eigenen Regeln folgt. Seien Sie respektvoll.

Die heutige Praxis sieht folgendermaßen aus:

Atmen Sie mehrmals tief in Ihr unteres Dantian (drei Fingerbreit unterhalb Ihres Bauchnabels). Entspannen Sie sich, richten Sie sich hier für zwei bis drei Minuten ein und lassen Sie Ihre Atmung langsamer werden. Beobachten Sie den Atem, während er Ihre Körpermitte durchströmt und dafür sorgt, dass sich Ihr unterer Bauch sanft hebt und senkt.

Nun richten Sie Ihre Aufmerksamkeit auf Ihr Herz. Spüren Sie, wie es mit jeder Einatmung warm wird und zu leuchten beginnt, und erlauben Sie dieser Wärme, mit jeder Ausatmung Ihren gesamten Körper zu durchströmen. Machen Sie dies ein paar Minuten lang. Lächeln Sie und halten Sie die Augen geschlossen. Lassen Sie Ihre Atemzüge langsam, tief und bedeutungsvoll sein und erlauben Sie dem Atem, Ihren Brustkorb zu weiten.

Bleiben Sie bei dieser Atmung, wenn Sie nun die Augen öffnen und einen kleinen Spaziergang machen. Verweilen Sie in dieser inneren Haltung und genießen Sie die Welt ringsum. Lächeln Sie und lassen Sie weiterhin die Wärme in Ihrem Körper zirkulieren. Das ist schon alles. Versuchen Sie nicht, den Zustand zu nutzen und sofort Daten zu extrahieren. Entspannen Sie sich und machen Sie es sich in diesem Zustand bequem. Falls Ihnen etwas Geniales einfällt, schreiben Sie es auf oder nutzen Sie die Diktierfunktion Ihres Telefons.

Entscheidend ist, dass Sie nicht gleich wieder ins Denken zurückfallen. Diese Art von Atmung aktiviert die rechte Gehirnhälfte, die für Kreativität zuständig ist. Geben Sie also Acht, dass das logische Denken nicht sofort das Ruder wieder an sich reißt und sie verdrängt. Kreativität *ergibt sich* aus diesem Zustand. Sie müssen sich entspannen und dem kreativen Funken die Möglichkeit geben, von alleine zu entstehen. Das rationale Denken erschafft ein Behältnis, das nützlich sein kann, aber oft steht es uns im Weg. Möglicherweise haben wir diverse Regeln, Puffer und Vorschriften aufgestellt, die dafür sorgen, dass wir im Denkmodus verbleiben, statt unseren kreativen Sinn zu aktivieren. Verbinden Sie sich mit Ihrem Herzen und rufen Sie diese Energie ab. Lassen Sie sie wie eine Blume blühen und geben Sie ihr Raum. Dann stellt sich Kreativität bald ein.

Mit der Zeit wird es Ihnen leichter fallen, in diesen Zustand zu kommen, und wenn Sie die unterschiedliche Qualität der Zeit dort respektieren, können Sie unglaublich von ihm profitieren.

# TAG 96

## Zeit mit den Sternen

Für unsere Vorfahren war es etwas ganz Natürliches, die Sterne zu betrachten, oft stundenlang. Wann war es das letzte Mal, dass Sie in den Nachthimmel geschaut haben? Oder vielmehr: Wann haben Sie zuletzt unter freiem Himmel geschlafen? Stadtbewohner sehen die Sterne nur noch selten, geschweige denn, dass sie sich die Zeit nehmen, sie zu genießen.

Unsere Vorfahren entwickelten hinsichtlich der Sternbilder erstaunliche Geschichten, und sie nutzten sie für praktische Zwecke. Von der Navigation bis zum Wechsel der Jahreszeiten finden sich dort oben entscheidende Informationen, die uns Menschen geholfen haben, die Felder zu bestellen, Schiffe zu steuern und religiöse Feiern zu etablieren. Das war immer eine große Sache, aber heutzutage sind die Stars in Hollywood, und wir schauen ihnen im Fernsehen zu. Das ist tragisch.

Gehen Sie heute Abend ins Freie und schauen Sie eine Weile in den Himmel. Falls Sie in einer hell erleuchteten Stadt wohnen, könnten Sie zu einem Aussichtspunkt fahren, wo Sie immerhin einige Sterne mehr sehen als zu Hause.

Planen Sie dafür mindestens 30 Minuten ein. Ziehen Sie sich warm an, falls Sie in einem kühleren Klima leben.

Setzen Sie sich hin oder legen Sie sich flach auf den Rücken, lassen Sie Ihren Blick weich werden und schauen

Sie zu den Sternen empor. Vielleicht versuchen Sie, Dinge, die Sie kennen, zu entdecken, oder Sie genießen einfach nur den Anblick der vielen Lichtpunkte. Atmen Sie tief in Ihren unteren Bauch und bringen Sie Ihre Atmung mit dem, was Sie sehen, in Einklang. Verbinden Sie sich mit dem Himmel.

Ihr Gong heute Abend ist es, drei Sternbilder zu bestimmen. Es gibt viele Apps, die Ihnen dabei helfen können. Ich mag Starwalk, es ist mit GPS verbunden und Sie können damit die Sterne am Nachthimmel in Echtzeit nachvollziehen. Sobald Sie sie identifiziert haben, informieren Sie sich über die Sternbilder. Finden Sie heraus, was die Menschen der Antike über Ihre drei neuen Freunde wussten. Und wenn Sie dazu Lust haben, können Sie auch die Namen der Sterne lernen, die zum jeweiligen Sternbild gehören.

Das Verrückte an der ganzen Sache ist: Nahezu alles, was Sie dort oben sehen, ist nicht Teil der Gegenwart. Sie schauen in die *Vergangenheit*. Das Licht vieler dieser Sterne braucht Millionen von Jahren, um zur Erde zu gelangen, somit stammt das Licht, das Sie sehen, aus längst vergangener Zeit. Die Menschen hingegen gibt es erst seit einigen Tausend Jahren. Und Sie selbst? Vielleicht seit ein paar Jahrzehnten. Das uns bekannte Universum ist Milliarden Jahre alt. Denken Sie darüber eine Minute nach. Schauen Sie in den schwarzen Nachthimmel und denken Sie über Ihren momentanen Standpunkt innerhalb der unermesslichen Weite von Zeit und Raum nach. Die Dimensionen sind so ungeheuer groß, dass wir sie schwer fassen können, aber all das ist da. Ja, wenn Sie Glück haben und der Nachthimmel klar ist, ist es *überall*.

Wir sind umgeben von der Unermesslichkeit des gesamten Universums, und die Lichtwellen, die Sie gerade umhüllen, stammen aus Urzeiten. Sie schauen effektiv in den Raum und *durch die Zeit.* Was bedeutet schon die Bemerkung, die Ihr Kollege heute gemacht hat, im Vergleich zu dem, was Sie gerade erblicken? Wie wichtig ist Ihr Leben? Was können Sie in den nächsten Jahrzehnten tun, um auf unserem Planeten Erde eine Spur zu hinterlassen, bevor die unermessliche Weite dort droben Sie wieder schluckt? Wir sind alle aus der Explosion der Sterne hervorgegangen, und eines Tages, vermutlich in ferner Zukunft, werden unsere Atome da draußen wieder im Umlauf sein.

Nehmen Sie sich einen Moment Zeit und setzen Sie Ihre Alltagssorgen ins Verhältnis zu dem, was über Ihnen ist: Finden Sie ein neues Maß. Das Universum ist groß, und die Zeit ist so unermesslich, dass wir sie kaum fassen können. Ist es da nicht sinnvoll, das Leben heute ein paar Minuten lang etwas mehr zu genießen?

# TAG 97

## Blickkontakt und
## das persönliche Gespräch

Wenn wir früher mit jemandem sprachen, hatten wir dabei viel Blickkontakt. In jeder zwischenmenschlichen Begegnung kommt es zu viel nonverbaler Kommunikation. Augenkontakt hat daran einen großen Anteil. Die Augen gelten als Fenster zur Seele. Wenn wir in seine Augen schauen. erfahren viel über einen Menschen – wie er sich fühlt, wie vertrauenswürdig er ist und vieles mehr.

In der modernen Welt geht vieles davon verloren, da die Menschen verstreut leben. Wir führen mehr Gespräche über die Tastatur als im direkten Kontakt. Selbst wenn wir mit unserem Gegenüber im selben Raum sind, wandern unsere Augen unruhig umher, da wir von all den elektronischen Geräten und digitalen Bildschirmen überwältigt sind. Die Folge davon sind abgehackte Gespräche, oberflächliche Beziehungen und einsame Menschen.

Unsere Entwicklung lief über Zehntausende von Jahren darauf hinaus, mit anderen Menschen von Angesicht zu Angesicht zu sprechen. Nun ist daraus eine App geworden. Das mag hilfreich sein, doch nichts ersetzt menschliche Nähe und den unmittelbaren Kontakt, bei dem wir einander in die Augen schauen. Nur weil die Welt außer Rand und Band geraten ist, bedeutet das nicht, dass wir es ebenso machen müssen. Unsere Menschlichkeit zurückzugewinnen erfordert nicht viel. Wir müssen uns bloß mehr Zeit nehmen und mit anderen in Kontakt treten. Wir müssen die Seele eines anderen Menschen berühren, indem wir uns über den Raum hinweg mit ihm verbinden und ihn mit unseren Augen wirklich *sehen*. Schauen Sie nach innen und entdecken Sie die Menschen in Ihrem Umfeld. Sie haben so viel mehr zu bieten als das, was sie sagen und wie sie sich verhalten. Ihr wahres Selbst ist genau vor Ihrer Nase.

Versuchen Sie heute ganz bewusst, zu jedem, dem Sie begegnen, Blickkontakt herzustellen. Das bedeutet nicht, dass Sie total aufdrehen und die anderen Leute verwirren, sondern dass Sie auf sanfte, aber aufrichtige Weise Blickkontakt suchen, der von einem warmen Lächeln begleitet ist; vielleicht ergibt sich auch ganz natürlich eine freundliche Bemerkung. Wenn Sie das den Tag über tun, werden Sie eine Reihe von Dingen bemerken.

In manchen Menschen löst das Unwohlsein aus. Nehmen Sie dies wahr und lassen Sie sich davon nicht abschrecken. Andere wird es berühren, und sie werden sofort etwas verlangsamen und sich daran erinnern, was real ist. Wieder andere werden geradezu betroffen reagieren. Fast kommen ihnen die Tränen. Es ist schon so lange her, dass sie echten menschlichen Kontakt hatten.

Möglicherweise werden Sie auch feststellen, dass manche Menschen in Ihrem Leben völlig normal sind und erstaunt reagieren, dass Sie auftauchen. Seien Sie nicht schockiert, falls Sie merken, dass Sie derjenige waren, der von den anderen abgeschnitten war und nun zum Leben erwacht.

Diese Übung bringt Sie in die Gegenwart und verbindet Sie mit den Menschen auf einer emotionalen Ebene. Sie eröffnet einen wirkmächtigen Bereich, der unabhängig von all den Stressfaktoren ist, die täglich auf uns einstürmen. Sie bietet Zuflucht vor dem hektischen Trip, auf dem Sie sind – ein authentischer Augenblick, den Sie mit einem anderen Menschen teilen. Nehmen Sie sich die Zeit, dies den ganzen Tag über zu tun, und notieren Sie sich im Geiste ein paar Beobachtungen.

Schauen Sie in die anderen hinein und Sie werden etwas finden, was Sie nicht erwartet haben: *sich selbst*. Andere wahrhaftig zu lieben und anzuerkennen ist ein guter Weg, um sich selbst zu finden. Nehmen Sie sich heute die Zeit und knüpfen Sie Kontakt. So wird die Zeit auf magische Weise angehalten, und wir gelangen in einen heiligen Raum. Genießen Sie es.

# TAG 98

## Langeweile

Wann haben Sie sich zuletzt gelangweilt? Für manche ist Langeweile kein Thema: Sie haben kaum genug Zeit für ihre unzähligen Interessen. Doch vielleicht ist das bei Ihnen anders. Es gibt Millionen von Menschen, die sich jeden Tag zu Tode langweilen. Trifft das vielleicht auch auf Sie zu?

Tauchen wir heute also in die Langeweile ein, denn das ist ein interessanter Zustand, bei dem irgendetwas in der Beziehung zur Zeit schiefgelaufen ist. Die meisten Menschen, die sich langweilen, haben ihre eigenen Wünsche so lange unterdrückt, dass sie nun das Gefühl haben, in einem Leben ohne Begeisterung gefangen zu sein. Vielleicht wollten Sie als Kind hinausgehen und spielen, wurden dann aber gezwungen, Klavier zu üben. Jetzt nehmen Sie das übel. Vielleicht lieben Sie die Natur, mussten aber irgendeinen »vernünftigen Job« annehmen, um Ihren Unterhalt zu verdienen, und mittlerweile sind Sie in Monotonie verfallen. Vielleicht sind Sie niedergeschlagen und können sich für nichts mehr interessieren. Das kommt ebenfalls oft vor.

Unabhängig davon, wie es bei Ihnen mit der Langeweile steht – heute geht es darum, dass Sie herausfinden, was Sie mit Ihrem Leben anfangen wollen, und einen Weg finden, dieser Sache Raum zu geben, egal was es ist. Was hat Ihnen als Kind Spaß gemacht? Wo sind Sie gern hingegangen?

Weshalb? Was hat Sie früher beeindruckt oder fasziniert und zum Lachen gebracht? Höchstwahrscheinlich machen Ihnen diese Dinge heute immer noch Spaß. Nehmen Sie sich etwas Zeit, um darüber nachzudenken, was Ihnen wirklich Freude bereitet, und überlegen Sie, wann Sie sich dem zuletzt gewidmet haben. Ist es die Kunst? Sport? Kochen? Bei einigen liegt es möglicherweise Jahrzehnte zurück. So ergeht es uns manchmal im Leben. Wir lassen uns von dem Schiff, auf dem wir sind, mitreißen, und Jahre später finden wir uns in einem fernen Land unter lauter Fremden wieder, mit denen wir wenig anfangen können. Wir sind müde, einsam und nennen das Langeweile. Doch es ist noch viel schlimmer. Ihre Seele ist auf grundlegende Weise über Kreuz mit der Zeit, die Ihnen gegeben wurde. Nichts ist für Gott ein größerer Schlag ins Gesicht als ein Mensch, der sein Leben vergeudet, ohne für irgendetwas Leidenschaft zu empfinden.

Sie brauchen irgendetwas, das Sie begeistert. Woher kamen solche Dinge früher? Wie können Sie etwas finden, das Ihnen Freude bereitet, sodass Sie sich dafür wieder Zeit nehmen? Es ist Ihre Zeit. Es stimmt schon: Möglicherweise bringen Sie den ganzen Tage damit zu, für jemand anderen zu arbeiten; aber Sie haben immer noch viel Zeit für sich, in der Sie etwas machen können, für das Sie sich begeistern.

Was kann das sein?

Forschen Sie nach und fragen Sie weiter. Probieren Sie neue Dinge aus und stellen Sie Ihre Überzeugungen auf den Prüfstand. Betrachten Sie das Leben durch die Brille eines Marsmenschen und lassen Sie für den Moment Ihre momentane Situation außer Acht. Wenn Sie alles tun könnten, was Sie wollen, was wäre das? Prima. Und jetzt fangen Sie an, darauf hinzuarbeiten.

In der heutigen Praxis geht es einfach darum, über diese Dinge nachzudenken und sich Situationen aufzuschreiben, die Ihnen keine Freude gemacht haben und in denen Sie vergaßen, Spaß zu haben. Langeweile ist der Ausdruck einer Fehlausrichtung. Finden Sie mit dem Herzen zurück zu dem, was Sie früher begeistert hat. Forschen Sie!

# TAG 99

## Warten sinnvoll nutzen

Heute werden wir einen großen Schritt machen. Unsere Lektion besteht in einem einfachen Trick, durch den sich Ihre Einstellung zur Zeit radikal ändern wird. Im Kern geht es darum, dass Sie lernen, nie *wieder zu warten*. Was bedeutet das?

Zunächst heißt das NICHT, dass Sie jede Sekunde füllen, indem Sie auf Ihr Handy starren. Sachen laufen schief. Menschen verspäten sich. Überall ist Stau, und die Dinge sind nicht perfekt. Das ist die Welt, in der wir leben. Die Dinge laufen nicht immer so, wie wir es gern hätten.

Und wie reagieren wir? Wir ärgern uns, fluchen, werden kribbelig und schäumen vor Wut. Bringt das irgendetwas?

Wann immer sich heute eine *Gelegenheit* ergibt zu warten, machen Sie sich dies bewusst und wandeln Sie die Energie in etwas Positives um. Wenn Sie in einem Restaurant sitzen und man Ihnen sagt, das Essen käme fünf Minuten später, dann sagen Sie sich: »Großartig! Das Universum hat *mir* gerade fünf Minuten *geschenkt*!« Das kann mehreres bedeuten:

- einige zusätzliche schöne Momente in Gegenwart des Menschen, mit dem Sie gerade zusammensitzen

- ein paar Minuten, um tief in Ihren unteren Bauch zu atmen und den ganzen Körper zu entspannen

- die Gelegenheit, sich einige Gedanken aufzuschreiben
- Zeit zum Lesen oder Anhören eines Hörbuchs oder Podcasts
- Zeit zum Nachdenken

Die Moral von der Geschichte ist, *dass Sie sich Ihre Zeit zu eigen zu machen.* Lassen Sie nie mehr zu, dass jemand anderes oder die Umstände Ihre Zeit verschwenden. Sie müssen nicht jede einzelne Sekunde Ihres Lebens produktiv oder mit irgendetwas beschäftigt sein. Sie sind auf nichts angewiesen, wenn Sie lernen zu meditieren. Sogar in der Öffentlichkeit können Sie tief in Ihren unteren Bauch atmen und innerlich neue Kraft sammeln, während Sie einfach dasitzen. Somit müssen Sie auch Wartezeiten nicht mehr fürchten: Sie werden zu »gefundener Zeit«, in der Sie Atem schöpfen können und sich tief entspannen.

Haben Sie das Gefühl, ein wenig runterkommen zu müssen? Gut. Machen Sie ein paar Dehnübungen oder Liegestütze; rufen Sie Ihre Mutter an, oder tun Sie sonst etwas.

Es ist Ihre Zeit. Übernehmen Sie heute die Kontrolle über Ihre Zeit und bleiben Sie für den Rest Ihres Lebens dabei.

# TAG 100

## Die Anlagenrendite der Zeit

Im Geschäftsleben gibt es den Begriff der Anlagenrendite (Return on Investment, ROI). Das Prinzip dahinter ist einfach: Es sollte eine Belohnung geben für Ressourcen, die in ein bestimmtes Unternehmen investiert werden. Heute wollen wir diesen Gedanken auf die Zeit übertragen. Wo investieren Sie Ihre Zeit? Sind Sie mit der Rendite zufrieden?

Wie sehen momentan Ihre Ergebnisse aus? Beziehen Sie auch Ihre Wünsche, Ziele und Erwartungen in die Überlegung mit ein. Womit Sie verbringen Sie den Großteil Ihrer Zeit, und wie sehr entspricht das dem Wert dieser Aktivitäten? Haben Sie das Gefühl, eher näher dran oder eher weiter entfernt zu sein von den Dingen oder Erfahrungen, nach denen Sie sich sehnen? Wenn Ihr bisheriger Umgang mit der Zeit nicht zu dem Leben führt, das Sie sich wünschen, dann haben wir eine Menge zu tun. Heute wollen wir uns einen Überblick verschaffen, was mit Ihrer Zeit geschieht, und herausfinden, ob Sie sie auf eine bessere Art und Weise nutzen könnten.

Gehen Sie Ihren Terminkalender durch und notieren Sie sich Dinge, die Sie tun, die aber nicht zu einem Ergebnis führen, das Ihnen etwas bedeutet. Wenn Sie ungesunde Dinge machen, etwa rauchen oder Junkfood essen – tja, das sind offensichtliche Ansatzpunkte, um etwas zu ändern. Als Nächstes geht es um Dinge, die Sie nicht gerne tun. Es sind jene Dinge, die Ihre Lebensqualität verschlechtern. Sind sie unbedingt erforderlich? Bei vielen ist das momentan vermutlich der Fall, aber inwiefern könnten Sie Ihr Leben so umgestalten, dass Sie Ihre Zeit mehr genießen? Ich rede nicht davon, dass Sie Ihren Job kündigen sollen oder Veranstaltungen fernbleiben, die für Ihre Lieben unglaublich wichtig sind. Vielleicht gibt es aber eine Möglichkeit, anders mit der Energie umzugehen, die Sie für unliebsame Aufgaben aufwenden, damit Sie mehr Spielraum haben für Dinge, die Sie mögen?

Können Sie sich etwas von der Zeit zurückholen, die Sie auf Aktivitäten verschwenden, die Ihnen keinen Spaß machen? Was ist mit der Zeit, die Sie im Straßenverkehr verbringen? Vielleicht können Sie durch eine Fahrgemeinschaft oder Fahrten im öffentlichen Nahverkehr ein wenig zusätzliche Zeit gewinnen. Oder Sie fahren mit dem Fahrrad zur Arbeit und erledigen so Ihr sportliches Pensum.

Betrachten Sie heute das Maß an Erfüllung, Freude, Fitness, Geld oder was auch immer sonst ein sinnvoller Gegenwert Ihrer Tätigkeiten ist. Wir arbeiten für Geld. Wie können Sie das Verhältnis von Zeiteinsatz und Lohn optimieren? Körperliche Bewegung ist etwas Großartiges. Können Sie mehr in der gleichen Zeit bewirken? Wenn Sie normalerweise eine halbe Stunde aufs Laufband gehen und dabei fernsehen, wie wäre es, wenn Sie stattdessen in der gleichen Zeit hochintensiv trainieren und dadurch mehr erreichen? Lassen Sie heute keinen Stein auf dem anderen. Prüfen Sie jede Einzelheit.

Sie wollen die Zeit hier auf Erden optimal nutzen, und wir alle leben von *geliehener Zeit*. Die Zeit, die Sie haben, investieren Sie in bestimmte Tätigkeiten – stellen Sie sich nun vor, Sie blickten in ein paar Jahren zurück. Würden Sie dann finden, Sie hätten diese Zeit sinnvoll ausgegeben? Wenn nicht, dann hören Sie jetzt auf, Ihre Lebenskraft darauf zu verschwenden. So einfach ist das. Spulen Sie die Zeit ein paar Jahre vor und schauen Sie zurück. Wären Sie mit dem zufrieden, wofür Sie heute Ihre Zeit ausgegeben haben? Welche langfristige Rendite erhalten Sie dadurch?

Das eigentliche Problem an der Zeitarmut sind unsere eigenen Überzeugungen. Welche Gedanken sorgen in Ihrem Leben für Knappheit und Ineffizienz? Hinterfragen Sie diese Überzeugungen und übernehmen Sie Verantwortung für die Art und Weise, wie Sie Ihre Zeit verbringen. Das Ergebnis wird großartig sein.

# Schlussbemerkung

## Aufbruch in den zeitlichen Wohlstand

Die Zeit ist eine majestätische und mächtige Kraft. Sie ist die Währung des Lebens. Wir können entweder Sklaven ihres unerbittlichen Marsches sein oder Verantwortung übernehmen und sie meistern. Die Kunst, die Zeit anzuhalten und Zeitwohlstand zu kultivieren, gibt uns im Leben *Handlungsspielraum*. So haben wir nicht länger das Gefühl, dass uns die Dinge über den Kopf wachsen, sondern räumen mit jenem Chaos auf, das Sorgen und Schlaflosigkeit auslöst. Zu Zeitwohlstand gelangen wir, indem wir Verschwendung reduzieren und die Momente genießen, in denen wir Atem schöpfen können. Wir lassen von Albernheiten ab und wenden uns Dingen zu, die unser Leben verbessern und bereichern.

Jetzt, da Sie den 100-Tage-Gong abgeschlossen haben, werden Sie mit der Zeit, in der Sie leben, im Einklang sein. Sie haben nun viel Stoff zum Nachdenken und zahlreiche Übungen erhalten, die Ihnen täglich helfen, die Zeit zu meistern. Es gibt noch viel zu tun, und Sie werden weiterhin gut Acht geben müssen, wie Sie mit Ihrer Zeit umgehen. Manchmal wird es hektisch zugehen, und Sie werden sich anpassen müssen. Zu anderen Zeiten wird es darum gehen, kürzerzutreten und zu entschleunigen. So oder so, wenn Sie im Einklang mit den Rhythmen der Natur sind, werden Sie leichter zu Harmonie finden. Verbinden wir uns mit dieser mächtigen Welle und lernen wir, auf ihr zu reiten.

Nehmen Sie sich Ihre Notizen der letzten 100 Tage vor und gehen Sie sie durch. Wo standen Sie anfangs, und wie weit sind Sie gekommen? Welche Erkenntnis hatten Sie, die Ihnen mittlerweile wieder entfallen ist, und wie können Sie wieder auf Kurs kommen?

Wenden Sie diese Filter jeden Tag auf Ihre Zeit an. Schauen Sie, wo Sie die Süße des Lebens genießen und die Zeit zu Ihrem größten Verbündeten machen können. Wir wissen nicht, wie viel Zeit wir haben, aber wir können beschließen, das Beste aus dem zu machen, was uns gegeben wurde. Investieren Sie Ihre Zeit in Ihr Vermächtnis, Ihre Familie und in eine reiche Erfahrung hier auf Erden. Lernen Sie, die Welt aus der Perspektive dieses Buches zu betrachten und so viel wie möglich aus Ihrem Leben zu machen.

Führen Sie ein Leben in zeitlichem Wohlstand, das sie bereichert, unterstützt und Ihnen Kraft gibt.

Sind Sie bereit für mehr?

Ich lade Sie ein, dieses Buch noch einmal durchzulesen, und zwar kreuz und quer. Schlagen Sie einfach jeden Tag ein anderes Kapitel auf. Ich nenne das Gong-Roulette. Jede Lektion wird Ihnen mehr Klarheit und Nutzen bringen. Arbeiten Sie weiter auf Zeitwohlstand hin, dann werden Sie zu mehr Energie, Klarheit und Glück finden.

Viel Vergnügen,
*Pedram Shojai*

# Dank

Ich bin meiner Tradition ewig dankbar für die Weisheit, die mir vermittelt wurde. Dr. Carl Totton ist für mich Freund, Lehrer, Mentor und Fürsprecher, seit ich als junger Mann in sein Kung-Fu-Studio gestolpert bin. Dr. Thomas McCombs ist mein großartiger Onkel und Lehrer. Das Ableben von GM Share Lew hat der Welt glücklicherweise einige hervorragende Fackelträger hinterlassen. Ich fühle mich durch diese angesehene Gesellschaft geehrt.

Meine Frau ist meine Partnerin und Verbündete. Sie ist eine wundervolle Mutter und Lebensgefährtin und hat mir die Zeit und die Möglichkeit gegeben, große Projekte wie dieses in Angriff zu nehmen. Sol und Sophia sind meine Inspiration, Buster und Sunshine meine pelzigen Begleiter und besten Freunde.

Ein besonderer Dank geht an Nick Polizzi, Kevin Gianni, Leanne Ely, Jeff Hays, Michael Lovitch, Hollis Carter, JJ Virgin, Dave Asprey, Michael und Izabella Wentz sowie an eine ganze Reihe wunderbarer Freunde »aus der Branche«, die reizend waren und mich unterstützt haben. Zusammen sind wir stärker, und ich fühle mich geehrt, dass Ihr für mich da seid.

Besonders dankbar bin ich Mark van Wijk und Carl Lindahl, die mir geholfen haben, im Bereich des Films Neuland zu betreten. Das war ein wunderbares Abenteuer, und Ihr beide seid erstaunliche Menschen. Lorenzo Phan und Sean Rivas haben für unschätzbare Unterstützung und gute Stimmung gesorgt. Bill Dodge hat mich bei Verstand gehalten und dafür gesorgt, dass die Dinge funktionieren. Ich bin Euch allen sehr dankbar.

Den größten Dank hebe ich zu guter Letzt für die Familie auf, die das alles möglich gemacht hat. Farhad und Sonbol Shojai, Homa Hamidi, Shery, Ali, Armin, Sharareh und alle meine Cousins und Cousinen. Was ist das Leben schon ohne die Familie? Aufgewachsen in unserem »kleinen Dorf«, haben wir Liebe und kluge Unterstützung bekommen, um ins Leben zu treten und zu tun, was wir tun. Ich liebe Euch.

*Pedram Shojai*

# Urban Monk
### Der buddhistische Wegweiser für einen glücklichen Alltag

Aus dem Amerikanischen von
Antje Korsmeier.
Klappenbroschur.
Auch als E-Book erhältlich.
www.ullstein-buchverlage.de

**Es braucht keinen Tempel, um sich selbst und innere Ruhe zu finden**

Ist Ihr Alltag geprägt von Hektik, Technologie und unerledigten Aufgaben? New York Times Bestsellerautor Pedram Shojai zeigt, wie auch Sie Ihr Leben mit der Gelassenheit eines Zenmeisters leben können.

Urban Monk ist ein praxistaugliches Lebenskonzept, das östliche Weisheitstraditionen auf den modernen Menschen und seinen Alltag überträgt. Mit Übungen und Tipps als Soforthilfe gegen Zeitmangel, Einsamkeit oder fehlende Naturverbundenheit eröffnet Pedram Shojai hundert praktische Wege, um sich besser zu fühlen und besser zu handeln. Mit Humor und erfrischend direkt erklärt er, wie wir mehr Zeit, Erfolg, Glück und inneren Frieden finden.